古谷誠章の建築ノート

Furuya Nobuaki

Shuffled

Shuffled
Furuya Nobuaki

First published in Japan on May 20, 2002
Sixth published on March 30, 2017
by TOTO Publishing (TOTO LTD.)
TOTO Nogizaka Bldg. 2F, 1-24-3, Minami-Aoyama, Minato-ku, Tokyo 107-0062, Japan
[Sales] Telephone: +81-3-3402-7138 Facsimile: +81-3-3402-7187
[Editorial] Telephone: +81-3-3497-0101
URL: http://www.toto.co.jp/publishing/

Planning & Editing——TOTO GALLERY・MA
Author——Nobuaki Furuya
Publisher——Toru Kato
Art Director——Kan Akita
Designer——Kan Akita+Yasuyuki Morita (Akita Design Kan Inc.)
Printing——NISSHA PRINTING Co., Ltd.

ISBN978-4-88706-213-9

Shuffled
散乱するノートの断片とともに

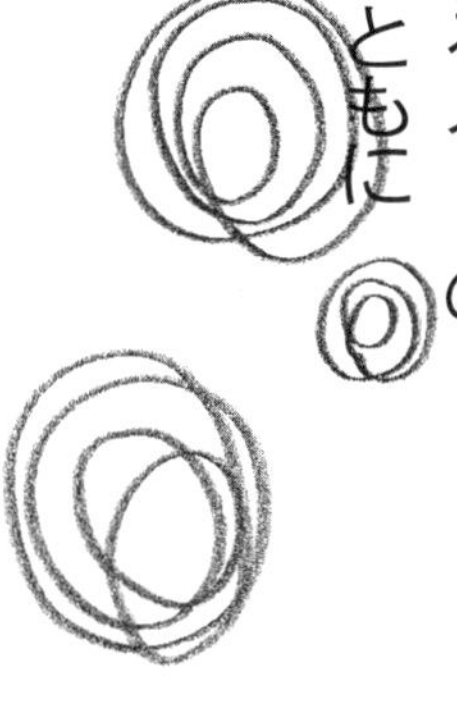

生まれて初めて降り立った外国は香港の啓徳空港で、夜中とは思えぬ蒸し暑さのなかで視界に飛び込んできたのが、いまではもう見ることのできない九龍城の奇観だった。それ以来いくつもの国や土地を訪ね、暮らすうちに、当時の興奮の記憶は次第に薄らいでいた。しかし、いまにして思えば、あの香港での最初の光景がその後の設計に少なからぬ影響を残しているようだ。大学や欧米から学ぼうとしたものとは別の、計り知れない混沌のなかから沸き立つように生まれ出る、渦巻く乱流のなかの秩序。だがその渦はふたつとして同じものがない不思議。

学生時代に好きだった建築家は、ジョン・ヘイダック。数々の抽象的で知的な作品とともに心に残ったのは、彼にとって一番大切なものが「端緒」だ、という言葉だった。そのころは端緒とはものの始まりのことくらいに考えて、ただ詩的に満足していたのだが、端緒とはまさにカオスの海に引き起こされる「創発(emergence)」の、その緒のことを指していたのではないだろうか。

僕にとって建築は、これをとおして世界を思考する、とても大切な基盤である。建築を構築することが、そのまま社会を観察し、人びとと邂逅(かいこう)し、自然を理解することにつながっている。ここに集めた、散乱するノートの断片とともに、ひとつの建築を生み出すためのプロセスを開示できるなら幸いである。

Shuffled, Scattered Fragmentary Notes

My first overseas trip took me to Kai Tak Airport in Hong Kong. In the hot and humid night I saw the strange walled city of Kowloon, which has since been demolished. In the years since then, I have visited or lived in a number of countries and regions, and the memory of the excitement I felt then has gradually faded. However, that scene in Hong Kong probably exerted a not inconsiderable influence on my subsequent designs. It suggested an order very different from the one I had tried to learn at the university or from the West: an order within a turbulent vortex, born of an unfathomable chaos. What is strange is that no two vortices are ever the same.

As a student, the architect I admired was John Hejduk. In addition to his abstract and intellectual works, what impressed me was the importance he placed on the "beginning". In those days I thought of a beginning as simply the start of things and was content with a poetic interpretation of the word, but Hejduk may have indeed had in mind the emergence of something out of the sea of chaos.

Architecture is of value to me as a framework through which to consider the world. The construction of architecture provides an opportunity to observe society, encounter people and understand nature. In addition to presenting scattered fragmentary notes collected from various sources, I hope to indicate here a process for generating architecture.

目次

CONTENTS

PROJECT INDEX

K.F.シンケルの家 A House for K.F.Shinkel
狐ヶ城の家 House at Kogajo
Panetteria1-6 Panetteria 1-6
田野畑民俗資料館 Tanohata Memorial Museum
ささき別荘 Bessō Sasaki
シュプレーボーゲン・アーバンデザイン計画 Spreebogen Urban Design Project
シュプレーインゼル・アーバンデザイン計画 Spreeinsel Urban Design Project
天草ビジターセンター＋展示休憩所 Amakusa Visitor Center＋Service House
せんだいメディアテーク設計競技案 Sendai Médiathèque Design Competition
アンパンマン・ミュージアム Anpanman Museum
ハイパー・スパイラル・プロジェクト Hyper Spiral Project
国立国会図書館関西館設計競技案 National Diet Library, Japan Design Competition
早稲田大学大久保キャンパス新研究棟 ハイテク・リサーチ・センター High-Tech Research Center, Waseda University
「海市―もうひとつのユートピア」展 "Kaishi—The Mirage City: Another Utopia", Exhibition
函館公立大学設計競技案 Hakodate University Competition
詩とメルヘン絵本館 Poem & Märchen Gallery
早稲田大学會津八一記念博物館 Aizu Museum, Waseda University
国際技能工芸大学設計競技案 International Technological University Competition
プロセス・ハウジング Process Housing
バウムハウス Baumhaus
沖縄SSタワー・プロジェクト Okinawa SS-Tower Project
ジグハウス／ザグハウス Zig House/Zag House
上海市青浦区朱家角鎮都市景観計画 Zhu Jia Jiao Urban Project
群馬県中里村新庁舎 Nakasato Town Hall
長野県茅野市新市民会館 Chino Civic Hall
水关の家 Weekend House at Shui-Guan
イル・カセット Il Cassetto
高円寺南アパート Koenji-South Apartments
代田の切り通しプロジェクト Daita Kiritoshi Apartments
近藤内科病院 Kondo Naika Hospital

いつも工事中

ALWAYS UNDER CONSTRUCTION

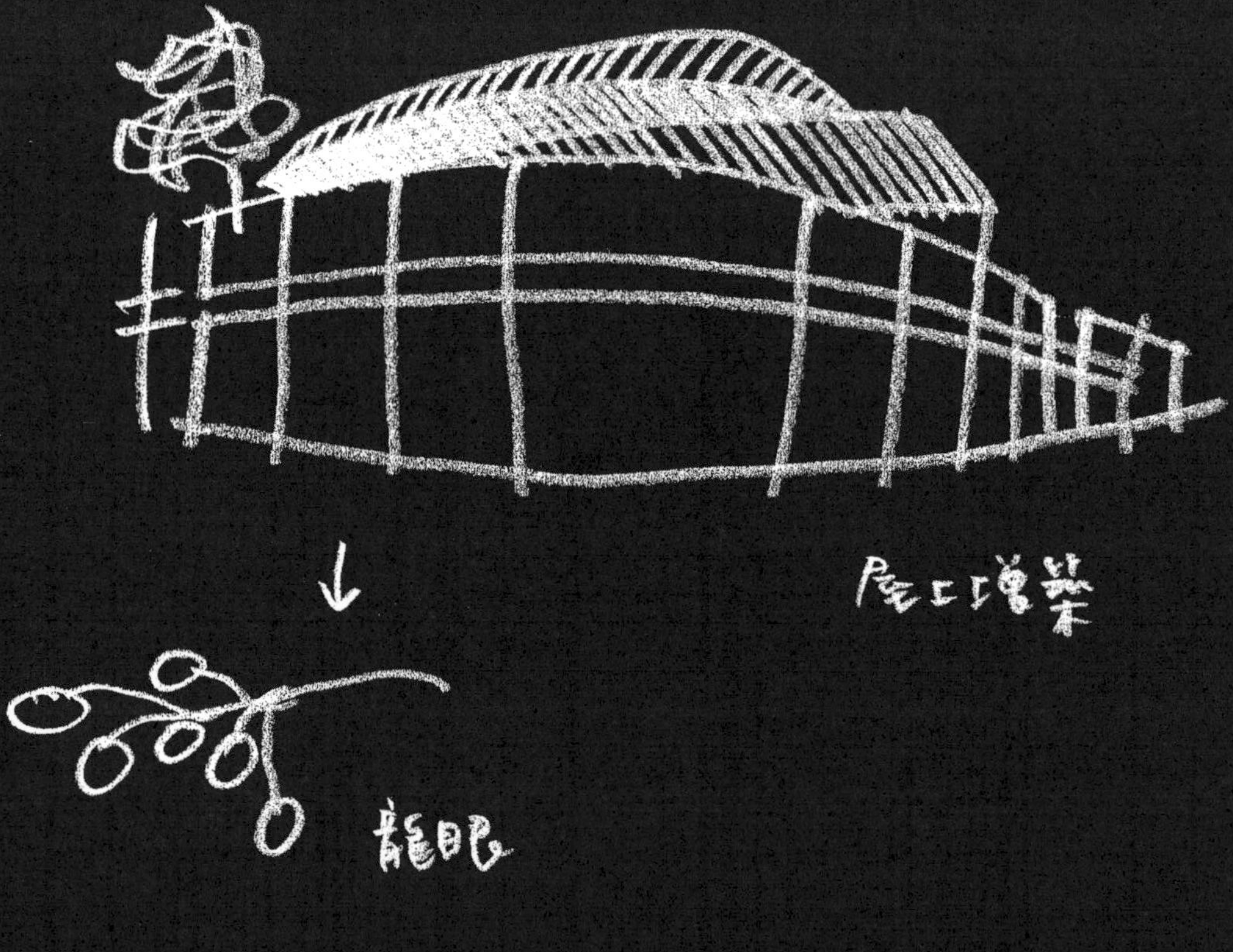

完成予想図が到達すべき理想像であると考えるなら、それに向かって建設中の状態は、言わば「不完全な未来」ということになってしまう。われわれはこれまでにたった一度でも、それが完成した空間に佇んだことはあったのだろうか。予想図は大なり小なり常に変更され、また完成したと思った途端に、早くも次の目標に向かわされていることも多い。建設に長い時間がかかれば、完工を待たずして既に新たな予想図が描かれていたりもする。

都市や建築の実相に、静止画としての完成予想図のままの姿はあり得ない。完成に至る過程やその不便な状態を、過渡的な仮の姿と捉えるのではなく、むしろ絶えず変容が繰り返される動的な状態こそ、本来の姿と考えるほうが自然である。都市がいつも工事中であること、ある場所が不通であれば、そのまわりの部分が一時的にそれを補完するように働くといった、柔軟な組織のメカニズムを解明することが、無秩序な都市の建設という、賽《さい》の河原の果てしない石積みから、建築という行為を脱却させる手がかりになるのではないだろうか。

都市という人工物の集積体を動かし続けているのは、ほかならぬ人間である。人の住まなくなった家や街は地球上のどこでも共通して、急速に荒れ果ててしまう。あたかも脳や人体という生命組織が、そのなかを血液が循環することで維持されているように、都市や建築という組織を崩壊から免れさせることができるのは、間断なくそこに出入りする多くの人間の存在以外にはない。

To anyone who believes that a drawing showing how a building will look upon completion is the ideal image to which that building should aspire, the condition of a project during construction will seem like an as-yet incomplete version of the future. Has ever a drawing of that kind been completely true to the actually completed space? Drawings anticipating the appearance of a building upon completion are subject to change in ways large and small. The image is often altered the moment a drawing is completed. A new set of drawings is likely to be produced even before completion, if construction takes a long time.

In reality, cities and works of architecture are never as they were anticipated in drawings. A dynamic condition of endless, repeated transformations is the natural state of the built environment and bears little resemblance to some transitional, provisional vision of that environment. Recognizing that the city is always under construction and that a flexible organizational mechanism is at work, so that, for example, if a certain place in the city becomes paralyzed, surrounding areas will temporarily function as a replacement, may free us from our futile efforts to use architecture to construct cities with order.

It is human beings that continue to breathe life into the accumulation of artifacts called the city. Houses and towns throughout the world have this in common: when they are abandoned by human beings they fall rapidly into ruin. Just as the circulation of blood maintains vital systems such as the brain and the human body as a whole, the continual presence of many human beings prevents systems such as cities and buildings from falling into ruin.

地球の表皮は絶えず人によって切り刻まれている。大地はクワで耕され、岩盤はノミで削られている。旧石器時代から人の住んできた石の街マテーラには、石切場の岩肌に無数のノコ刃の跡が残る。（マテーラの石切場）

右：イタリア・シエナのカンポ広場。床が斜めでなければこうはならない
左頁：工事中の建物の顔、北京

絶えず変化を繰り返す

「いつも工事中」というテーマは、建築や都市に完成されるべきマスタープランや予想図などがあって、それに向かって、ある時間をかけてものをつくっていく考え方とまったく逆のもので、絶えず変化を繰り返していることを常態だとする考え方である。

もしも完成予想図を目指すとして、それに向かう途中段階を過渡的な仮の状態だとすると、我慢をし続けている状態が永遠に続いてしまう。完璧な最終形に対して、常に未完成の状態を強いられる。不完全な未来という、本来の姿ではない仮の空間のなかで人びとが暮らしている。

往々にしてマスタープランは、それを実現するのに何年、何十年とかかるが、その間に、最初に思い描いていた将来像や社会の状況が変化してしまって、完成した頃にはもう次の変更に着手しなければならないことになる。あるいは五年前に予想したことは、五年後にはそれをはるかに超えたものになることのほうが普通であるから、つくり終わったと思うことすらできないということを繰り返してきた。不完全な未来に対するわれわれの我慢は一向に終わらない。

そこでやはり、今日

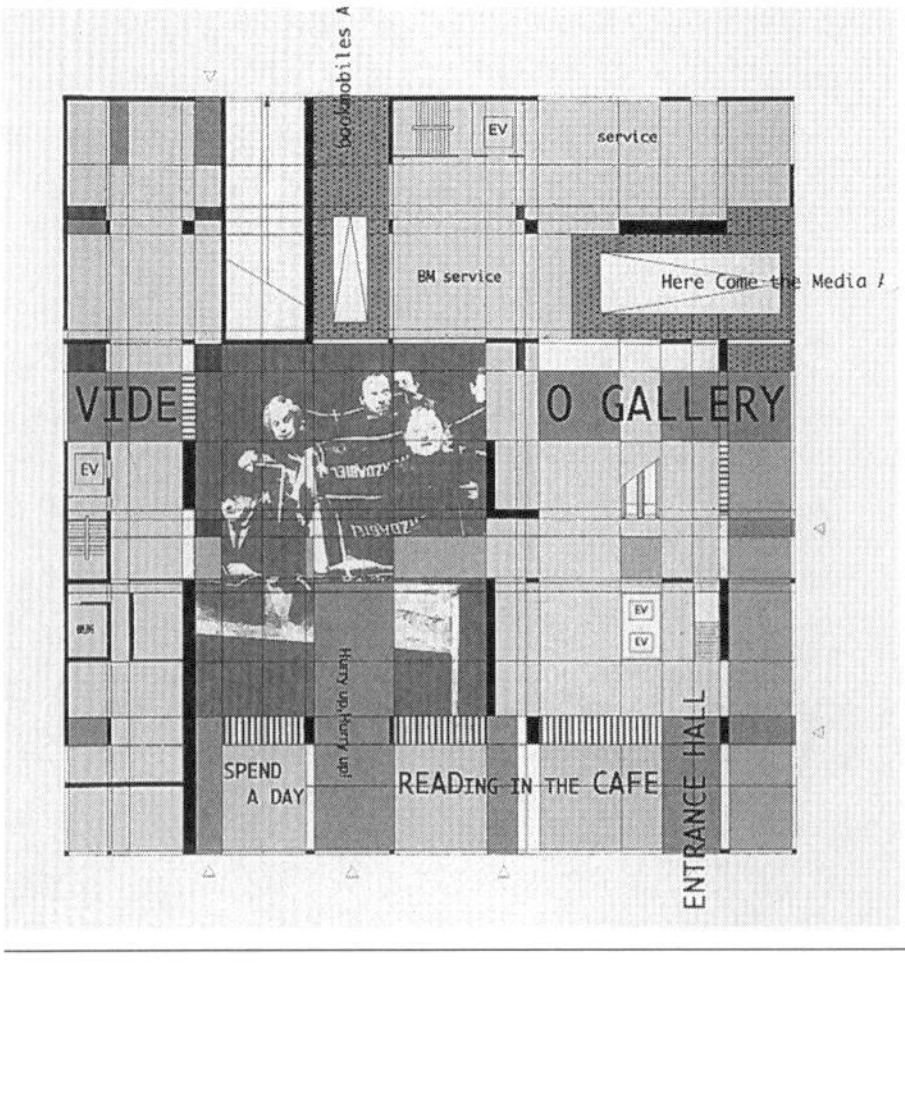

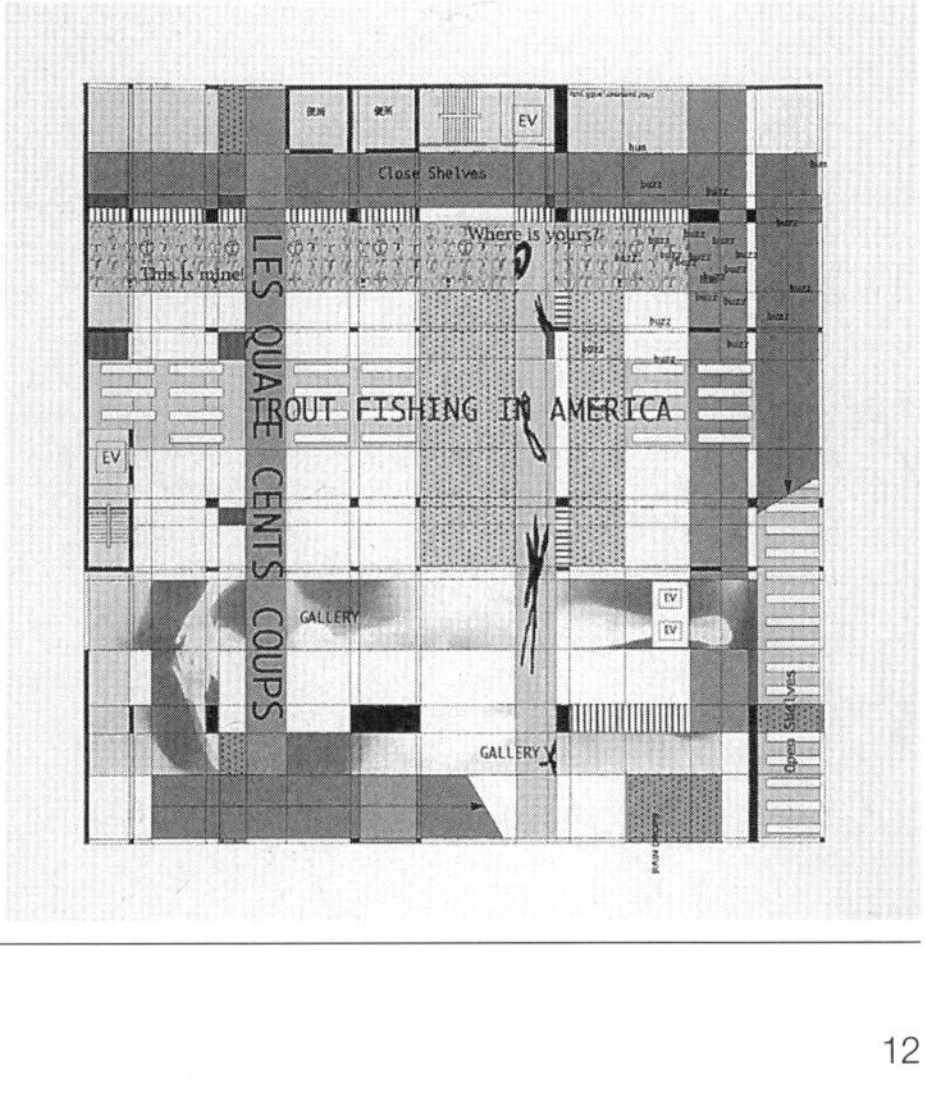

われわれの住む都市というものは、個々の建築が常に何かを求めて変化したり、つくり続けられたり、絶えず改修工事がなされているものだと、積極的に受け止めたほうがいいのではないかと思うのである。

流動的に変化する

どこかで誰かが何か工事をしている。通行を妨げるから、当然そこが渋滞する。すると急ぐ人は渋滞を避けるように別の道を探す。そっちが混み始めれば、別の人はまた別の道を探し出す。

　誰かがどこかに座っている。ほかの人はその人から適当な距離をとって座る。恋人ならきっと親密に、赤の他人ならよそよそしく。

　シエナのカンポ広場で、椅子もベンチもないところに人びとが座っている。そのうち太陽が回って日影の部分がずれていく。長いこと日影に座っていた人はいずれ日向に出て、日向だった場所がまた新しく日影になる。流動的に人びとが腰を下ろす位置が変わり、絶え間なく人が立ち去り、また訪れる。

都市形成が堆積して見えるまち

　南イタリアのマテーラでは、そもそも旧石器時代に人が洞窟に住

右頁：せんだいメディアテーク設計競技案。右＝一階平面図／左＝六階平面図
左：せんだいメディアテーク設計競技案。模型

マテーラの人びとはまず洞窟に住み、次いでその玄関をつくり、さらに地中を掘り進んで、内部を広げ、同時に切り出した石で地上の建築を建ててきた。地中と地上で空間のポーラス化が繰り返される。（マテーラ全景）

みだした。最初のうちはただの洞穴に住んでいたが、次第に穴の入り口を内部から切り出した石で固めるようになる。こうして少し玄関の体裁ができてきたのがまちの第一段階。

しばらくすると、空間をもっと広くするために、穴の奥から石をどんどん切り出したので、洞穴のスペースは大きくなっていく。同時に切り出した石は玄関の上に積み上げていく。そうすると空中には新たに石造の建築空間が増えていく。

長い時間をかけてそれを積み重ねるように繰り返してきたまちがマテーラで、もっとも上の層が、今日われわれがよく知っているふつうの建築物でできている。

谷の側から見ると、まるで化石が堆積しているかのように歴代の建築が地層をなしている。これが露出した様子を見れば、マテーラのまちの構成がどうして可能になったのかがわかってくる。

最初につくった人のものを土台にして、人びとはその次にまた空間を積み足していく。うまくいかずに崩れたこともあったと思うが、それを教訓にして別の構法を開発して、もっと安全でもっと大きな空間がつくれるようになっていく。生の教材がまさに現場に転がっているわけで、それが次々に改良されて

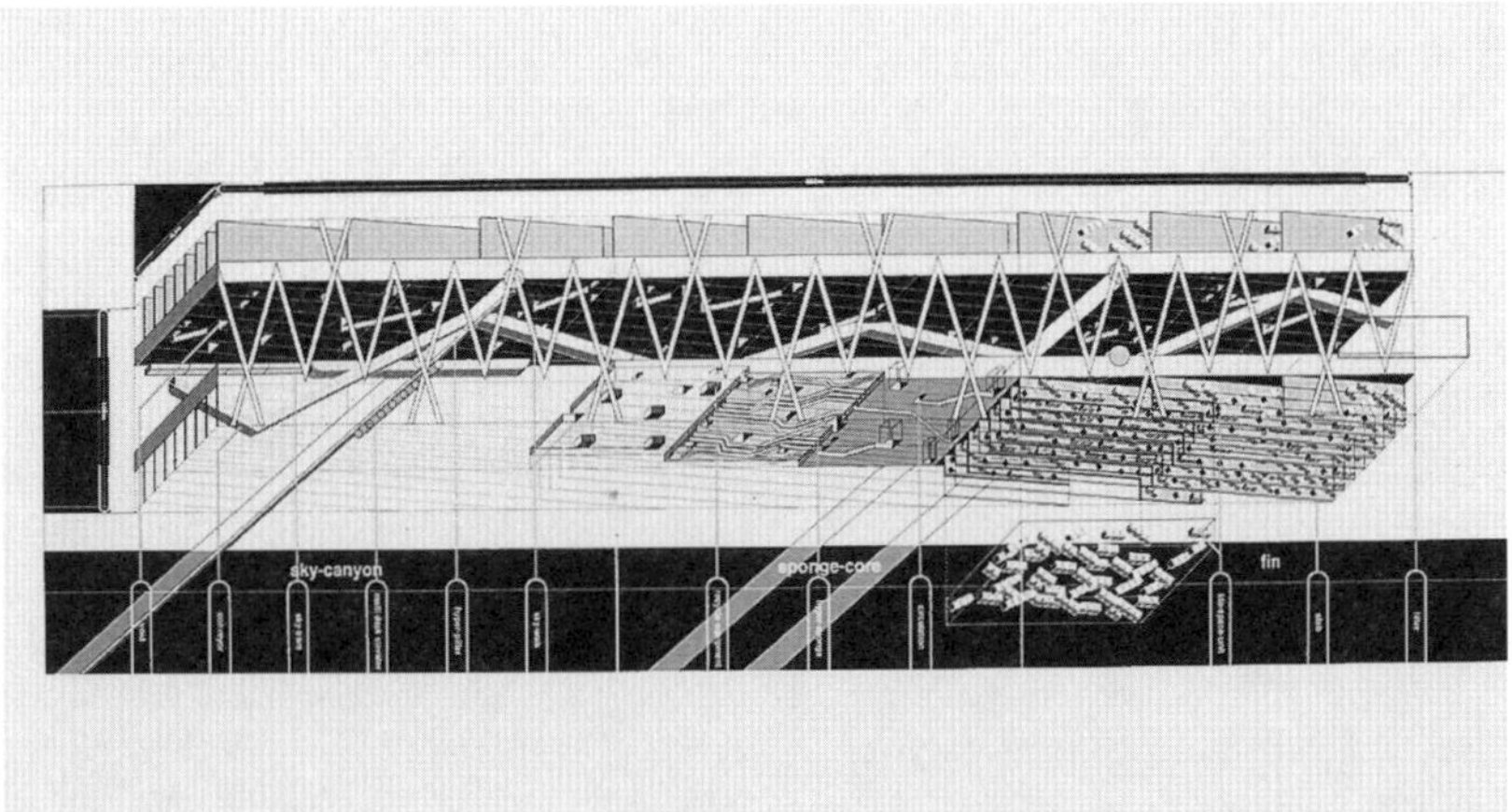

右：ハイパー・スパイラル。ダイアグラム
左頁：プロセス・ハウジング。パターンダイアグラム

右頁：台湾・台北、屋上へのイリーガルな増築。各戸は思い思いに、しかし何度でも増築する
左：台湾・台北、迪化街のスケッチ（二〇〇〇年七月二十日）

いった姿である。

一九五〇年代に、崩壊の危険があることから市当局が退去勧告を出したので、いまはほとんど人が住まなくなってしまった。あの上にさらに今日的な新しい建築が積み重なっていれば、さながら人類の建築博物館として、工事を繰り返してきたプロセスがそのまま見えるという、世界でも希有な都市になっていたはずだ。

どんどん上に積み重なる

台北は「いつも工事中」というテーマに関しては最先端のまちである。台北市内のあらゆるビルは屋上にイリーガルな増築がなされている。住人たちは、それを当たり前と思っているし、市や市民全体がそれを容認しているので、荷重の限界まで、どんどん上に積み重なっていく。

屋上に空間を積み重ねるための部材を、もっぱら供給しているメーカーもある。工場などの仮設建築資材を供給する業者がやってきて、頼めばあっという間に上に積み増ししてくれる。

一般的に言って台北のビルの最上階は家賃も高い。屋上に増築することができるから、あらかじめその分が見込まれている。別の機会に台東に行ったら、程度こそちがうがそこ

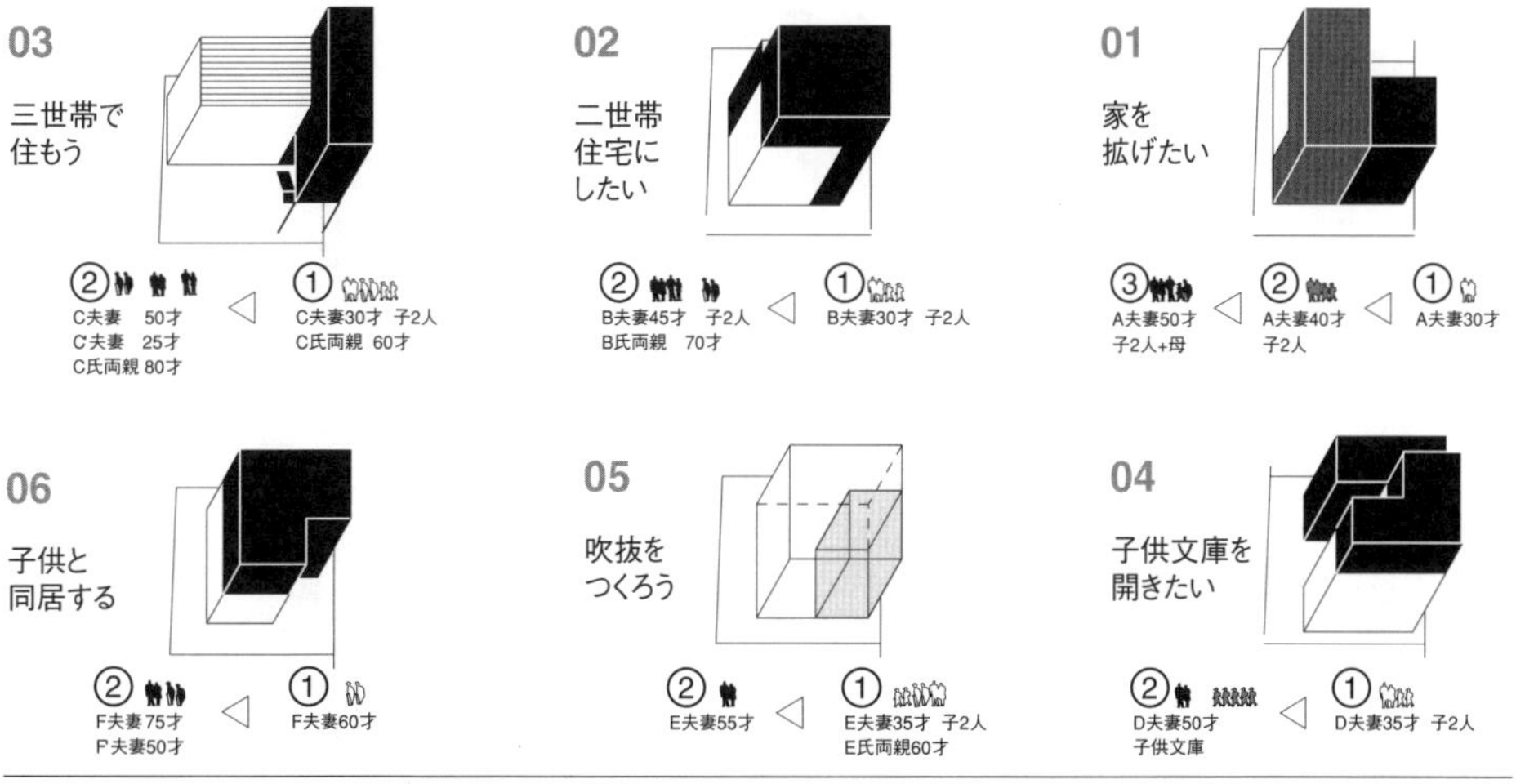

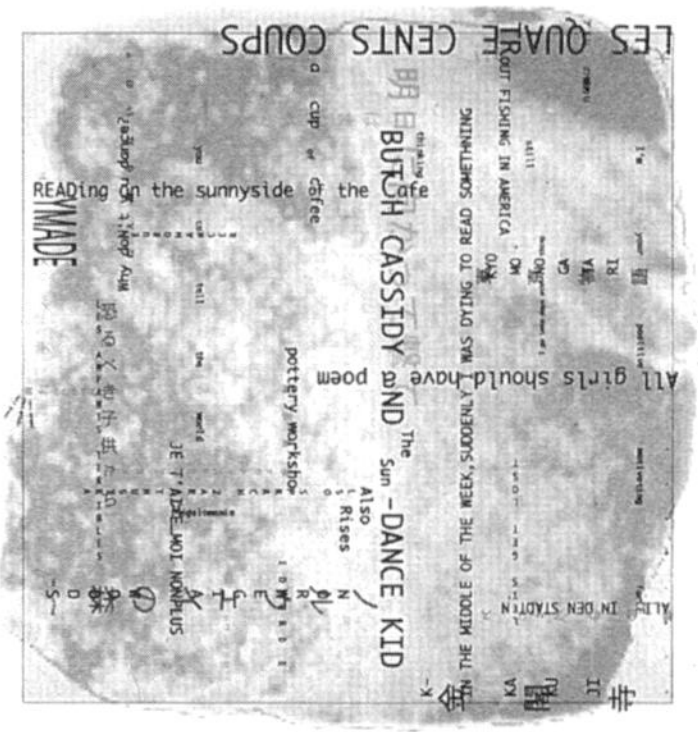

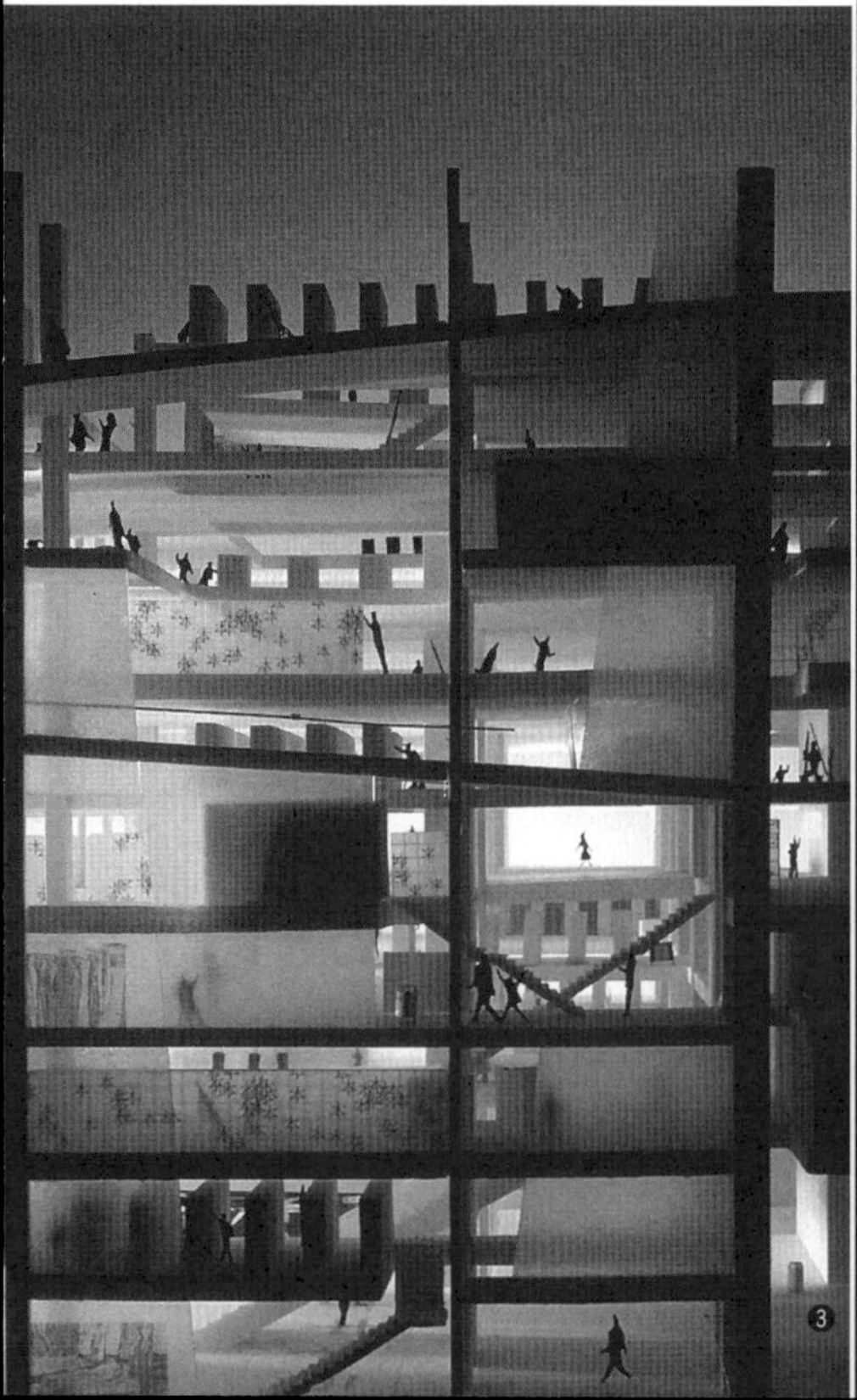

せんだいメディアテーク設計競技案

デザインコンペティション応募案

Sendai Médiathèque

Design Competition
Sendai, 1995

▶ p.12, 13, 76, 77, 80, 81, 221

図書館、映像ライブラリー、展示スペースからなる延べ2万㎡の複合文化施設のコンペ案。敷地は仙台市内の定禅寺通りに面しており、冬季を除けば概して気候も快適で、この付近の戸外を散策する人も多い。この案では3つの異なる機能のための空間を、セクションや層によって分離するのではなく、それらを互いにシャッフルすることで館内全体に混在させている。それにより施設全体がさまざまな情報が錯綜する「メディアの森」となり、来館者は予期せぬ人や情報との遭遇を楽しみながら、この森のなかを逍遥することができる。

This was an entry in a competition for a cultural complex with a total floor area of 20,000 square meters, consisting of a library, a visual library and exhibition spaces. The site faces Jozenji Avenue in Sendai City. The weather is generally pleasant in Sendai, except in winter, and there are many pedestrians in this area. In this scheme, the spaces for the three different functions are not separated by level but are "shuffled". As a result, they are mixed together throughout the building. The entire facility becomes a "media forest" where diverse pieces of information crisscross. Visitors stroll through this forest while enjoying unexpected encounters with other people and information.

1. 内観イメージ。各階いたるところに本棚がある
2. プランイメージ。人びとの行動はクロスワードのように錯綜する
3. 模型／断面。思い思いの場所で本を読み、最寄りの棚に返却する
4. 模型／平面。各階の床は綾織りをなしている
5. 模型／最上階。館内の各所には「情報の手摺り」「情報の交番」が配される

④

5

でもやっていることは同じであった。日当たりがよいから樹木だってちゃんとそこから生えてくる。

建築のあちこちに小さな風土ができる

僕のプロジェクトのなかで、人びとが建築をつくり替えていったり、内部の機能を形成していくことを主題としようと言っているものに、一九九五年に応募したせんだいメディアテークの計画案がある。

　メディアテークでは内部の空間を変容させるものとして、人びとが借り出す本がその媒体になっている。来館者が館内のいたるところにある本棚から本を取り出して、好きなところにもっていって読む。書架から取り出す際に、電子的に貸し出しの手続きをすることで、本がどこにあってもコンピュータで検索可能となる。

　本を読み終わったら、自分の好きな場所の近くに返す。こうしてある場所にいろいろな人が運んでくる本が次第にたまってくる。たまる本の種類はさまざまだが、それぞれがこの場所を気に入った人に運ばれてきたという点において共通している。

　こんなことを繰り返すうちに、館内のあち

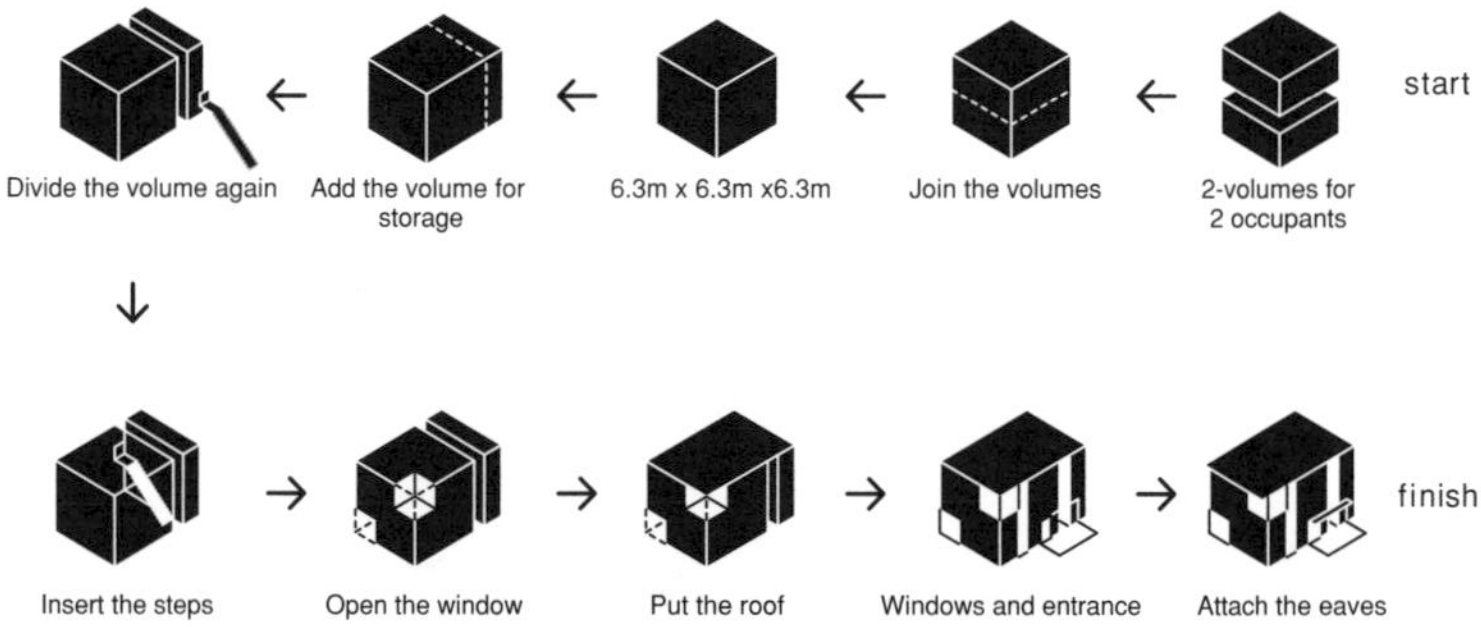

右：バウムハウス。コンセプトダイアグラム
左頁：早稲田大学大久保キャンパス新研究棟ハイテク・リサーチ・センター。右＝廊下／左＝内観

右頁二点：香港の街、少しでも多くの面積と外気を求めて外壁は変貌を遂げる
左：上海にある倉庫を改築した台湾の建築家、登琨艶のアトリエ

こちに不均質なムラが生まれる。建築内部にミニチュアの「風土」のようなものができてくると、今度は人がそれに誘われて、「あの階のあの辺りに行ってみたい」とか「この辺で展覧会をやりたい」、「どこそこには美人が多い」などなど、ある種の空間性が偏った状態が、人びとが運び続けてくれる本によって生み出されるようにしたものである。

動的な状態にある

バウムハウスという、押し入れも下駄箱もないまるで「空箱」のような木造賃貸アパートは、入居者が入れ替わり立ち替わり、いろいろなモノを運び込んでは運び去っていくという、言わば動的な状態にある。

もともと賃貸住宅というものは、建築には釘一本打つことができず、住人が引っ越して出て行くときには部屋を元どおりに復帰しなければならないものである。だから住み手が自分の気に入る内部空間をつくり上げるためには、建築に直接傷をつけることのない家具的なものに頼らざるを得ない。

今日ではそのためのものの情報誌や専門店が、それこそまちに溢れていて、人びとがそれを調達して自分の部屋をつくり上げるアイ

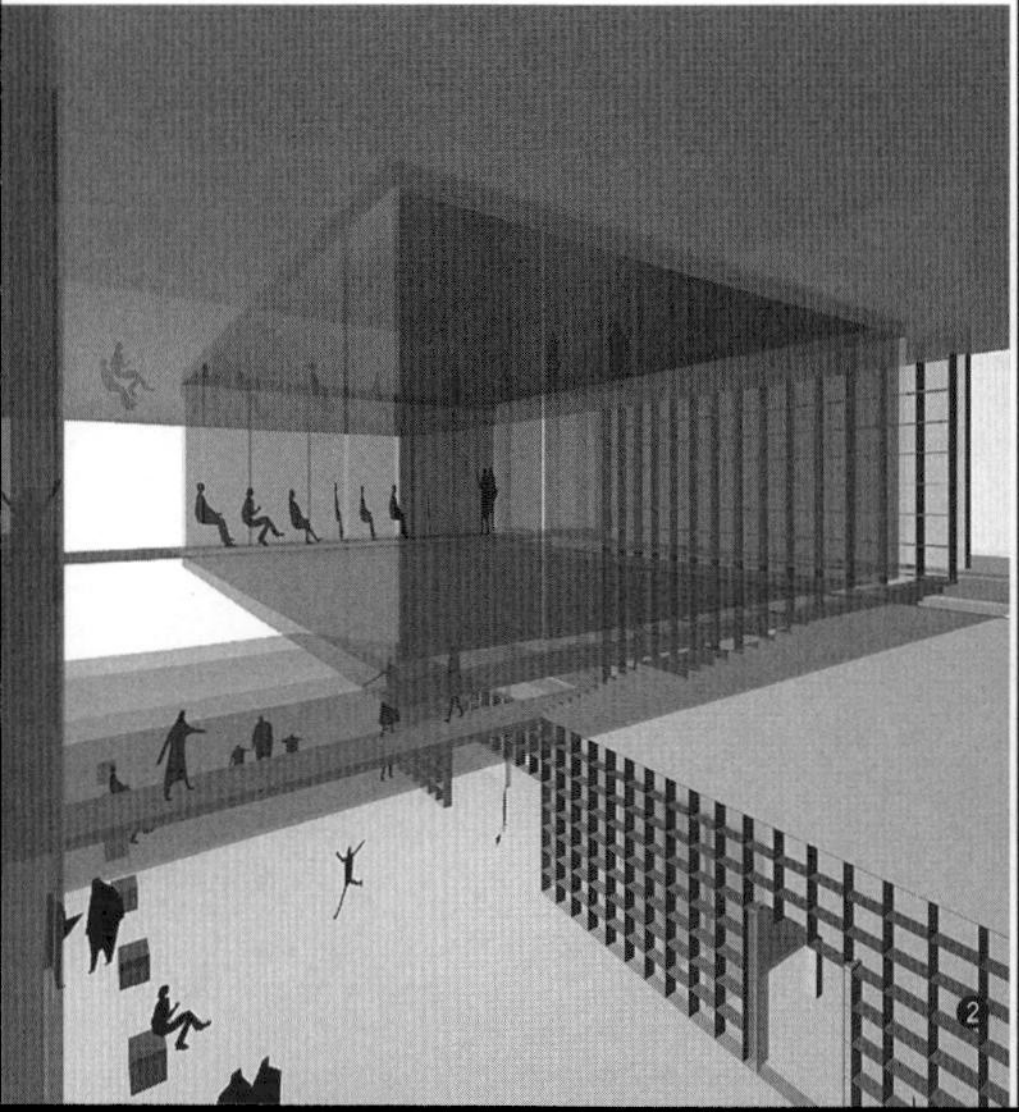

群馬県中里村新庁舎

群馬県中里村新庁舎設計公開
プロポーザル応募案最優秀案

Nakasato Town Hall

Nakasato, Gunma, 2001-

▶ p.26〜29, 52, 132

中里村は1,000人の人が住む、離島を除くと関東地方でもっとも人口の小さな村であり、近い将来周辺の町村との合併の可能性も高い。そのため将来的な用途変更を想定した一時的な村役場と村民のコミュニティー施設として計画されている。役場の機能を3、4階に収め、それ以外の空間を村民が今後欲しいと思うであろう図書館や美術館、催し物場、SOHO支援などに充てられるようにするため、館内には大小の多様な空間が用意され、それぞれの使い道に柔軟に対応できる「玉手箱」のような建築を目指す。

With a population of 1,000, Nakasato is the smallest town in the Kanto region, except for outlying islands. It is likely to be consolidated with nearby municipalities in the future. This building was therefore planned as a temporary town hall and community facility for which a different use may be found in the future. The town hall functions are accommodated on the third and fourth floors. Various large and small spaces have been provided elsewhere and the architecture has been made adaptable to many possible uses such as library, art museum, event space and facilities to support small businesses,

1. 北側全景／イメージパース。背後には神流川、立処山が見通せる
2. 3階からホールを見下ろす。空中に吊られたガラスの箱
3. 2階ブリッジ越しに大階段を見る。階段に沿って村民の図書館ができあがる
4. 模型／北側ファサード

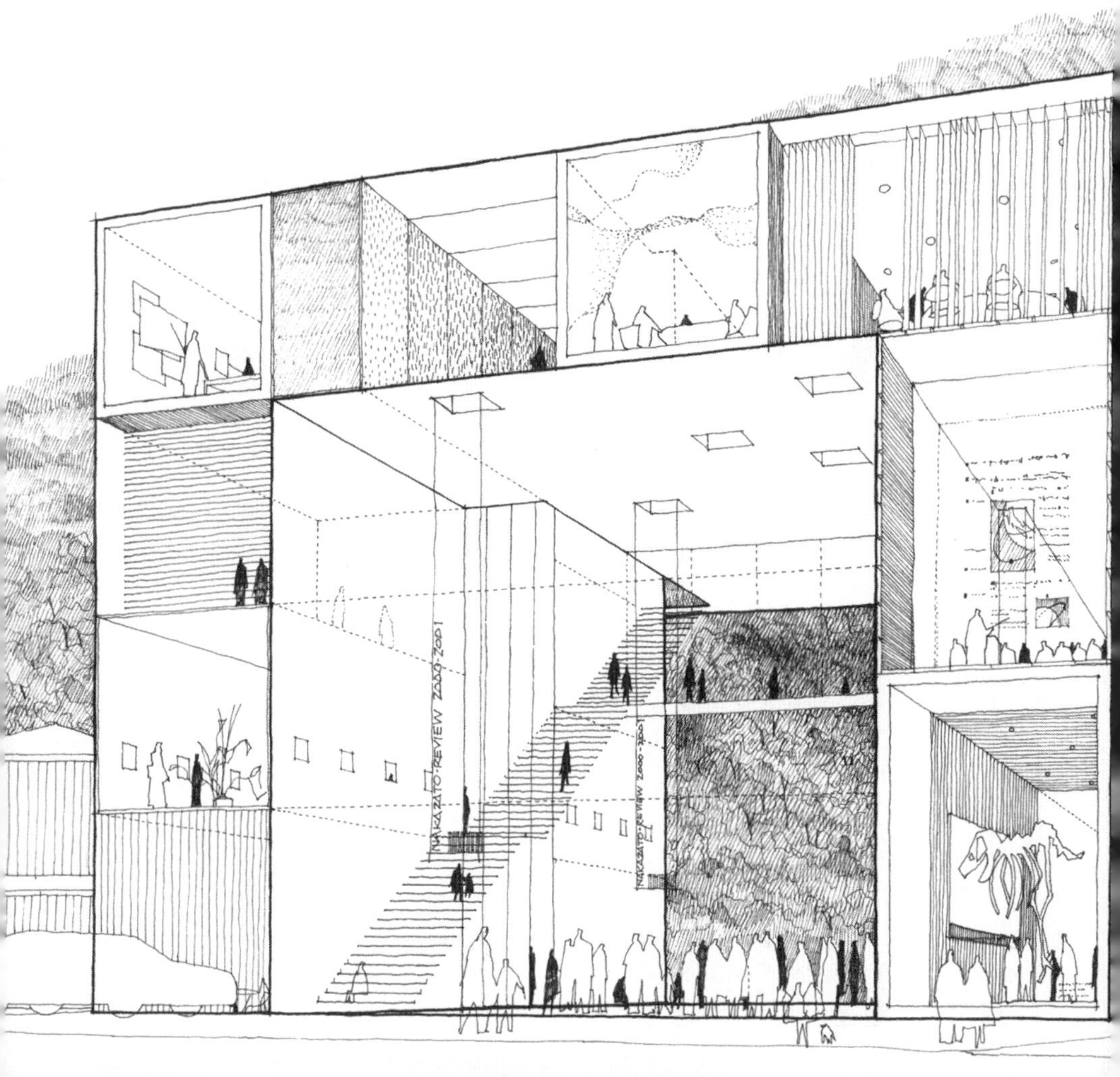

❹

❸

ディアに事欠かない。東急ハンズにしても、無印良品にしても、好きなところから、自分の気に入ったものを買って来て、思う通りに組み合わせたり、組み立ててみたりできる。

「工事中」もひとつの状態

やなせたかし氏の生まれ故郷、高知県香北町にあるアンパンマン・ミュージアムでは、ほんものの建物が建つ前に現場に縮尺七分の一のモデルを建てて、工事中を通じて、新しくできる建築はどういうものかを町の人に知ってもらうためのワークショップを開催した。そのこと自体も、アンパンマン・ミュージアムという建築の「工事中」のひとつの状態であり、「動的な建築」の一部であると考えた。

つくり続ける大学

ものつくり大学と呼ばれている埼玉県内に建つ新設大学のコンペ案では、僕たちはさらに意識的に「いつも工事中」の大学を提案した。職人技術などに重きをおいて、ふつうの大学以上に、建設というプロセスに直結した教育を目指すものだったからである。

キャンパス内には間伐材を利用した編成材製造のプラントや、ペ

右：アンパンマン・ミュージアムでのワークショップ。ほんものの建物と七分の一のモデル
左頁：国際技能工芸大学設計競技案。右＝イメージCG／左＝模型

右頁：右＝オルヴィエトの石畳。ピンコロ石は何度でも敷きなおす／左＝イタリア・シエナの街
左：シチリア、ノートで見た仮設ステージ

ットボトル・リサイクルのプラントなど、各種の開発途上のパイロットプラントが、時限的に建ち並び、本格的な産業化への準備的な研究を行っている。そこで試験的に産出される各種建材を用いて、大学の研究施設そのものを、教育的な実習を兼ねて自力建設するものであった。

変幻自在のタマテバコ

二〇〇〇年十二月、つまり二〇世紀最後の月に運よくプロポーザル・コンペに当選できたのが群馬県中里村の新しい村役場である。島しょ部をのぞく関東地方でもっとも人口の少ない九九七人の暮らすこの山あいの村で、大正十一年に建てられた木造の庁舎を建て直そうと考えたのには、近々予想される町村の広域合併を視野に入れた村長の戦略があった。

合併後に住民生活の新しい拠点となる施設、これがプロポーザルで求められた建築像である。そこでこの村で今後建てたくなるであろうさまざまなもの、図書館、美術館、映画館、結婚式場、パーティ会場、高齢者の交流する場所などなど、それらいっさいがっさいをひとつの建築で可能にする、そんな玉手箱建築を提案している。

群馬県中里村新庁舎
Nakasato Town Hall

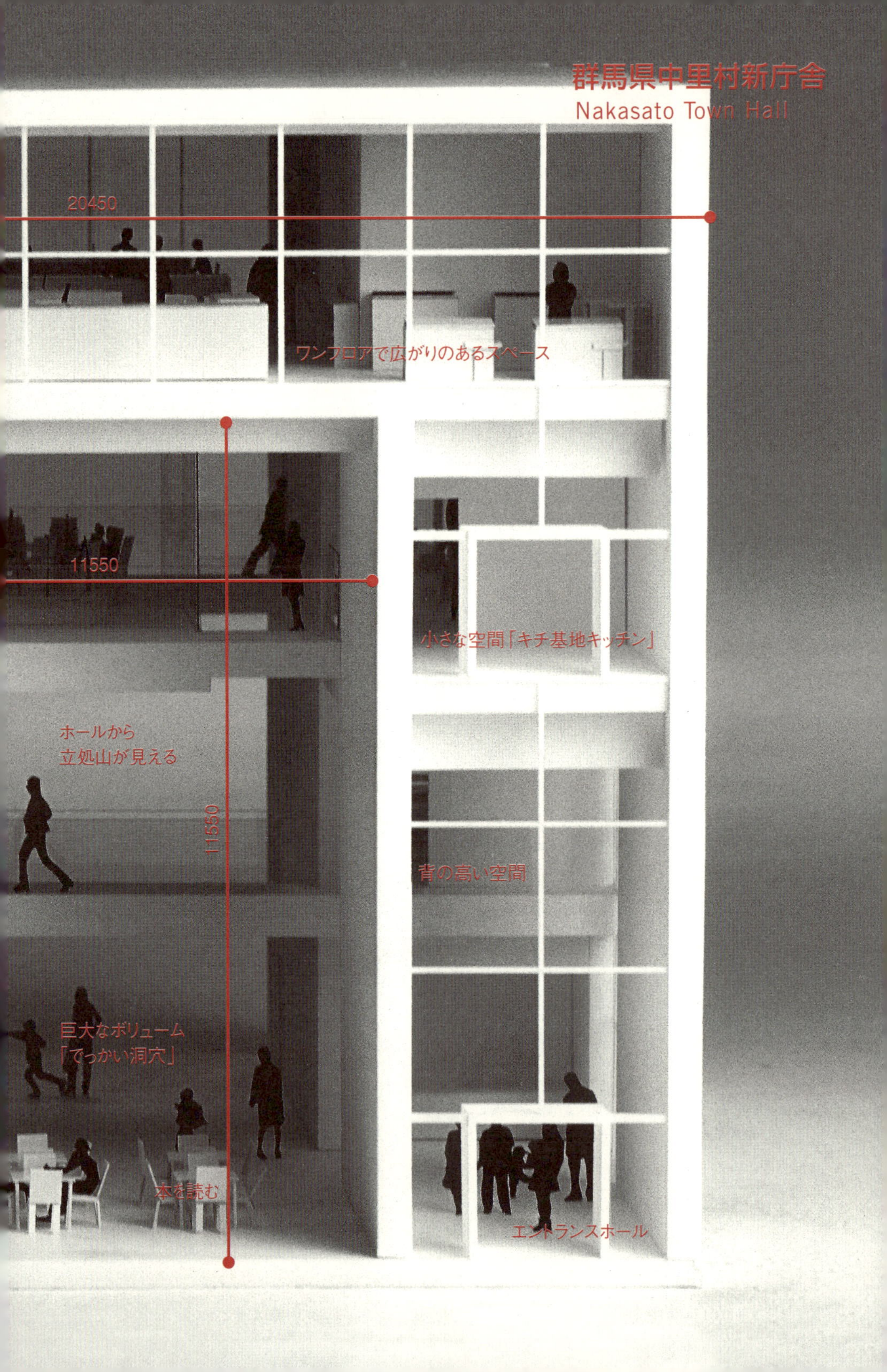

とりあえず執務スペース「てっぺん広場」
昇りながら村が見える
大勢の人が集まる
「そらとぶジュータン」
16000
「くるくる階段」
ブリッジで立ち話
「それゆけ橋」
階段に沿った図書館
「ジャイアント棚」
2200

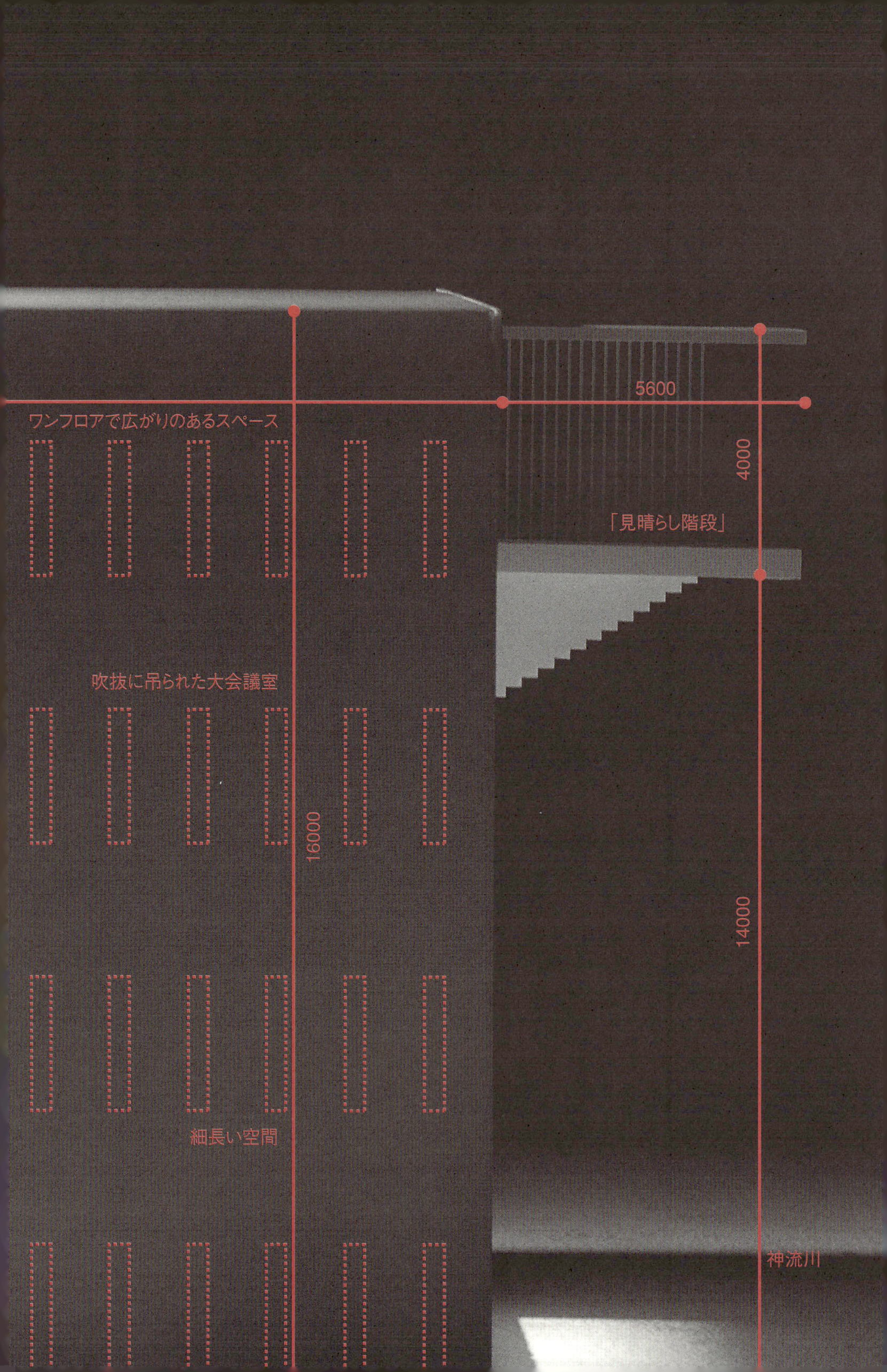
5600
ワンフロアで広がりのあるスペース
4000
「見晴らし階段」
吹抜に吊られた大会議室
16000
14000
細長い空間
神流川

24000
東西に風が通り抜ける
小さな空間
「キチ・基地・キッチン」
背の高い空間
巨大なボリュームの空間
小さな空間

建築という記憶装置

ARCHITECTURE as a MNEMONIC DEVICE

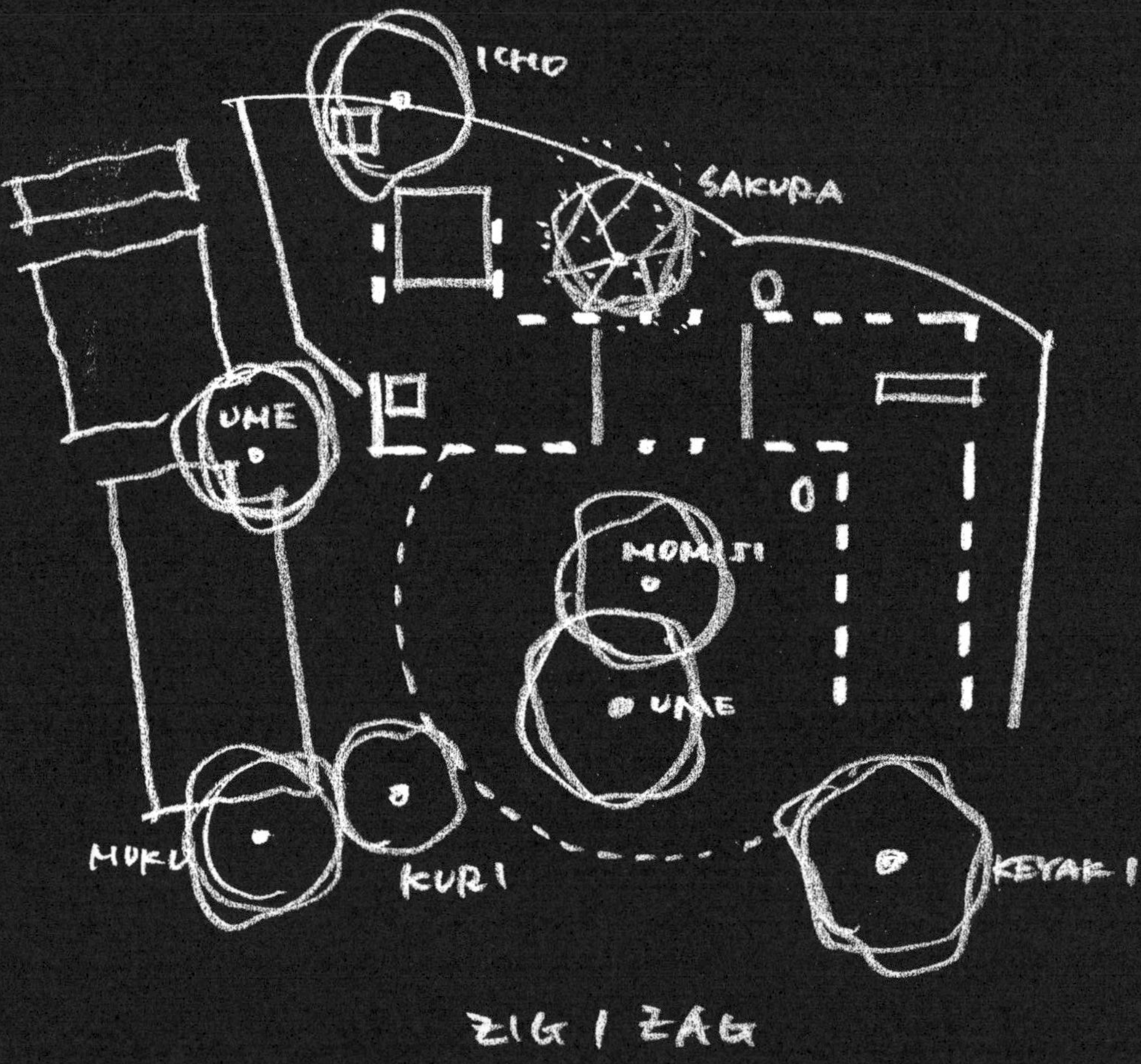

記憶された情報というものは、絶えず外部化されることによって保存されていく。脳内の記憶はその人間の寿命が尽きるのと同時に消えてしまうが、生前に別の人びとの脳に転写されているか、または書物などの形式で外部に保存されていれば、その内容はその人間の生死にかかわらず継承され得るものとなる。コンピュータもまったく同じ理屈で装置外の記憶媒体が不可欠である。生命体の遺伝子もそのDNAが繰り返し複製されることによって、個体から個体へ受け継がれ、世代を越えて種の情報が保存される。記憶された情報は外部に複写されることによってのみ、常に取り出し可能な状態で維持され続ける。

古い建築遺構から歴史学者が何世紀も前の情報を引出すことができるのは、とりも直さず、当時の知恵や記憶が外部化され、建築というかたちをもってその場に残っていたからである。言語にも画像にも記録されてなくても、実物の断片がそこにあるだけで、先人の脳の中身についてある程度の推察を行うことが可能だ。建築や都市の現物は、それ自体が人類の巨大な記憶装置である。今日ではそれらの情報を逐一電子情報化することは、それがたとえ膨大だとはいえ、不可能なことではないが、その情報を引出して見ようとする人間の検索視野の範囲、あるいは同時に認識できる情報の量にはもともと限界があり、認識できるのは全体のほんの僅かな部分にすぎない。しかし眼前に建築があり、実際にその内部を立ち歩くことによって、全貌と詳細な部分とを同時に観察し、過去の記憶を抽出する緒を見出すことができる。

Information in a memory is preserved by being continually externalized. Memory in a person's brain disappears when that person dies, but the content of a memory can survive the death of the person if it has been transferred during his lifetime to the brain of someone else or preserved in external form such as a book. For the same reason, a mnemonic medium external to the computer is indispensable to computerized information management. The genes of organisms are also transmitted from individual to individual through the repeated replication of DNA. Information concerning a species is preserved for generations. Information in a memory can be maintained in a readily accessible condition only if it has been reproduced externally.

It is precisely because knowledge and memory of the time have been externalized and survive in architectural form that historians can elicit centuries-old information from ancient architectural remains. We are able to surmise to some extent what people in the past thought from surviving fragments of objects, even if memory no longer exists in linguistic or pictorial form. Architecture and the city are themselves enormous mnemonic devices of humankind. Today, it is not impossible to translate such information, even if it is enormous in amount, into electronic form, but there are limits to the scope of vision of someone trying to access that information or the amount of information a person can assimilate at any given time. The information that can be assimilated is apt to be only a small part of the whole. However, by actually walking through a building a person can observe the whole and the details at the same time and find clues for eliciting memories of the past.

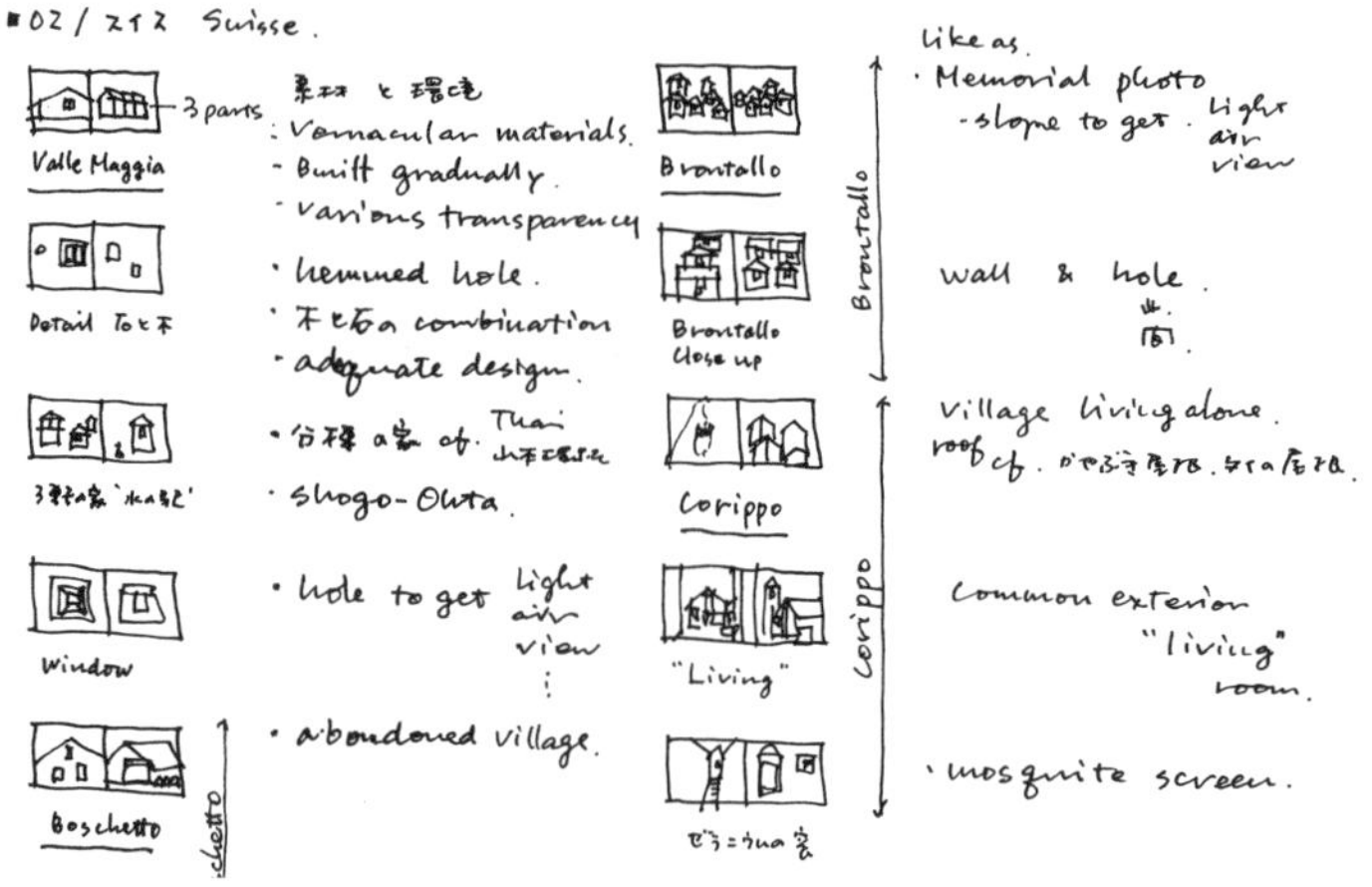

建築は過去と現在をつなぐ記憶装置

建築が絶えず更新されて変化し続けるものであるとして、その実物に変容の経過や来歴が残っている場合も多々ある。マテーラは、より古い時代の下部構造に、新しい時代のものが積層して都市が形成されているが、自分よりも何世代も前、つまり直接見聞きできないほどに隔たった時代につくられたものであっても、目の前に実際の建築物というハードが残っていることで、過去の事象をそこから知ることができる。

考古学は、すべて現在に残されたものを頼りに、その物性や形などから過去の事実を研究するものだが、言ってみれば、そのための考古学標本は内部に過去の情報を蓄積した記憶媒体になっている。

建築や都市はそれ自体が、同じような意味合いから、すぐれた記憶装置だと言える。書物に書かれているわけでも、そこに設計図が残っているわけでも、あるいはコンセプトが壁の裏側に書いてあるわけでもないが、実物が残存しているという一点だけを頼りに、それをたどって先人の知恵を読み解くことができる。読解が史学的に正確かどうかではなく、広く社会の人びとが記憶を解きほぐす縁

右：早稲田大学會津八一記念博物館。右＝展示室内観／左＝外観
左頁：早稲田大学會津八一記念博物館。右＝平面図／左＝断面図

右頁：早稲田バウハウススクールin 佐賀〝スイス・イタリアの都市〟レクチャー準備（二〇〇〇年八月十四日）
左：フランス・ショーの製塩工場内にあるルドゥー美術館展示室内のスケッチ（二〇〇〇年八月五日）

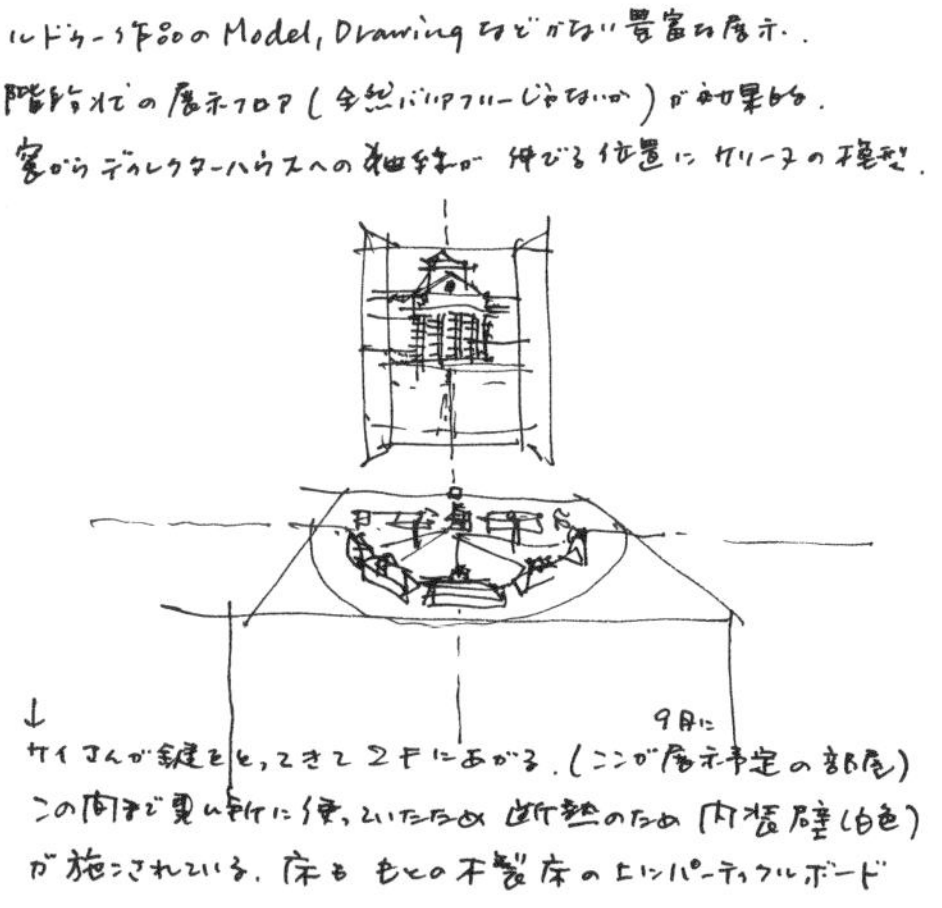

（よすが）とできることに意味がある。
建設当時、設計者の頭のなかにあった情報が、建築というハードウェアが実際に生み出されることによって外部化されている。コンピュータの世界でも、蓄積された情報は絶えず外部記憶化されないといずれかならず消失する。人も自分の脳内にある記憶を外部の媒体に移し換えることにより、他人に伝えることもできるし、自分の死後も後世に記憶を伝えることができる。
人類は営々と自分の知識や考えの外部化を図ってきた。学者しかり、作家しかり、教師しかり。建築家もたぶんそれに近い。

建築に眠る記憶

建築が、構想されたイメージがモノというかたちで外部化されたものだと考えると、それを見るほうにも格段の楽しみが出てくる。たとえばイタリアの建築家カルロ・スカルパは、建築に内在する古い記憶、つまり既存の建築に新しいものを加えることで、新旧の要素が渾然一体となったまったく新しい建築を生み出す名人であった。スカルパは一九七八年に他界し、もはや直接会うことはできないが、スカルパが実作に込めた建築哲学を、その建築をくまなく見ることによって解き明

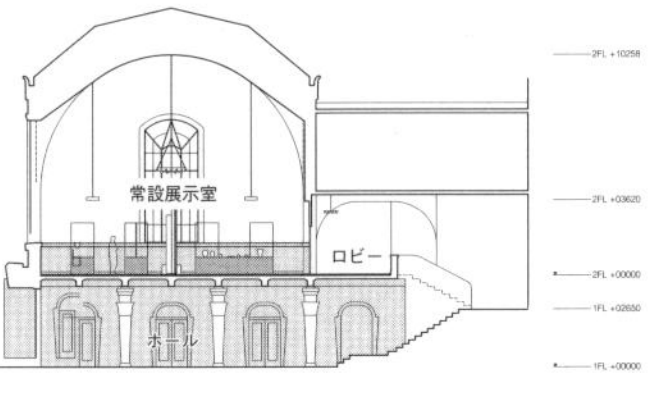

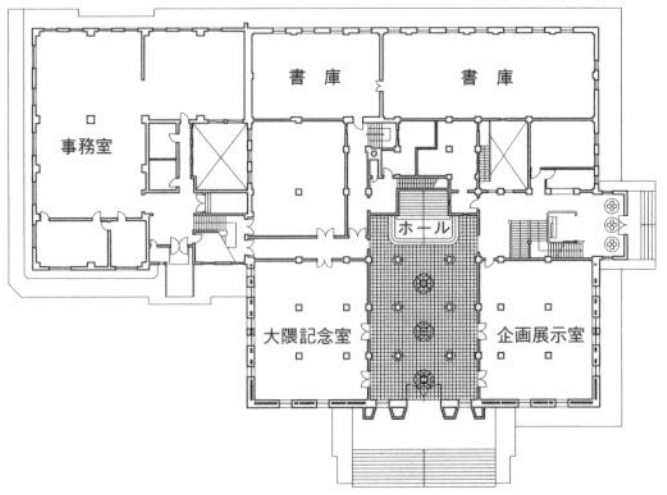

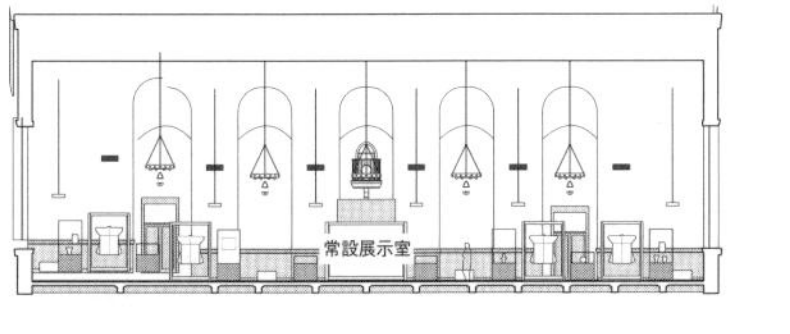

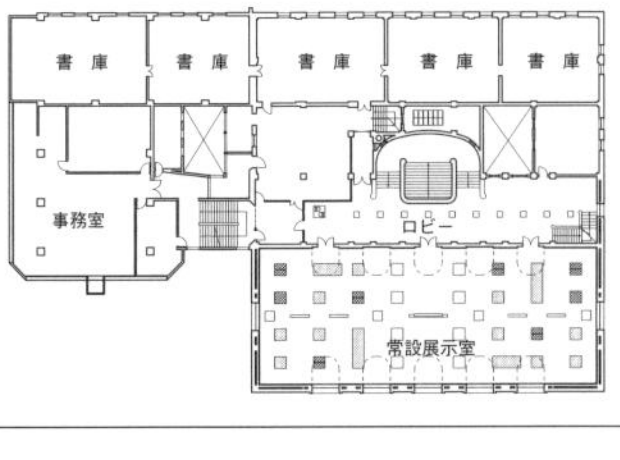

営々と築かれてきた都市の変遷が、そのままるで断層標本のように残されている。おそらく何世代もかけて建築され続けてできたマテーラの街、それ自体が先祖の記憶の宝庫である。
（マテーラ）

かすことができる。

過去を呼び覚ます断片化された空間

シチリアのパレルモにあるパラッツォ・アバテリス博物館は、おそらくスカルパが、新旧要素を掛け合わせることを最初に思い付く契機となった建築だと僕は考えている。

パラッツォと呼ばれるように、もともとは宮殿の建物であったが、第二次世界大戦中に空爆を受けて崩壊してしまった。ここではもののみごとに砕けて断片化した建築の再生をしたが、その方法はとても示唆的だ。三十代にスカルパは建築家としての仕事に恵まれないままに、ヴェネツィアン・グラスで有名なムラーノ島で長い間ガラス器のデザインをしていた。そこで培われた素材と物性に対する知識と感性が、ガレキと化したこの建築の前で陽の目を見る。

オブジェと空間が協奏する

本来は展示物であるはずのアラブの碑文の断片が、コンクリートの塊のなかに埋め込まれてまるでベンチのようにデザインされている。はたしてこれは展示品なのか、観客が休んでいいベンチなのか、判然としない。ここではオブジェや、換

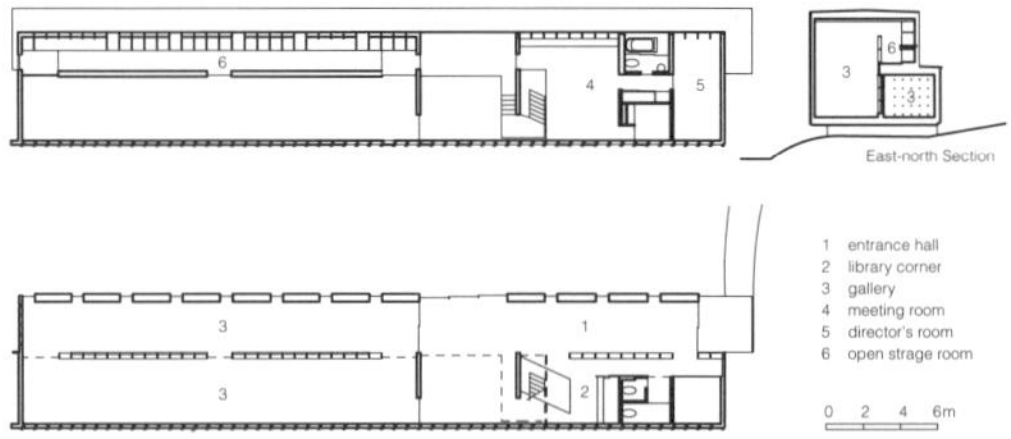

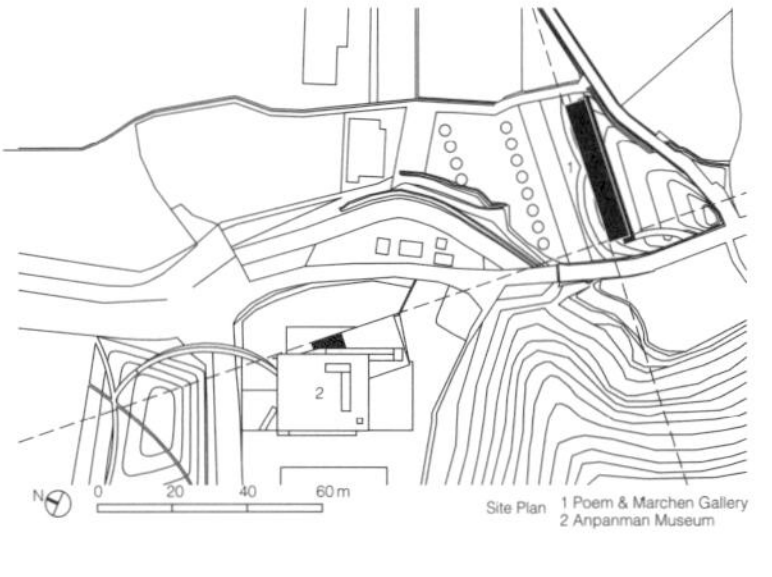

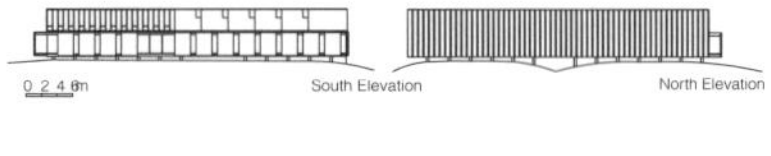

右頁：ヴェローナ・カステルヴェッキオ美術館（C・スカルパ設計）。右＝外観／左＝内観。新旧の窓デザインが対置されている

左二点：パレルモ・パラッツォ・アバテリス博物館（C・スカルパ設計）。オブジェと建築的要素が混在している

気口などの建築部品、内外の建築空間がすべて断片化され、粉々になりながら再び集合させられて、ひとまとまりの空間のなかに漂っている。

建築の要素と展示の要素

新たに改修された外壁は、決して古い外壁を元の姿のまま復元したわけではない。一つひとつの窓は古い窓であるが、細かい装飾の付いた縁飾りが、ちょうど一枚の絵の額縁となって、白い壁面にそれを掛けたかのようにデザインされている。ここでも建築の要素と展示物の要素とは、ほとんど境界がわからなくなってしまう独特の手法を用いている。

スカルパはこの作品以降も、新旧の要素を明確に区別するのではなくて、渾然一体化させる手法を繰り返し使っている。自分が立ち現れた現場には、文字どおりガレキと化した古い建物の断片が転がっていて、それらと博物館で展示すべき考古学的なオブジェとが、彼の目にはほとんど同質のものに見えたのだろう。両者を組み合わせて自分の空間を新しく編成するというアイディアに至っている。そこには千年以上前の考古学的な記憶が残った断片も入っているし、大戦で爆破された建物の記憶も残ってい

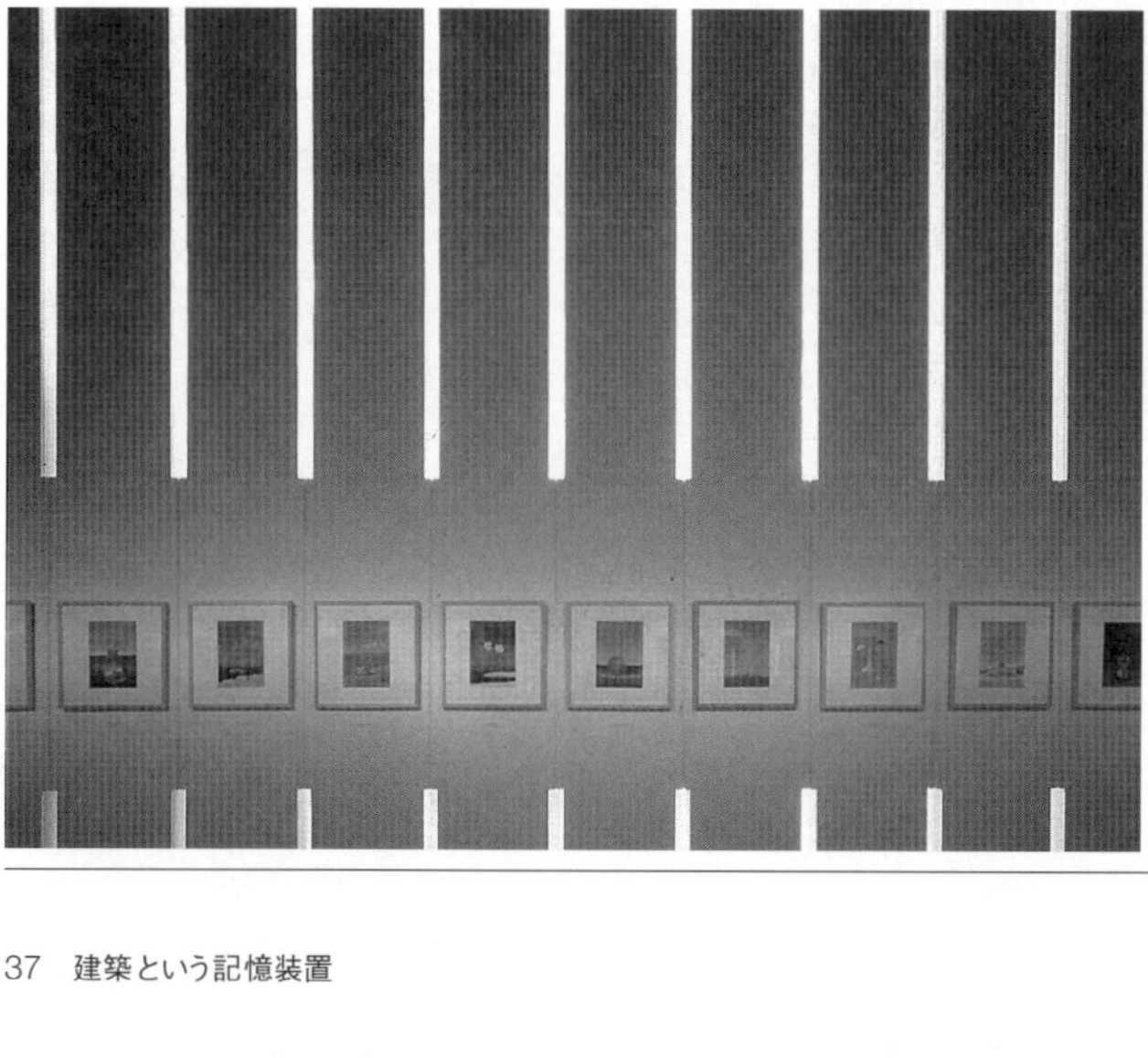

右頁：詩とメルヘン絵本館。配置図・平面図・断面図

左：詩とメルヘン絵本館。右＝外観／左＝展示室内観

木島安史が移転改築した阿蘇の孤風院は、もともとは旧制高校の講堂であった。建築がその記憶を次世代に継承し、いまなお多くの若者が集まって実験的改修に取り組んでいる。(孤風院)

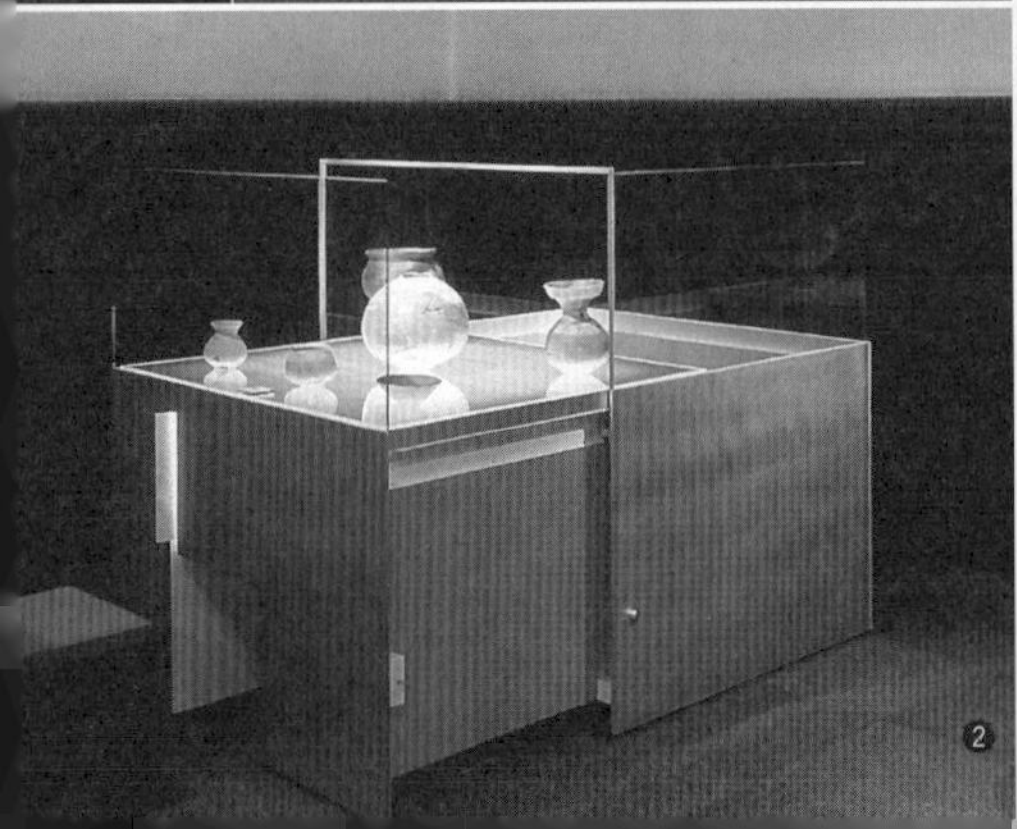

早稲田大学會津八一記念博物館

旧早稲田大学図書館改修

Aizu Museum, Waseda University

Renovation of the Old Library
Shinjuku, Tokyo, 1998

▶ p.32, 33, 204

今井兼次設計による2号館（早稲田大学旧図書館）の博物館への改修計画である。會津八一のコレクションである東洋美術の作品をはじめ、アイヌ民族衣装や明器など多種多様な展示品が公開される。物を陳列するためだけの展示空間とせず、さまざまな展示品とともにある時間を過ごすための「物を読む図書館」とも呼べる博物館として考えられている。展示ケースの多くは視線の高さを超えないものとされ、展示室をひとまとまりの大きな空間として感じられるように配慮されている。

This work involved the renovation into a museum of Building Number Two (the former Waseda University Library) originally designed by Kenji Imai. Diverse exhibits, from the collection of Eastern art of Yaichi Aizu to Ainu garments and funeral items, will be made public. The museum will be, not just a gallery where things are displayed, but a "library for reading objects", where visitors can pass the time with various exhibited items. Most display cases do not exceed a certain height and are so arranged that visitors can see that the gallery is a large, unified space.

1. 展示室／イメージCG。既存のヴォールト空間を保存して、ガラスケースのみで空間を整える
2. 展示ケース。ガラスカバーをスライドさせることで開閉する。組み込まれたスツール
3. 展示風景。かつての閲覧テーブルをイメージする
4. 6本の円柱の玄関とホール内観。柱頭部の間接照明器具がこの改修で復元された

4

3

右・左頁：早稲田バウハウススクールin佐賀"スイス・イタリアの都市"レクチャー準備（二〇〇〇年八月十四日）

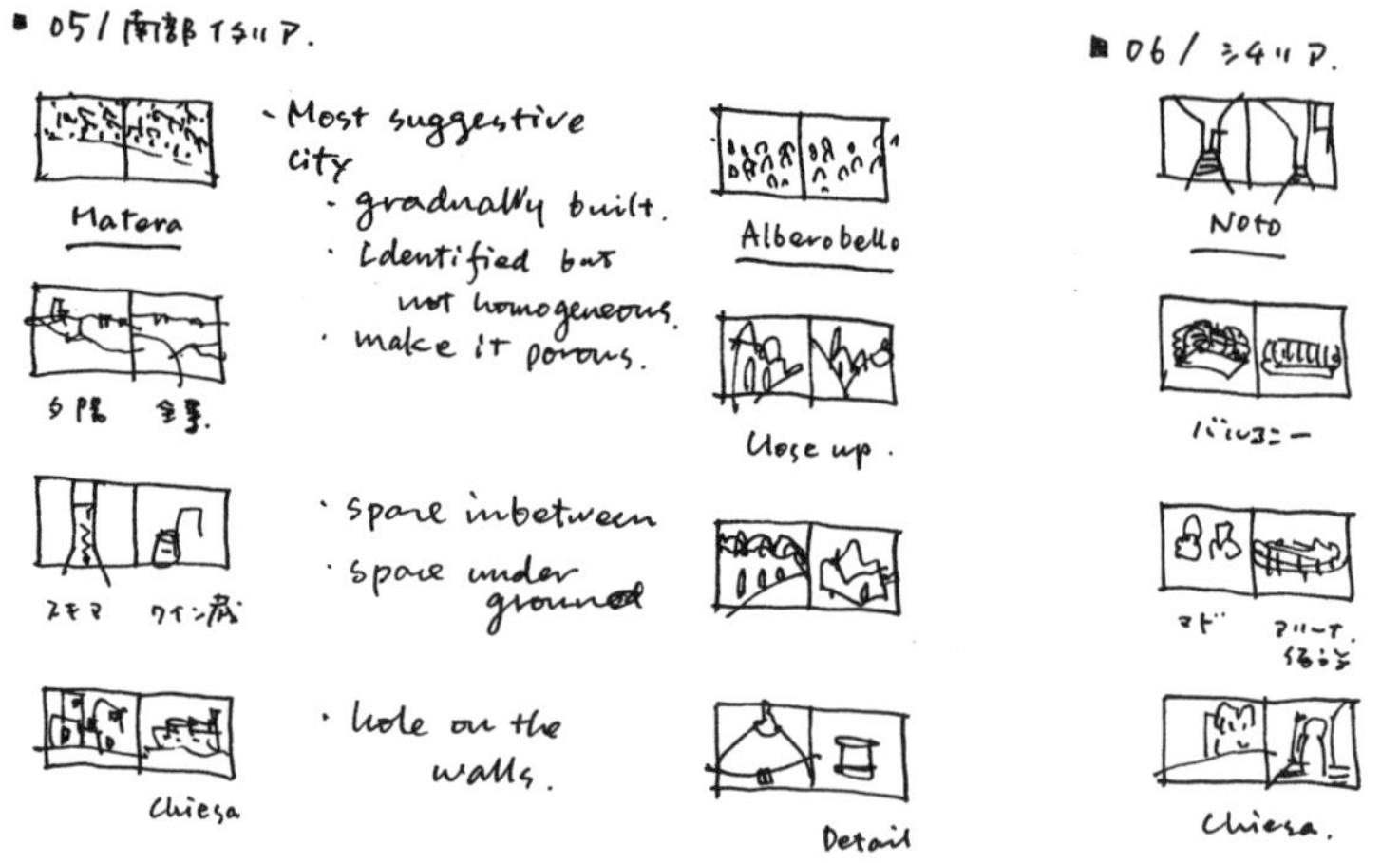

るし、いまはこの世にいないスカルパの記憶をたどることも可能な、優れて魅力的な記憶装置になっている。

記憶を残す空間

熊本県の阿蘇にある孤風院は、もともとは熊本大学構内に残っていた旧制高校の木造の講堂であった。解体計画を知った当時熊本大学教授の木島安史によって自邸として移転改築されたものである。当人も亡き人となったが、その意志を受け継いだ遺族や彼の教え子たちの手によって現在もなお意欲的な改修・増築の試行が繰り返されている。いまでも僕は、この建物を訪れるとその場に木島さんがいて親しく言葉を交わせそうな気がする。

僕の仕事でイタリア語の「レスタウロ」、建築再生のデザインと言えば、早稲田大学の會津八一記念博物館がある。

元は一九二五年に今井兼次設計により建てられた大学の図書館であった。早稲田の歴史的建造物としては向かいの大隈講堂と並んで双璧をなしている。中央図書館機能が移転した後、言わば抜け殻になっていたところを、文学部教授であった故會津八一の集めた東洋美術品を常設展示する博物館に改修した。

歴代の多くのOBたちがここで本を読んで

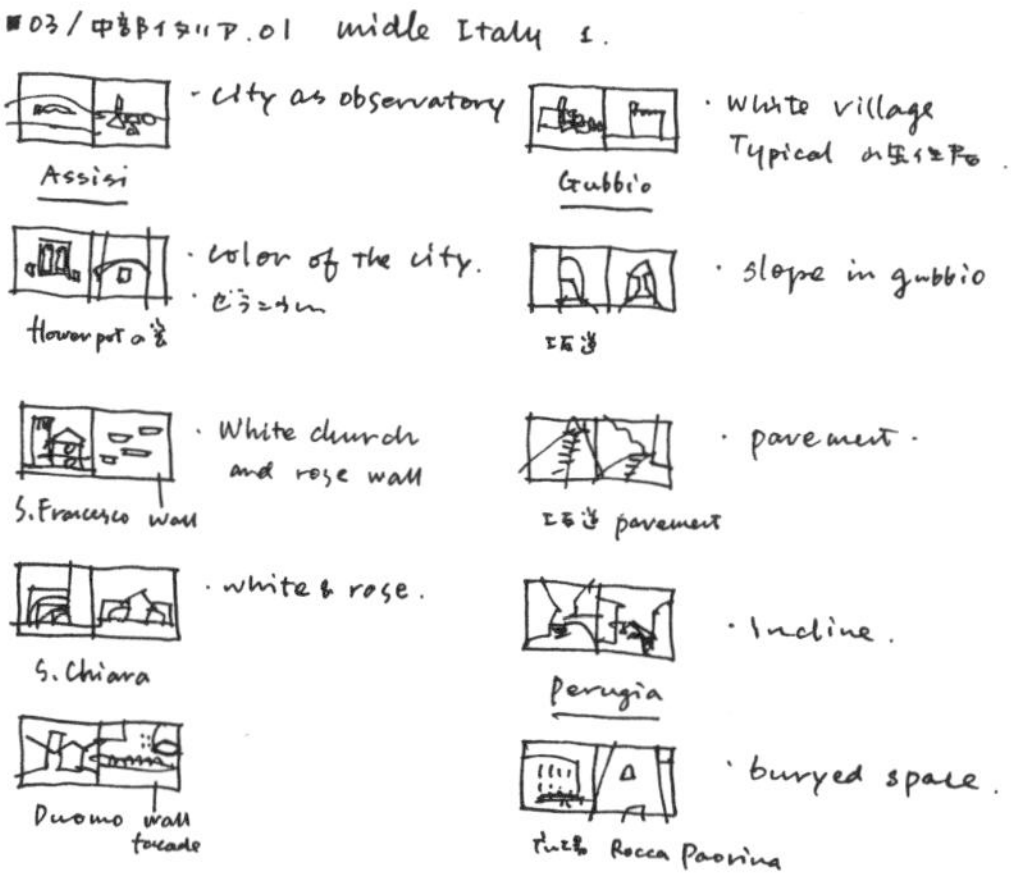

きた、大閲覧室と呼ばれる二階の空間は、その記憶を残すためにかまぼこ型の空間をそのままにして、あたかも閲覧机に展示品が並んだかのようにアイランド型のガラスケースのみを配置した。情報や光源の配線のために床だけを二重にして、壁天井には手を触れず、ショーケースのデザインで空間全体をアレンジした。「モノを読む図書館」と称して、観賞に疲れた人のために、引出して腰を下ろせるスツールをショーケースに組み込んだ。

つながる親世代・子世代

ジグハウス／ザグハウス

ハウスは両親と僕の家族が住む二世帯住宅であるが、この家の敷地にも少しばかり歴史がある。昔は母屋が東側にあって、西側に祖母のための離れがあったが、いまではちょうど一世代ずつずれて、東側に僕の家族、西側に両親の家を建て、間に三間ほどの屋根だけのスペースを介して親世代と子世代がつながっているという構成である。

敷地には父の子どもの時分よりあったという木々を、それらのほぼすべてを元どおりの位置に残している。この土地にずっと紡ぎ出されてきた時間と記憶をたどることができるように、あるいはそれ

右頁：ジグハウス／ザグハウス。外観
左：上海市青浦区朱家角鎮、並んでお茶を飲む老人

①

②

③

詩とメルヘン絵本館

香北町やなせたかし記念館

Poem & Märchen Gallery

Kahoku, Kochi, 1998

▶ p.36, 37

香北町出身の漫画家やなせたかし氏が25年以上編集をしてきた、月刊誌「詩とメルヘン」の表紙の原画などを展示する、アンパンマン・ミュージアムに続く美術館である。高知県産の杉材をふんだんに使った半透明な箱のような建物は、ギャラリーで時を過ごしながらも、外部に広がる自然に抱かれた感じを味わえるように設計されている。ここは雑誌の原画を観賞するギャラリーであるとともに、そのバックナンバーを閲覧する図書館でもあり、その用途は来館者が無意識に決めることができる多様性をもっている。

This art museum, built after the Anpanman Museum, exhibits original cover drawings and other illustrations from *Poem & Märchen*, a monthly that has been edited for over twenty-five years by Mr. Takashi Yanase, the cartoonist who is from the town of Kahoku. The building, which makes abundant use of cedar grown in Kochi Prefecture and resembles a semitransparent box, is designed so that visitors get a feeling of the natural outdoors even inside the gallery. The facility is both a gallery where one can look at original drawings and a library stocked with back numbers of the magazine. Visitors are free to choose the way they will use it.

1. 西側妻面。大小のチューブが組み込まれる
2. ライブラリーコーナーより藤江和子氏デザインの階段を見る
3. 1階エントランスより芝生が植えられた南側庭を見る
4. ギャラリー。県内産のスギ材架構。梁は光のスリットに貫入する

④

を明らかに可視化するために、この建築が働くことができないかと考えた。

作品を通じて作者に触れる記憶装置に

アンパンマン・ミュージアムのアネックスとして設計した詩とメルヘン絵本館は、両館を合わせてやなせたかし記念館と呼ばれており、一種のメモアリルミュージアムである。作者であるやなせさんの仕事にここへ来て接することができるようにするのだから、これも基本的には記憶装置である。

毎月発行される雑誌と、その表紙の原画を常設展示する建築を、すべて県内産の杉材でつくった。この地の風土と、敷地の環境と、人物と作品を重ね合わせてみることのできる林のなかのギャラリーを構想している。

建築が記憶を代弁

フランスのアルケ・セナンにある、C・N・ルドゥーの、ショーの製塩工場に泊めてもらったことがある。朝早くこの中庭に下りてみると、建物が半円形に並んでいて、誰もいない。ここで一八世紀のルドゥーが直接何かを教えてくれているような心持ちがした。もちろんいまは本人は

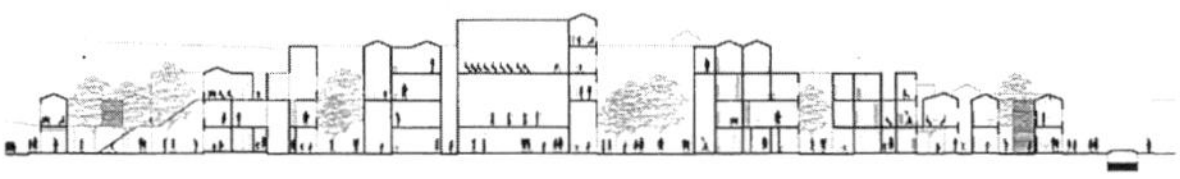

右：上海市青浦区朱家角鎮都市景観計画案（伝統地区）上＝断面図／下＝パース
左頁：田野畑民俗資料館。断面図

右頁：フランス・ショーの製塩工場のスケッチ（二〇〇〇年八月六日）
左：ショーの製塩工場、丸窓越しにルドゥーのディレクターハウスが見える

いないが、建築がその記憶を代弁していたのだと思う。

語り継ぐ老人

やはり朝早く、上海市の西の郊外にある朱家角のまちを訪れた。日の出とともに起き出した老人たちが、運河に沿って椅子を並べて賑やかに茶をすすっている。

歴史的な町並みが保存修復され、昼間は多くの観光客が行き交うであろう空間だが、いまはまだその喧騒は聞こえない。

その静かな朝のうちに老人たちが茶館や道端に陣取って、世間話に花を咲かしている。その生活行動そのものが、若い世代にこのまちの暮らしのほんとうの楽しみを教えているかのようだ。

先祖に会える資料館

大学院修了後しばらく、研究室で穂積信夫先生の実施設計をお手伝いした。そのしめくくりとなったのが東北の岩手県田野畑村の民俗資料館である。一九九〇年のことだ。

館内には村民から寄贈された漁具や農具が展示されるが、ここではそれらを手におじいさんやおばあさんが、その使い方や思い出などを語ってもらう、そんな場所をデザインした。

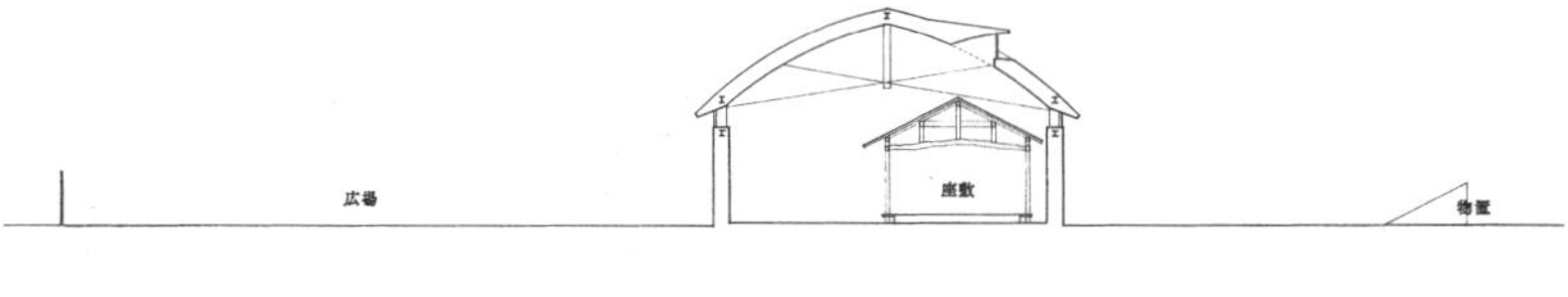

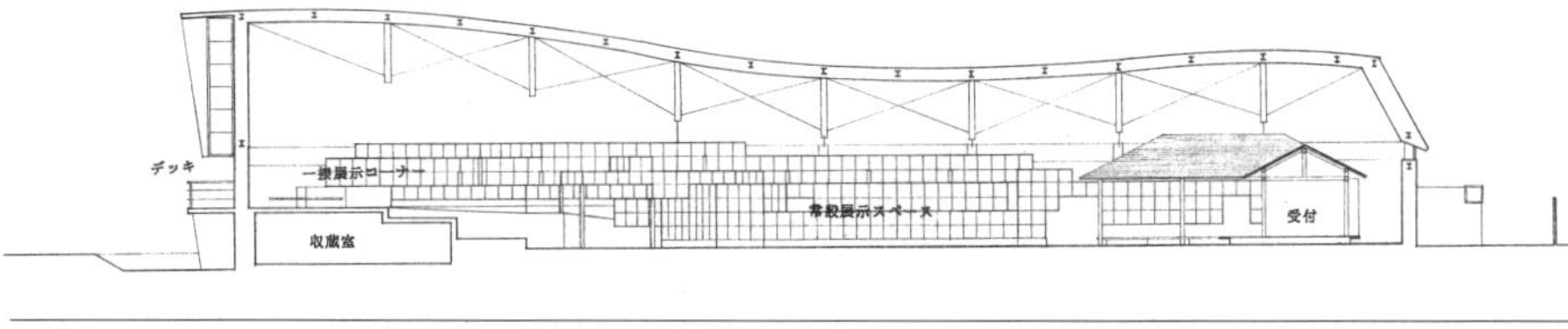

不揃いな地形

IRREGULAR TOPOGRAPHY

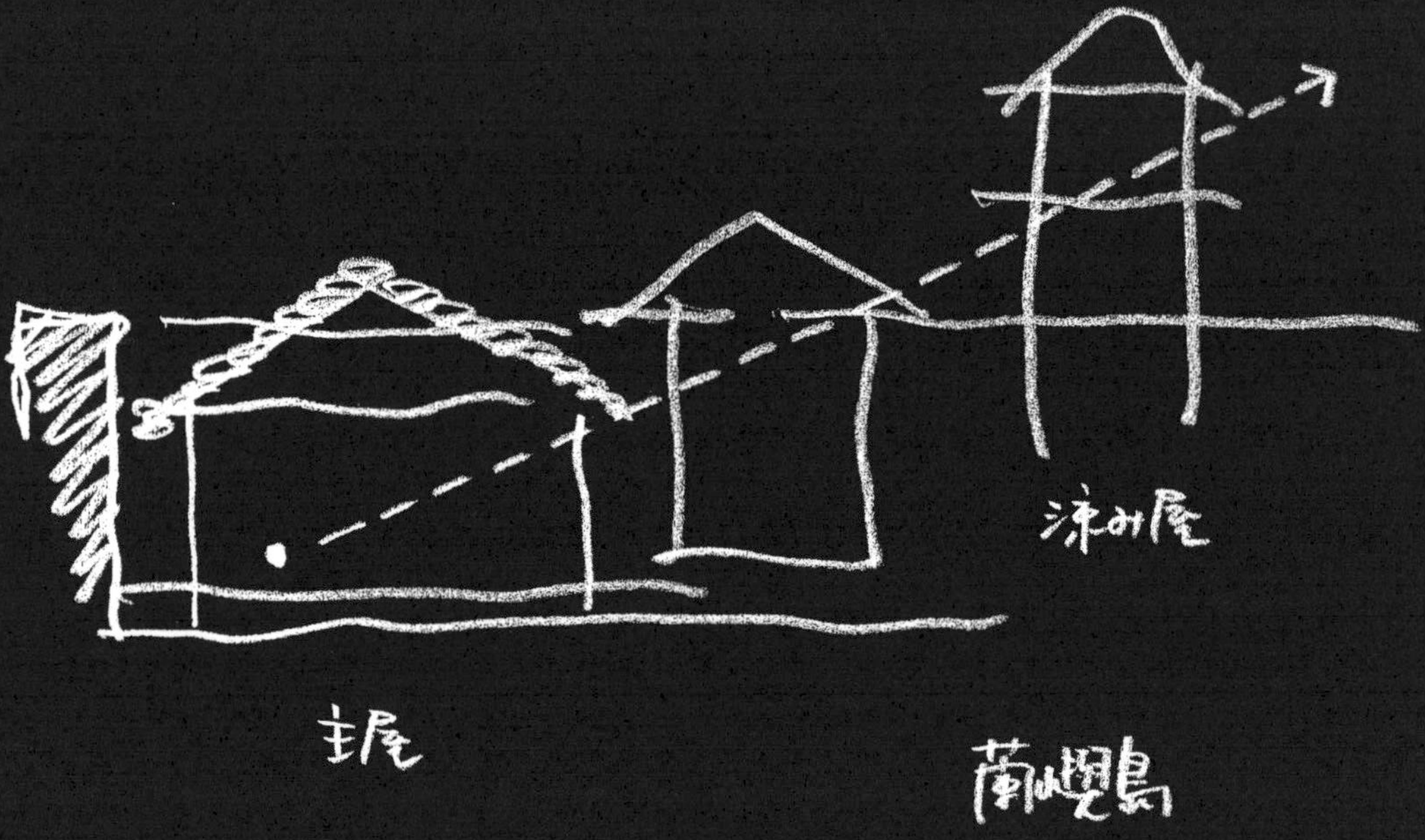

森のなかを逍遥することは大きな楽しみである。どれも同じ木が生えているようで実際には一本としてまったく同じ木は存在しない。どの場所も似通っているように見えて、一カ所として同じ地形が繰り返すこともない。つまりすべての場所すべての要素がことごとく不揃いな状態にある。そのなかをあてどもなく歩くことは、予期せぬものに出合い、昨日までの自分が気付かずにいた事柄を発見する契機に満ちている。

彫刻家アルベルト・ジャコメッティが突如として遭遇した「林間の空地」について語ったとき、そこには「明るい球体の感覚」があったと述べている。立木が生い繁って、いたるところが緑陰となっている林のなかで、まるでそこだけが丸く刳り抜かれたかのように光が射し込んでいるのだろう。本来実の森林に対して虚な存在である空地が、自律的で、完結的なものとして発見されている。

地形はそれがただ僅かに傾いているだけでも、空間に方向性や偏りをもたらす。放っておけば人びとは微かでも斜面を見下ろす方向に座り、反対の向きには滅多に座らない。浜辺では皆一様に海の方を眺めて腰を下ろしている。すべてが不揃いで、空間に差異や偏りがあるということは、それぞれの微妙な差を感じ取り、自分にとって居心地のよい、ほかにはない特別な、ある場所を選び取るための拠り所となっている。

空間のわずかな差異に気付くことは、ほんのふとしたきっかけによるものも多い。毎日毎日見馴れていた場所にさえ、ある日突然発見されるものもある。

Wandering through the woods can be a source of great pleasure. Although all trees may look alike, no two trees are exactly the same. Although many places may resemble each other, their topographies are invariably different. There is lack of uniformity with respect to both places and elements. Walking aimlessly in the midst of such places and elements affords one endless opportunities to encounter the unexpected and to discover things one had not realized until then.

The sculptor Alberto Giacometti described a clearing in the woods he suddenly came upon one day as "a bright spherical sensation". The light must have penetrated the otherwise dark and thickly-wooded area in such a way as to create the impression of a spherical open space. The clearing, which represented fiction as opposed to the reality of the woods, assumed in Giacometti's eyes an autonomous, perfect form.

Topography, even a slight inclination of the ground, will endow a space with directionality or tendency. Left to themselves, people tend to sit so that they are looking down rather than up a slope. On a beach, everyone sits facing the sea. The homogeneity of space, that is, the presence in space of disparities and tendencies, enables each individual to perceive subtle differences and to select a special place that is unique and comfortable for him or her.

It is often by happenstance that one becomes aware of a slight difference in the quality of space. One can suddenly make such a discovery, even in familiar places one has passed through day after day.

クリスマス休暇を待ちかねて訪れたスイスのブロンタッロには、狭い谷の斜面に折り重なるようにして石積み民家が建っていた。どの家にも日が当たり、どの家にも通風が取れている。(スイス・ブロンタッロの集落)

右：ドイツ・シュツットガルトの美術館。新しい手摺りの機能が発見された
左頁：イタリア・スポレートのドゥモ前広場。石畳の坂道を下りるとレストランがある

不揃いを組み込む

この奇妙なタイトルは、均質空間の逆、不均質空間を目指すものである、あるいは部分部分が多種多様だ、とも理解できる。まったく均質な状態のなかからは、自分にとってどこが居心地がよくて、いまどこにいたいか、いたくないかを選び取るすべがない。どこにいても同じ状態になる、とするとその場所でのアクティビティを決めるのは、むしろ建築や空間の側ではなく、自分がいまに至っている心持ちのような、自分の内部の問題にならざるを得ない。たとえ豆腐のように真っ白な、まったく均質な空間に見えても、自分がその空間にどちらの方向から入ってきたか、その空間が置かれているのがある都市だとすれば、その都市の中心がどちら側にあるか、あるいは太陽は三六〇度均等に照らすことはなく、方位がどちらを向いているかなどなど、さまざまな要因から、その瞬間その瞬間には不均質な状態が生まれている。

その不均質な状態があればこそ、その不均質ななかから、自分がそこにとどまろうとする場所を選び取ることができる。これが「不揃いな建築」のひとつのエッセンスである。

となると建築家の役

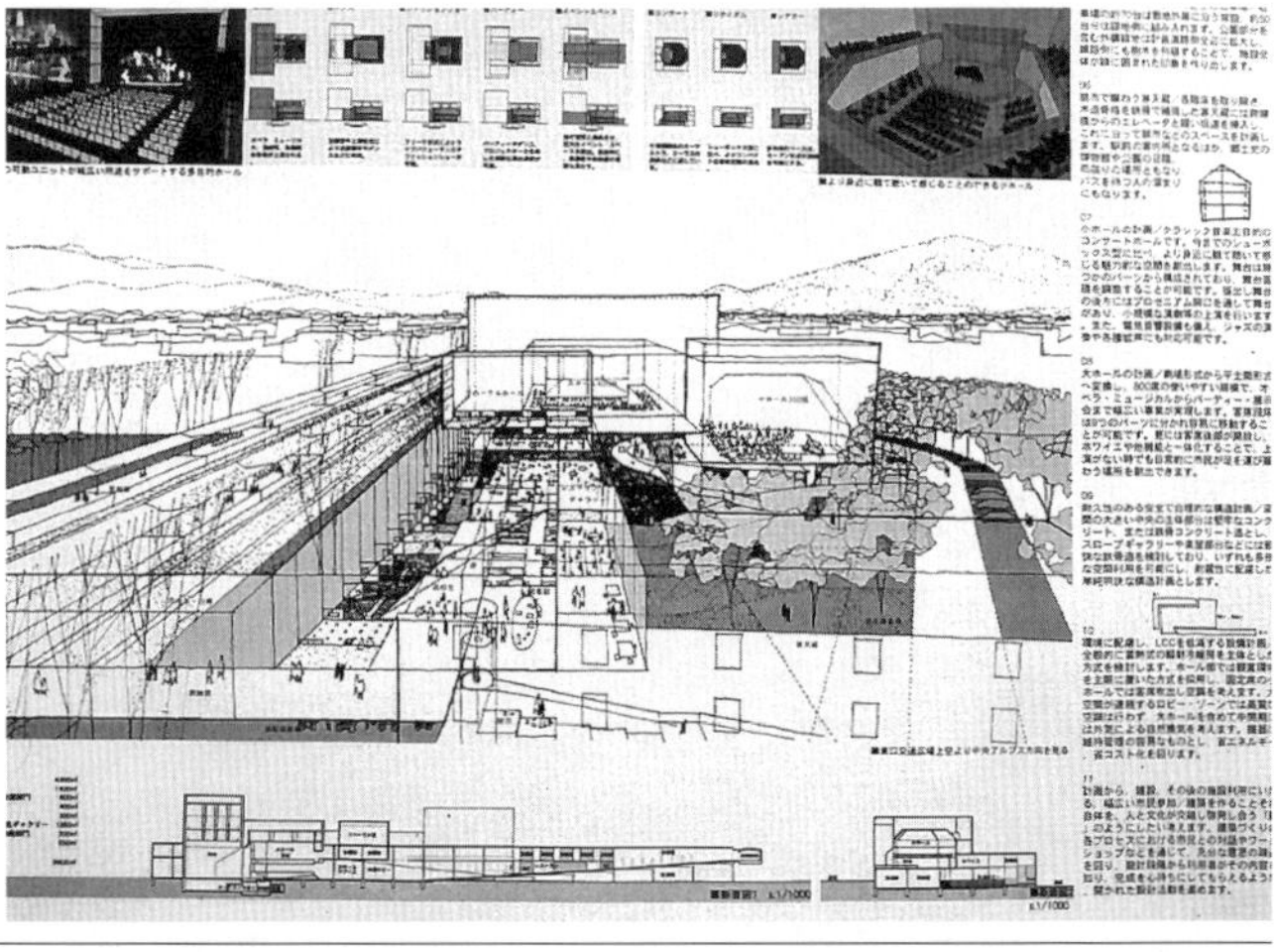

割は、その不揃いさをどう考え、どんな不揃いなものを構造のなかに組み込んでおくか、あるいは空間をいかに不揃いに歪めておくかを考えることである。

使う人が発見する

ジェームズ・スターリングがつくったシュツットガルトの美術館では、スロープや階段のテラスに思い思いに人が腰掛けている。これはもともと手摺りであるから、腰掛けの用途としてつくられたわけではない。人びとがこの用途を発見している。そこには他所にない、その空間固有の何かがあったからこそ、彼らはここに腰を下ろしている。本を読む人もいるし、カップルで戯れている人もいる。

ほかとは違う要素が見つけられるためには、明らかに空間的に何か差異がなくてはいけない。その差異を何によってつくるか。使い方があらかじめ決められていて、そのとおり使いましょうというものは、その使い方そのもののためには非常に快適かもしれないが、それ以外の使い方に対してはまったく不便であったり、心持ちがよくなかったりする。ましてや、そこから違う使い方を使う人が発見して楽しむようなことにはなかなかならない。

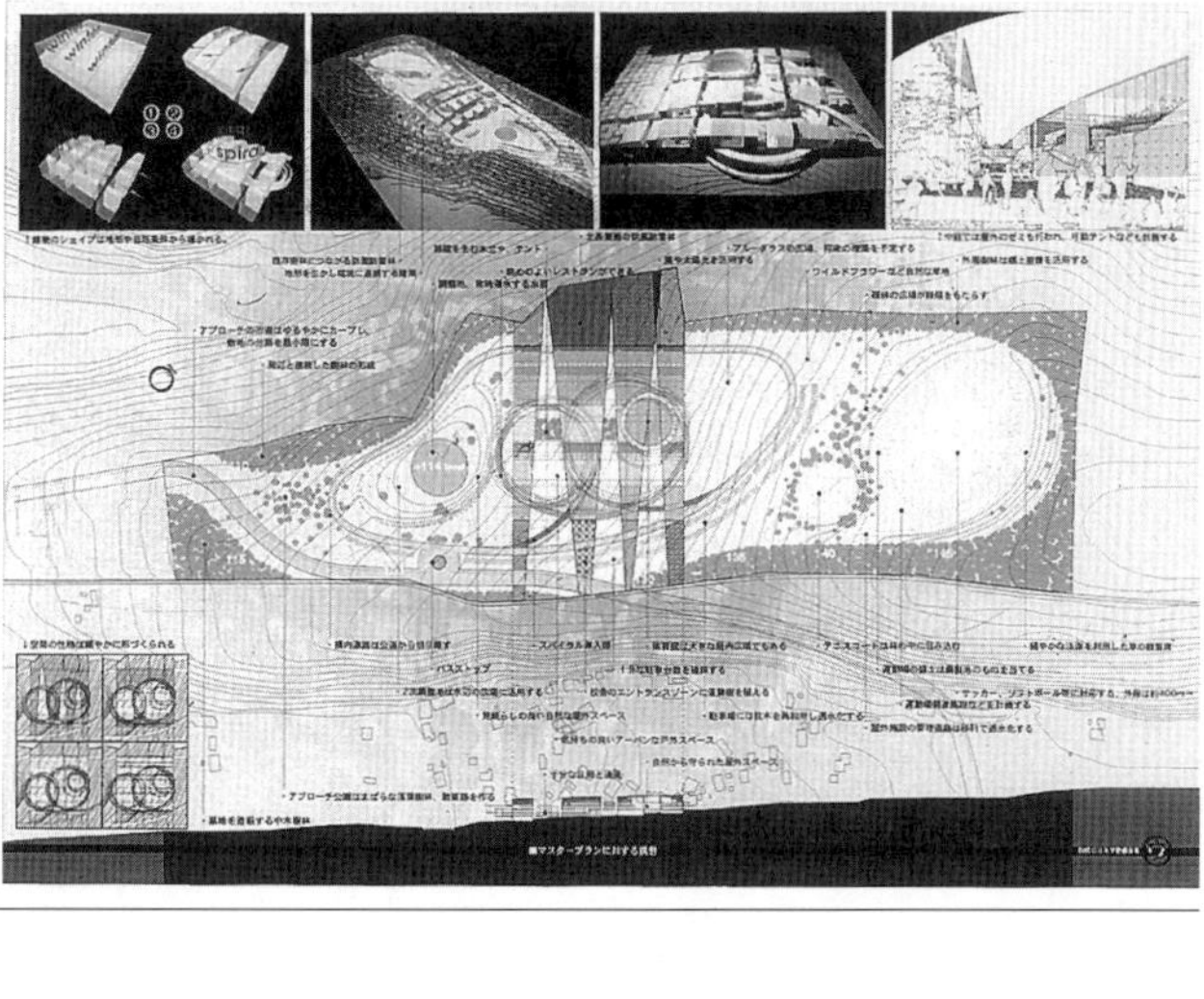

右頁：長野県茅野市新市民会館プレゼンボード
左：函館公立大学設計競技案。プレゼンボード

ふと見ると束縛されるのが嫌いなはずのタイの人が、整列してバスを待っている。と思ったが、実は暑い日差しを避けて一本の木の影に入っただけの話。居心地のいい場所は自分で探す。
（バンコクのバス停）

建築は、使う人がつくった人の考えていたこと以上のことを発見してくれるほうがよほど豊かなものになり得るわけで、僕はむしろそうなってもらいたいと願っている。そのためには、建築家の側があまりタイトにフィットさせるのでないやり方を考えなければいけない。

選ばれる場所

その意味では、前ページの、タイの人たちが行列している写真は大変示唆的である。

これはバンコクのバス停の風景であるが、タイの人びとはもともと自由人で、こんなにきっちり整列乗車するような国民性はない。ではなぜ整列しているか。注意して見ると、暑い日射しを除けるために、みんなが一本の木の陰に並んでいることがわかる。

これはそのために用意された空間ではなくて、まさに人びとによってこの場所が選び取られているのである。ここだけほかとは違う何かがあったわけで、こういう不均質になっている状態、ほかと違ってそこだけ快適という場所があればこそ、そこを人が選び取ることができる。

もうひとつは、われわれは工業化社会に首までつかり、テーブルの脚は四本とも同じ長さ、ひとつのテーブル

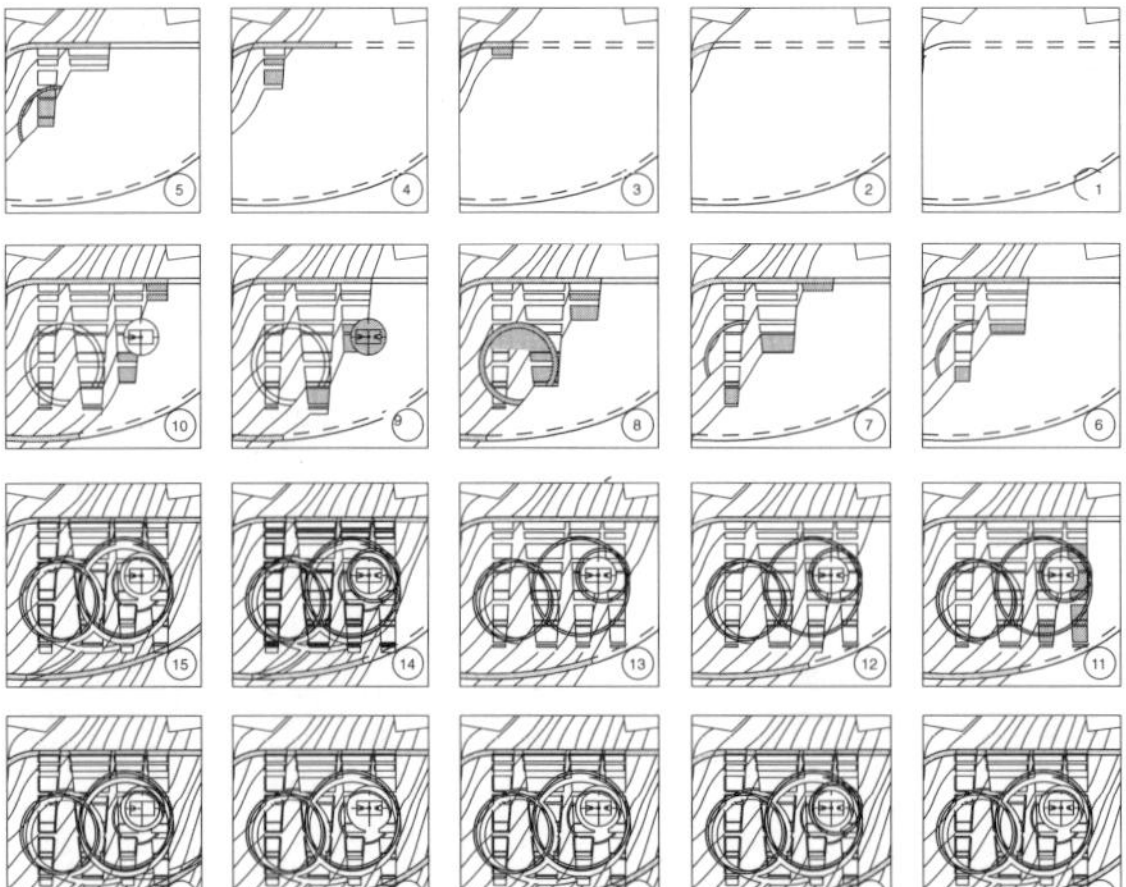

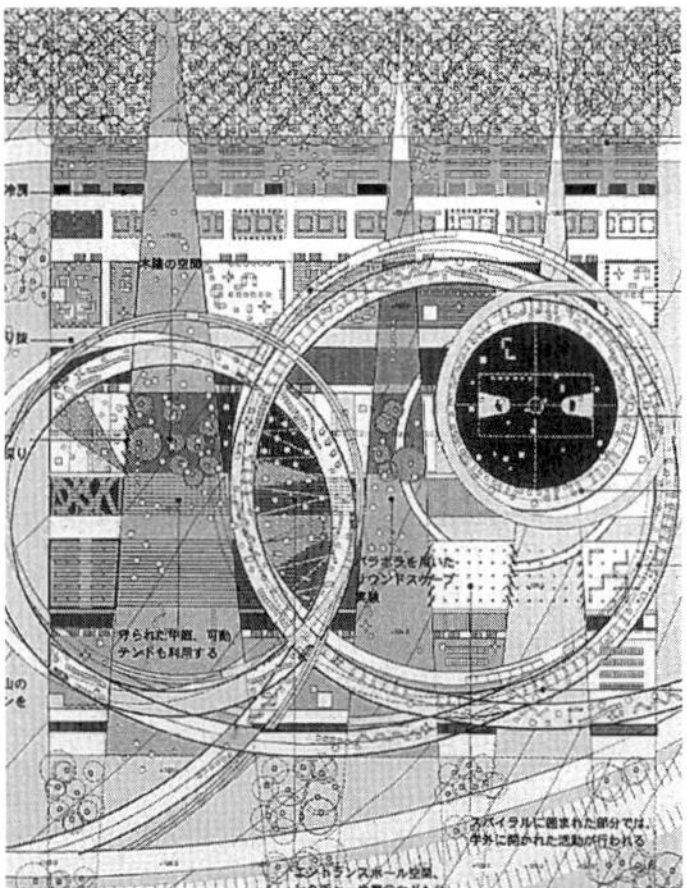

右頁：沖縄の新原ビーチに並んだパラソル
左：台北・迪化街。止まっているタクシーのボンネットまでもが利用されている

に対して四脚お揃いの椅子が用意されている、という自然ではきわめて珍しいことにあまりにも慣れてすぎているが、本当はそれは不自然なことではないか。

　実際に大きな椅子、小さい椅子、幅の広い椅子、狭い椅子、いろいろな椅子があると、やってくる人たちもいろいろな体型の人が来るわけだから、それぞれがそのなかから選べることになる。

　均質のものが並んでいれば、逆に個性が引き立ってくるという言い方もできるが、自然界を考えてみると、全部お揃いでできていることのほうがめずらしい。水平な場所をつくりたいと思ったら、四つ同じもので高さを同じに高さに調節できるように、一方は木の枝にくくりつけたり、一方は石を下にはさみ込んだりしながら、なんとか水平な場所をつくっていく。そこに工夫してアジャストする面白さと、同時にフレキシビリティがあった。

あるものはなんでも使う

　上の写真は「いつも工事中」の屋上増築で名高い、台北の迪化街(ディファジェ)という古い街路、タクシーのボンネットの上では、何やら木の実が干されている。人びとは空間を選び、あるもの

右頁：函館公立大学設計競技案。右＝平面図／左＝ダイアグラム
左：ハイパー・スパイラル。イメージCGと模型

函館公立大学設計競技案

デザインコンペティション応募案

Hakodate University Competition

Hakodate, Hokkaido, 1997

▶ p.53, 56, 184

北海道函館市に建つ新設の公立情報技術系大学。さまざまな街の機能的断面を体内に取り込み、学生や職員が頻繁に寝泊まりし、多くの子供たちや市民がここを訪れる。また周囲の自然に呼応し、冬は冷たい澄んだ空気を、夏は心地よい風を建物いっぱいに吸い込む。経年的な機能更新や将来の学部増設にも、消化器官のようなスパイラル・コリドールを延長して、柔軟に対応しながら成長し続けられるように設計されている。今後50年、100年のオーダーでこの施設が使い続けられ、教育のソフトウエアが大きく発展しても、容易に校舎の管理運営ができ、施設が生きるような建築である。

The subject of the competition was a new public university located in Hakodate City, Hokkaido, and dedicated to information technology. The facility will take on various functional aspects of a city; students and personnel often stay over, and many members of the public, including children, visit. The scheme is adapted to the surrounding natural environment; the cold, clear air in winter and pleasant breezes in summer are introduced in abundance into the building. A spiral corridor capable of extension permits the building to continue to grow in a flexible manner, thus allowing the university to accommodate functional change or to add departments in the future. The facility can continue to be used for fifty to a hundred years. The building will be easily managed and operated and the facility will continue to be of use even if the educational program is greatly expanded.

1. 中庭もひとつの個性的空間。屋外のゼミも行われる
2. 棟を貫通するコリドールには市民図書館が展開できる
3. スパイラルは通路ではなくむしろ種々のやわらかい機能を受け持つ
4. 模型／全景。大学施設を体内化された外部であるスパイラル・コリドールが貫流する
5. 模型／部分拡大。施設の各所には千差万別のスペースが生まれる

④

⑤

右：スイス・ブロンタッロの集落。斜面に織り重なる石積みの家
左頁：ドイツ・ワイマール、バウハウスの螺旋階段

はなんでも使う。

実は自然のなかで生活しているときには、こういうことはよくあって、暑ければ木陰に入り、比較的平らに見える岩の上で食べたり、木の枝を利用して何かひっかけてみたり、身のまわりの環境から、使い手のほうが行為にふさわしい空間を発見して活用する。

絶対的な空間の偏り

スイス・アルプス南麓のブロンタッロの集落では、狭い谷あいに石積の住居が密集している。家々が重なり合って、まるで卒業写真を思い出すような景観である。卒業写真は必ず全員がカメラのほうを向いていて、よほどひねくれ者でない限り、全員の顔が写っている。これは逆に全員からカメラが見えているということである。この集落で言えば、どの家にも陽が当たり、どの家からも谷の眺望があり、どの家にも適度な通風が得られることを意味している。同一平面内に整列してしまうと、そんなことは望めない。

狭い谷の集落では、眺望や通風、短い日照時間にできるだけ陽光を採り入れることが重要で、おのずから卒業写真のような配置になっていったのだろう。

これを断面的に解決可能にしたのが、実は

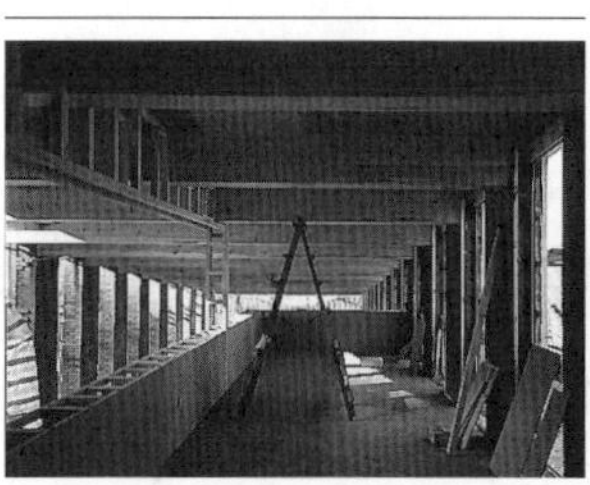

傾いた地形そのものである。平らな埋め立て地でこの効果を得ようとすると、後ろのほうの家は段々を自分でつくらなければならない。斜面があるから谷が狭いとも言えるが、斜面という、後ろに下がれば上がり、前に出ていけば下がっていくという絶対的な空間の偏りがあるからこそ、見出され得た解決策である。

機能が複合して空間に偏りが生まれる

二〇〇一年一月、プロポーザルで設計者に選ばれた長野県茅野市の新市民会館の複合施設には、音楽や演劇に適したホール機能、展示に適した美術館機能、駅前の図書コーナーのように本を読んだり、列車の時間を待ち合わせたりする機能、あるいはレストランやカフェ、公園など、いろいろな機能が混在している。複合文化施設こそ、多様な人びとが出会うひとつの建築のなかにいろいろな偏った場所を仕込むことでできあがるものではないかと考えて、現在計画を進めている。

ふさわしい場所を選ぶ

公立はこだて未来大学としてすでに開学している大学に対する僕の計画案では、決めら

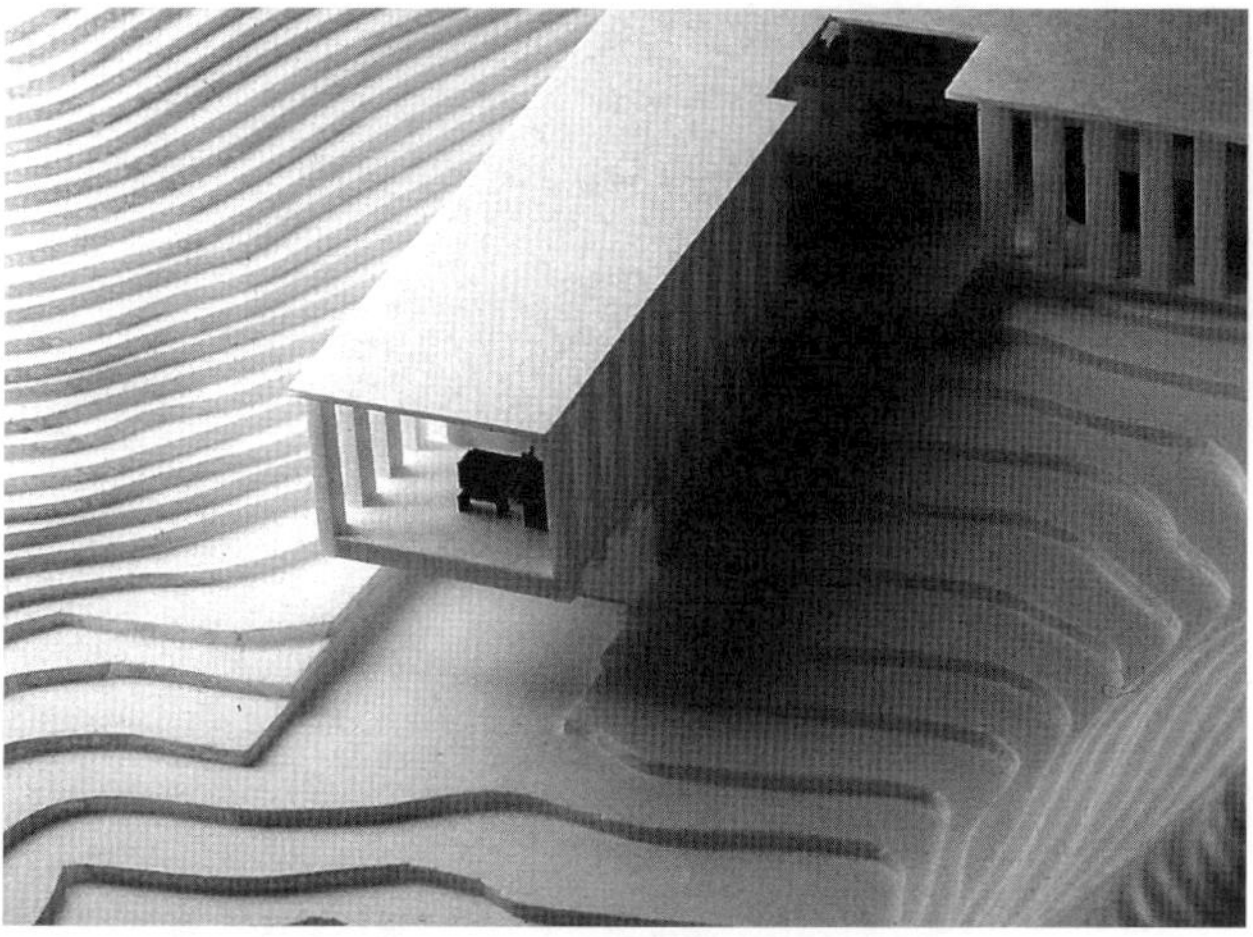

右頁二点：水关の家（北京住宅）。施工中の様子
左二点：水关の家（北京住宅）。模型

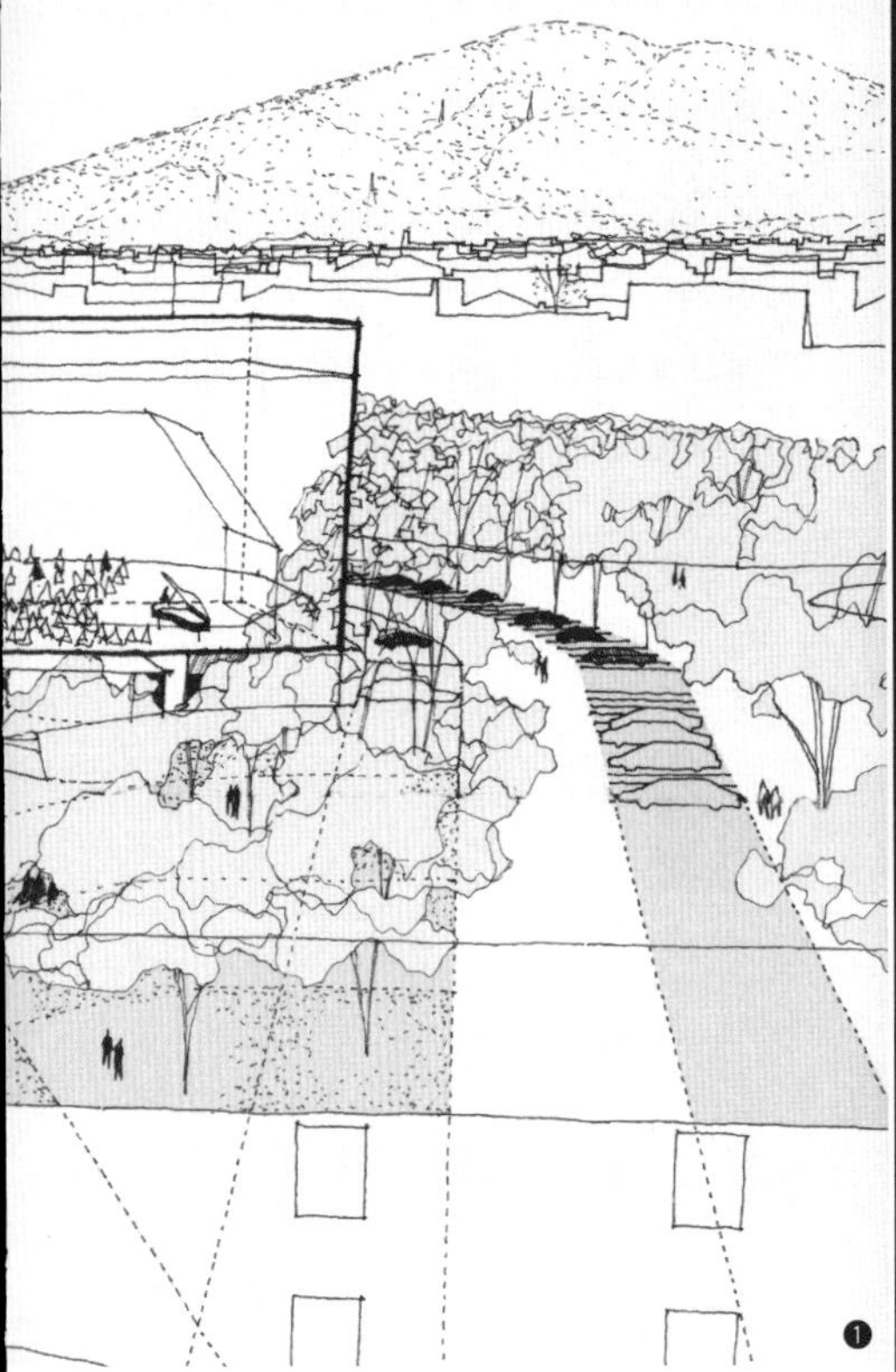

❶

❷

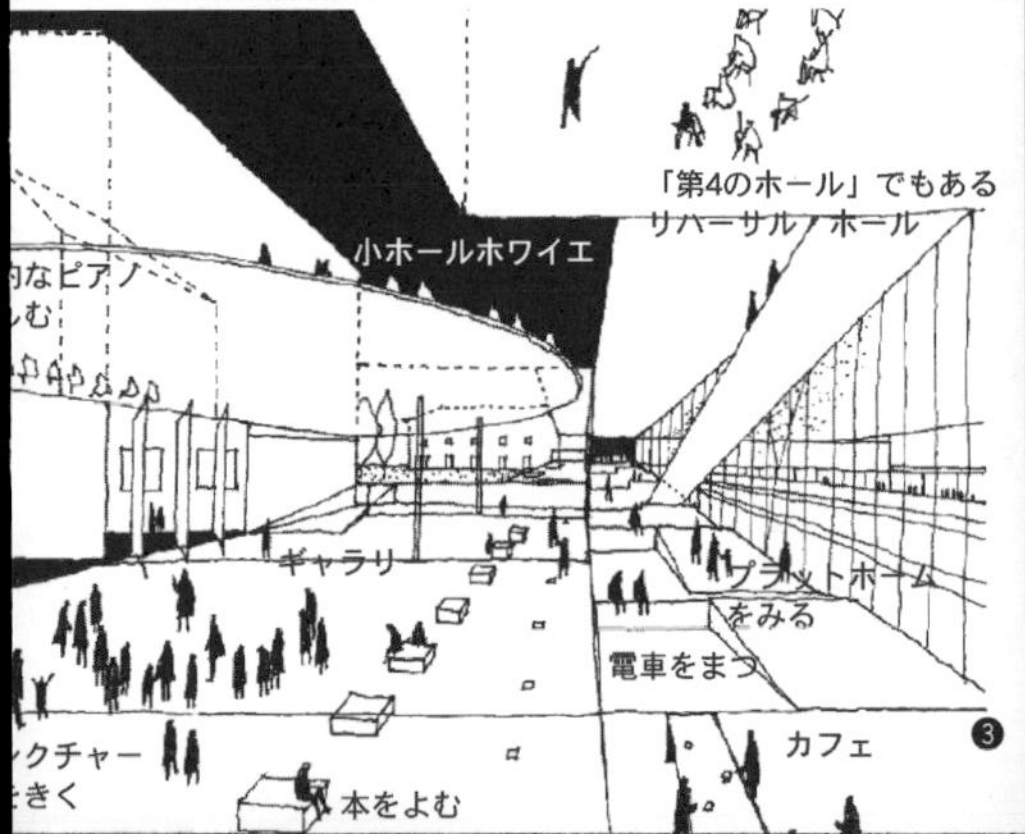

❸

長野県茅野市新市民会館

茅野市新市民会館
設計指名プロポーザル最優秀案

Chino Civic Hall

Chino, Nagano, 2001-

▶ p.66～71, 180, 181, 222, 223

茅野市の新しい市民会館の最大の特徴は、異なるさまざまな機能が空間的にも、運営的にも一体化されることで、従来は困難であった流動的かつ有機的な使用が可能となることである。大小ふたつのホールと美術館が共通ロビーを取り囲むように配置され、そこへ図書室などのコミュニティ機能を内包する緩やかなスロープが駅の跨線橋から直接延びていく。共通ロビーやホールすらも、時と場合によってあらゆる機能に転用されることで、実際の面積以上の企画が可能となり、地元市民や観光客、子供からお年寄りまで、いろいろな目的をもった来場者が互いに触発していけるような施設を目指す。

The most distinctive feature of the new public hall for Chino City is its spatial and adminstrative integration of diverse functions, which makes possible what was once quite difficult: the fluid and organic use of facilities. The two halls of different sizes surround the shared lobby, and a gently sloping ramp incorporating community functions such as a library stretches from this lobby to a bridge over the railway line at a nearby station. Depending on the time or the occasion, the shared lobby and even the halls can be used for various functions, making it possible to plan big events and programs. The facility will enable visitors with different objectives, from local residents to tourists and from children to the elderly, to energize and stimulate each other.

1. 東口交通広場上空より施設中心部を見る。駅の跨線橋からスロープギャラリーへと直結するすべての特急あずさが停車し、館内を見通せる
2. 茅野駅プラットホーム側より西側立面を見る
3.「第3のホール空間」であるロビー・ゾーン
4. より身近に観て聴いて感じることのできる小ホール
5. 9つの可動ユニットが幅広い用途をサポートする多目的ホール

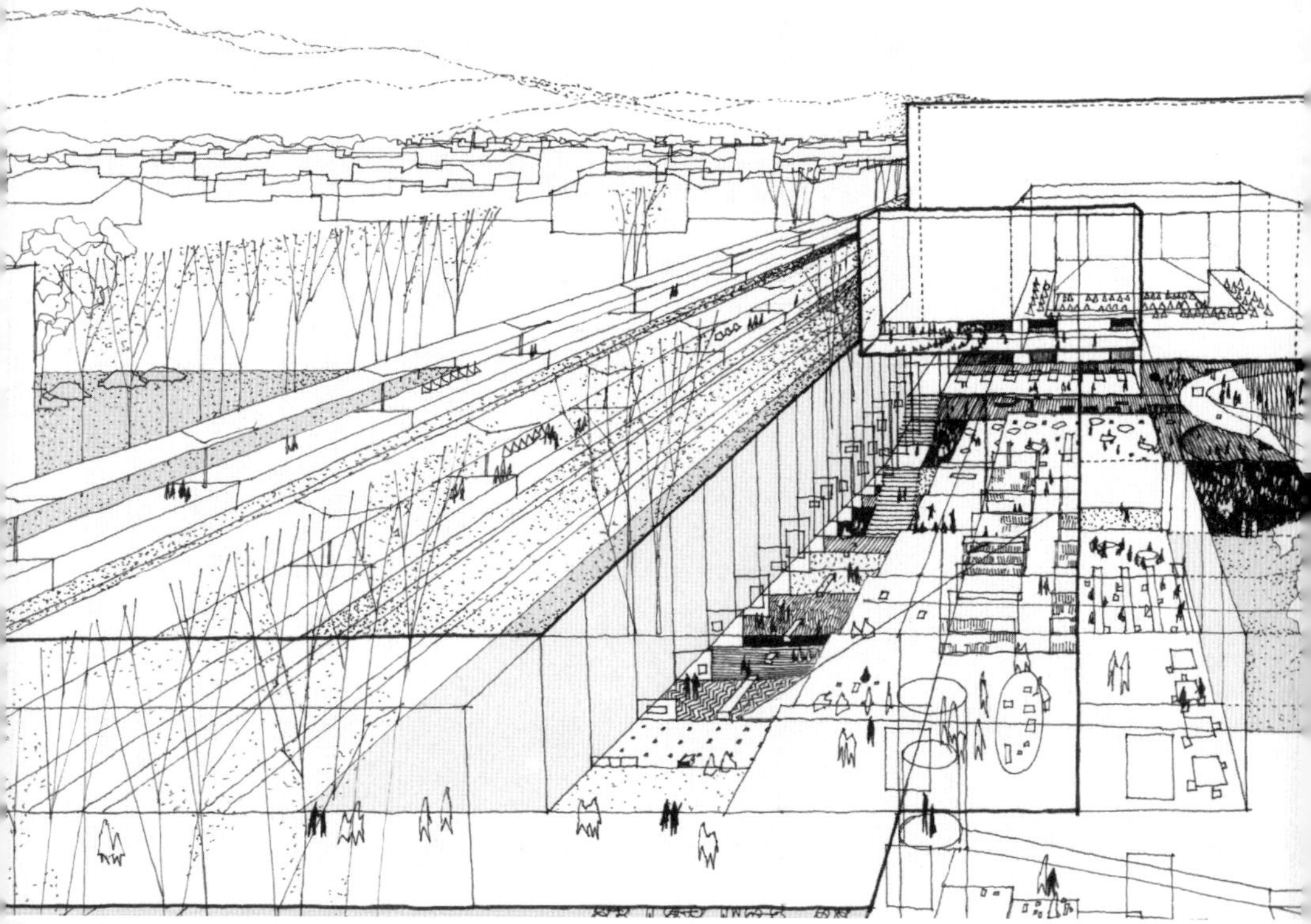

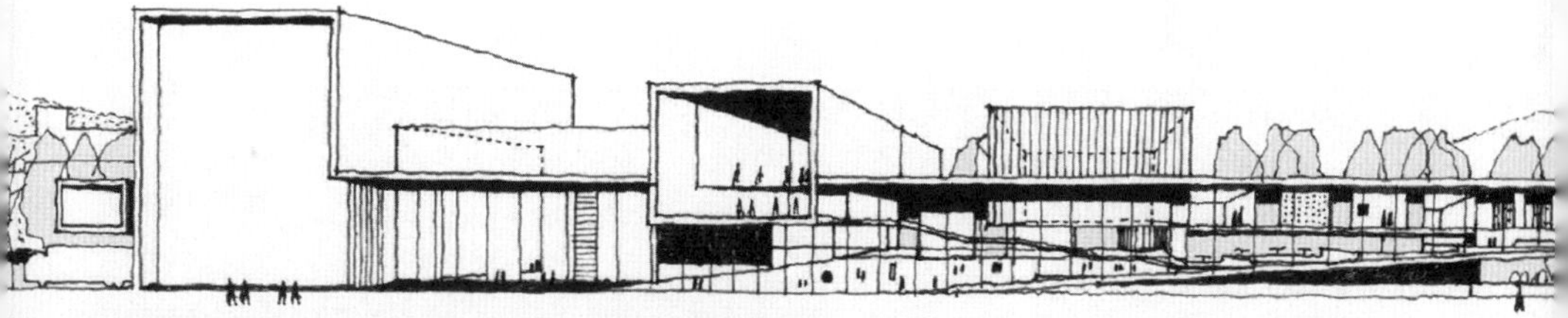

5

4

右：ヴィラ・パラツェット（C・スカルパ設計）内の元の麦打ち場
左頁：右＝北京での食事（二〇〇〇年十月十一日）／左＝上海青浦区朱家角鎮の食事（二〇〇〇年五月四日）

れたかたちの、同じ大きさの教室を繰り返しているところがひとつもなく、すべての教室はその面積や採光条件や天井の高さが異なっている。そのなかから、毎回の講義にもっともふさわしい場所を選び取って、それをウェブ上の教学支援システムなどを使って先生が予約するし、学生もその都度部屋に集まるという、教室が固定しない大学の構想である。

地上一〇〇〇メートル

地上一〇〇〇メートルのビルはどのようなデザインが可能か。

ハイパー・スパイラルは超高層ビルのプロジェクトであるが、地上一〇〇〇メートルまでの標高差のある場所をつくり出すからには、その環境の違いを利用したい。地表面と最上階では七度ほど気温が違う。もちろん眺望も違うし、通風、採光条件も違ってくる。

一方これは、どの脚もみな既存の地下鉄駅に直結している。下の既存のまちと直結した、あるいはその近傍という立地特性をもつ。最上部は、既存のまちからは遠いが、逆に上空にあって、多くの空気と日照と眺望に恵まれているという考え方がある。

それをすべて、住まいとして固定的に選ぶだけではなくて、用途

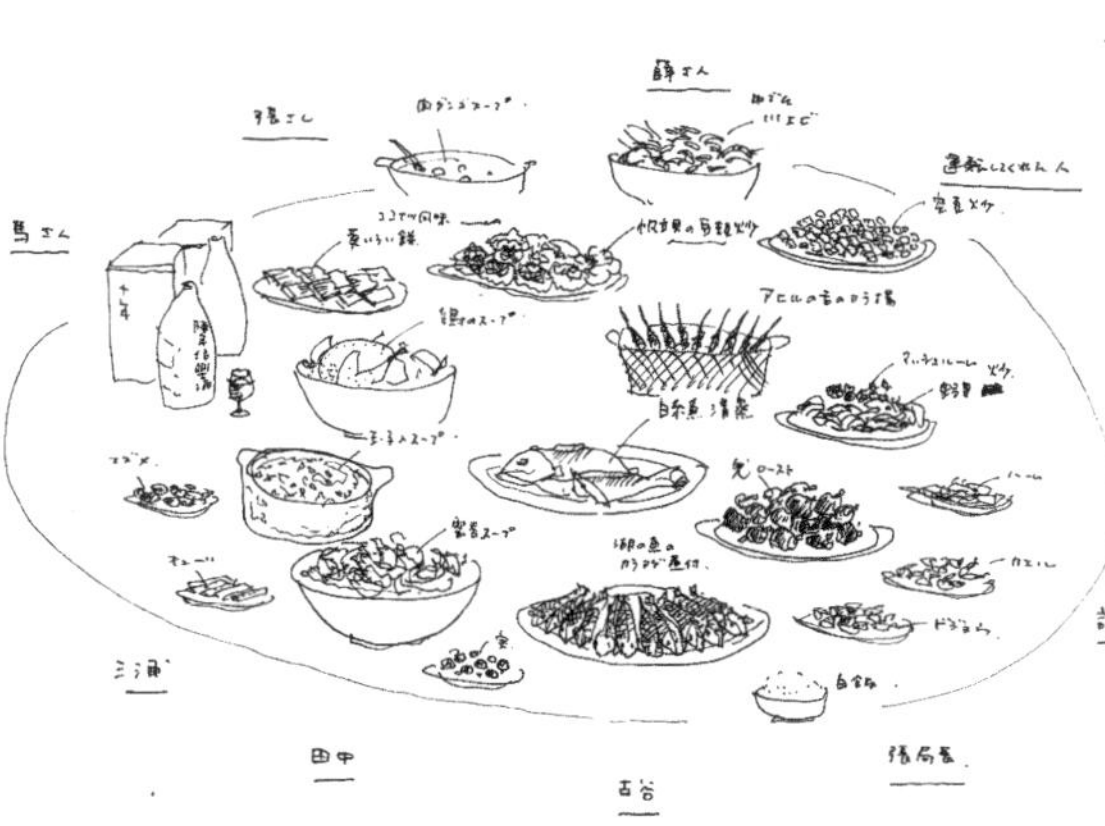

に応じて適材適所を選んで使う。「オールレンタルシステム」と名付けて、使いたい場所を、使いたい人が、使いたい時間だけリザーブして借り受ける仕組みを提案している。

斜めの床

北京の万里の長城付近で建設しているウィークエンド・ハウスのプロジェクトでは、スイスの集落のように斜めの地形を生かしている。住戸からは樹木越しに西の谷に万里の長城を望むことができる。住戸内にも周囲の外部と呼応するさまざまに異なった空間性を配備している。

アンパンマン・ミュージアム一階のがらんどうの空間でも、床を勾配一二分の一の斜面としており、空間に歪みと変化を与えている。

中華料理スタイル

不揃いな空間は、中華料理の多くの皿から、必要なもの、好きなものを、必要なだけ、好きなときに選び取って食べるというスタイルに通じている。

大学院生のときに応募した「K・F・シンケルの家」のコンペでは、百メートル四方の広い屋敷の中にあれこれと空間の偏りを構想している。

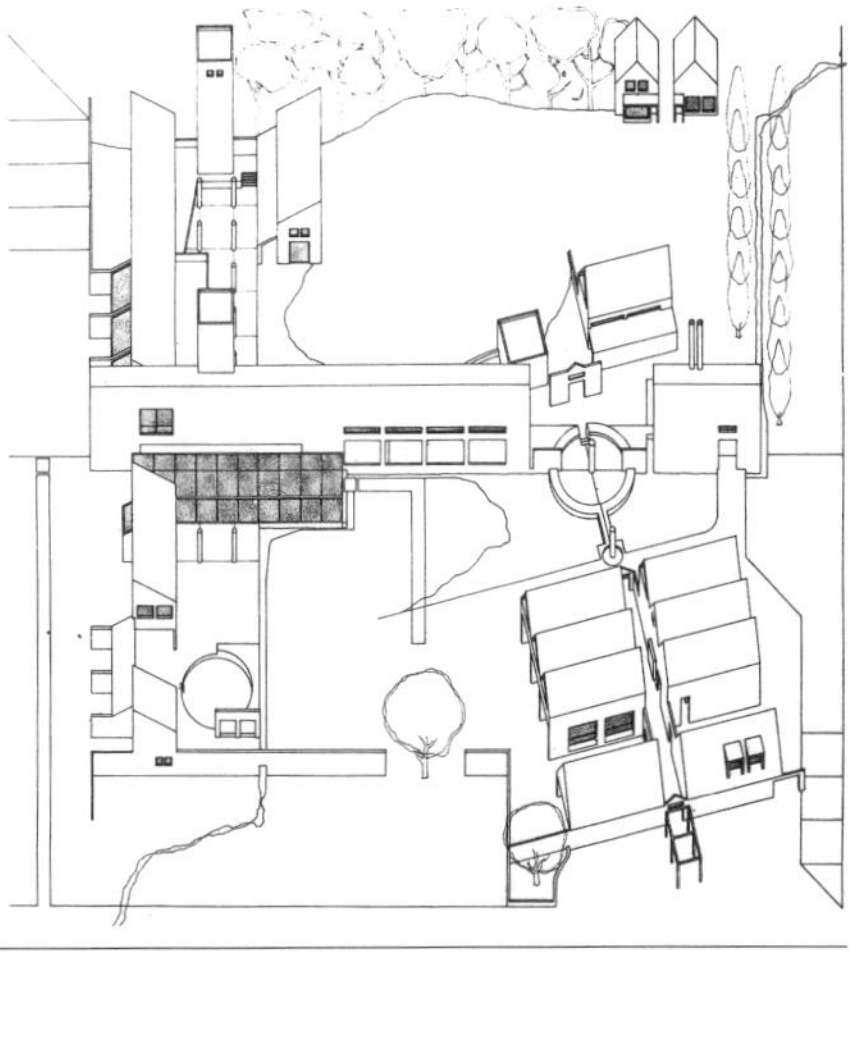

右頁：アンパンマン・ミュージアム。内観
左：シンケルの家。右＝アクソメ／左＝パース

長野県茅野市新市民会館
Chino Civic Hall

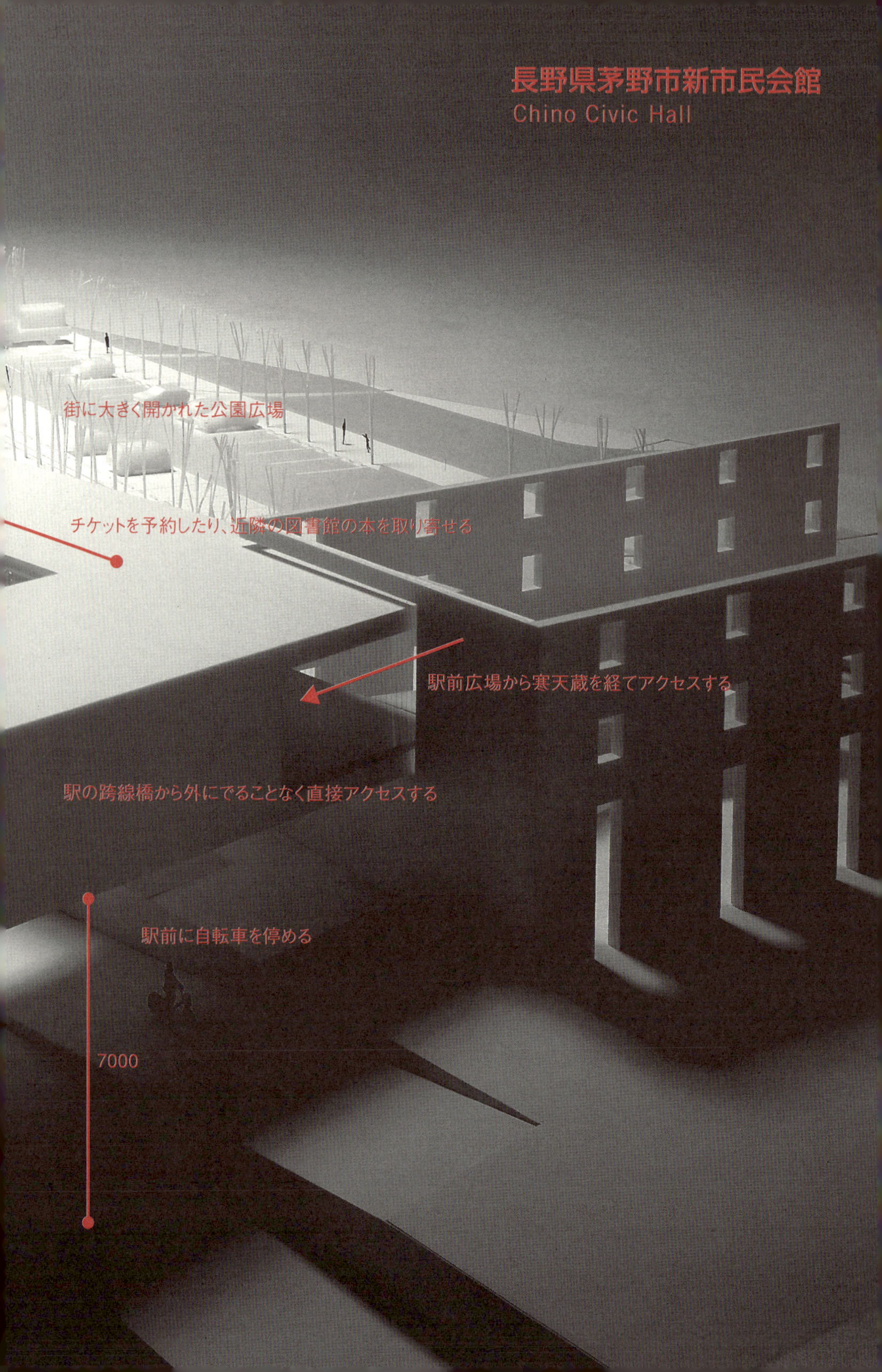

市民のさまざまな要望に応える平戸間形式の大ホール
22800
小ホール舞台裏も中庭への演出の一部となる
明るい大ホールホワイエ
168000
中庭に面したレストラン
市民が気軽に使える多目的室
ホールや美術館の企画と連動した蔵書をたのしむ
木々が立ち並ぶ歩行者専用道路
電車やプラットフォームから緩やかな長いスロープを見渡す
改札口へ

小ホールで室内楽を楽しむ
25600
平戸間の大ホール舞台まで見通す
15200
屋外劇場にもなる中庭
緩斜面
5500
大道具の搬入も
演出の一部となる
公園を散歩する
駅の東側ににぎわいを創出する
細長い駐車場の好きな場所に駐車する

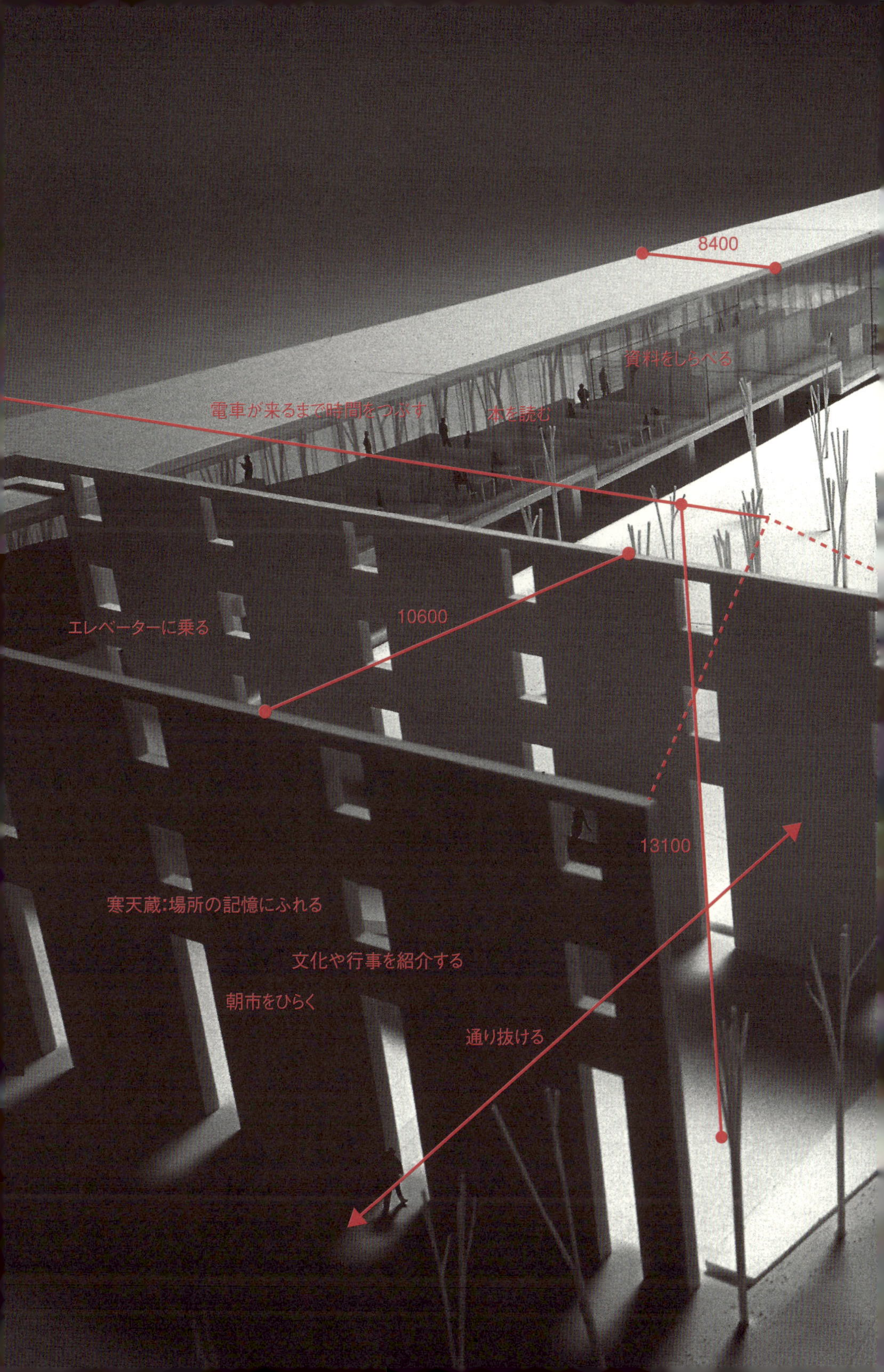
8400
資料をしらべる
電車が来るまで時間をつぶす
本を読む
エレベーターに乗る
10600
13100
寒天蔵:場所の記憶にふれる
文化や行事を紹介する
朝市をひらく
通り抜ける

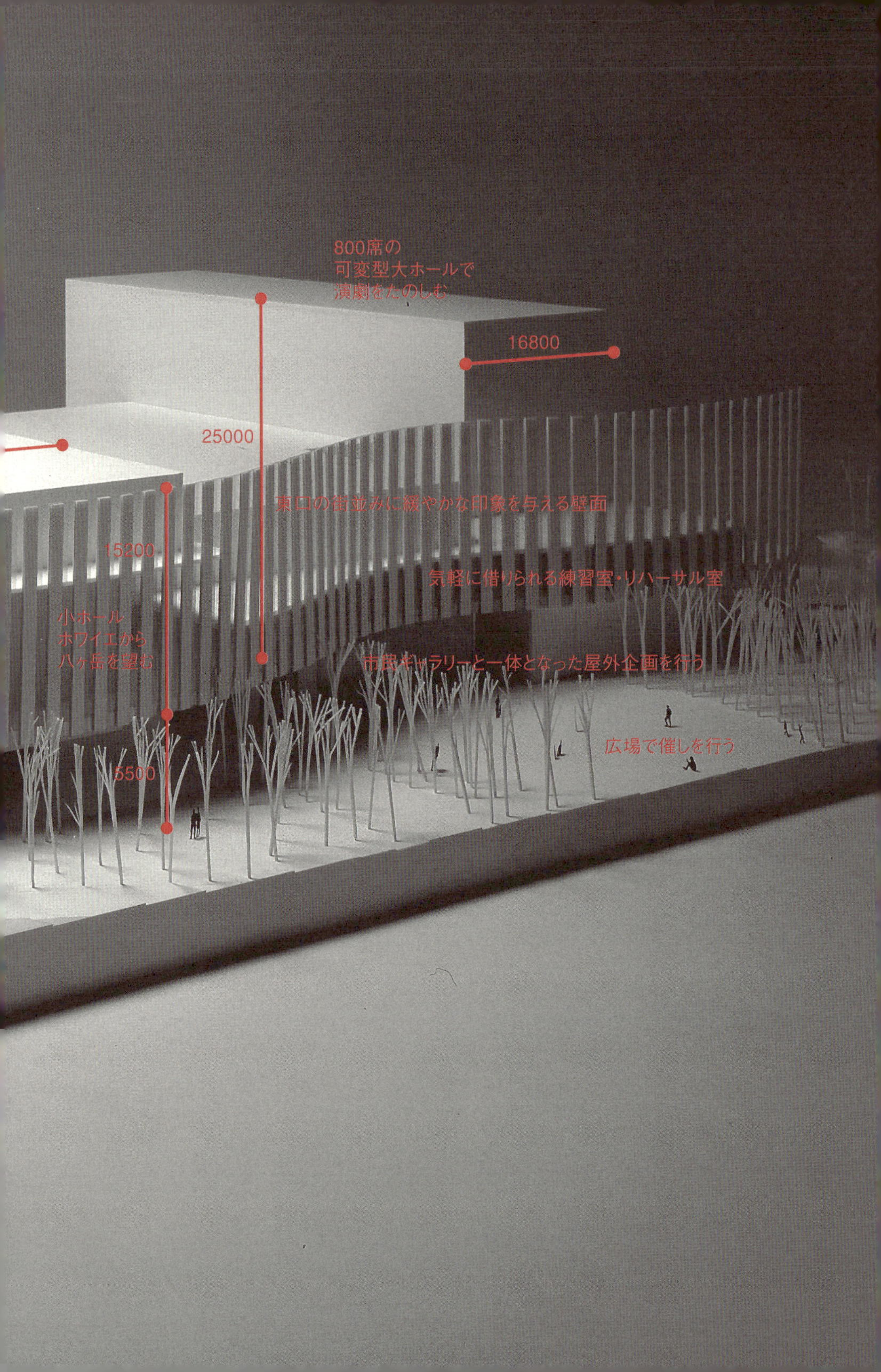
800席の
可変型大ホールで
演劇をたのしむ
16800
25000
15200
東口の街並みに緩やかな印象を与える壁面
気軽に借りられる練習室・リハーサル室
小ホール
ホワイエから
八ヶ岳を望む
市民ギャラリーと一体となった屋外企画を行う
5500
広場で催しを行う

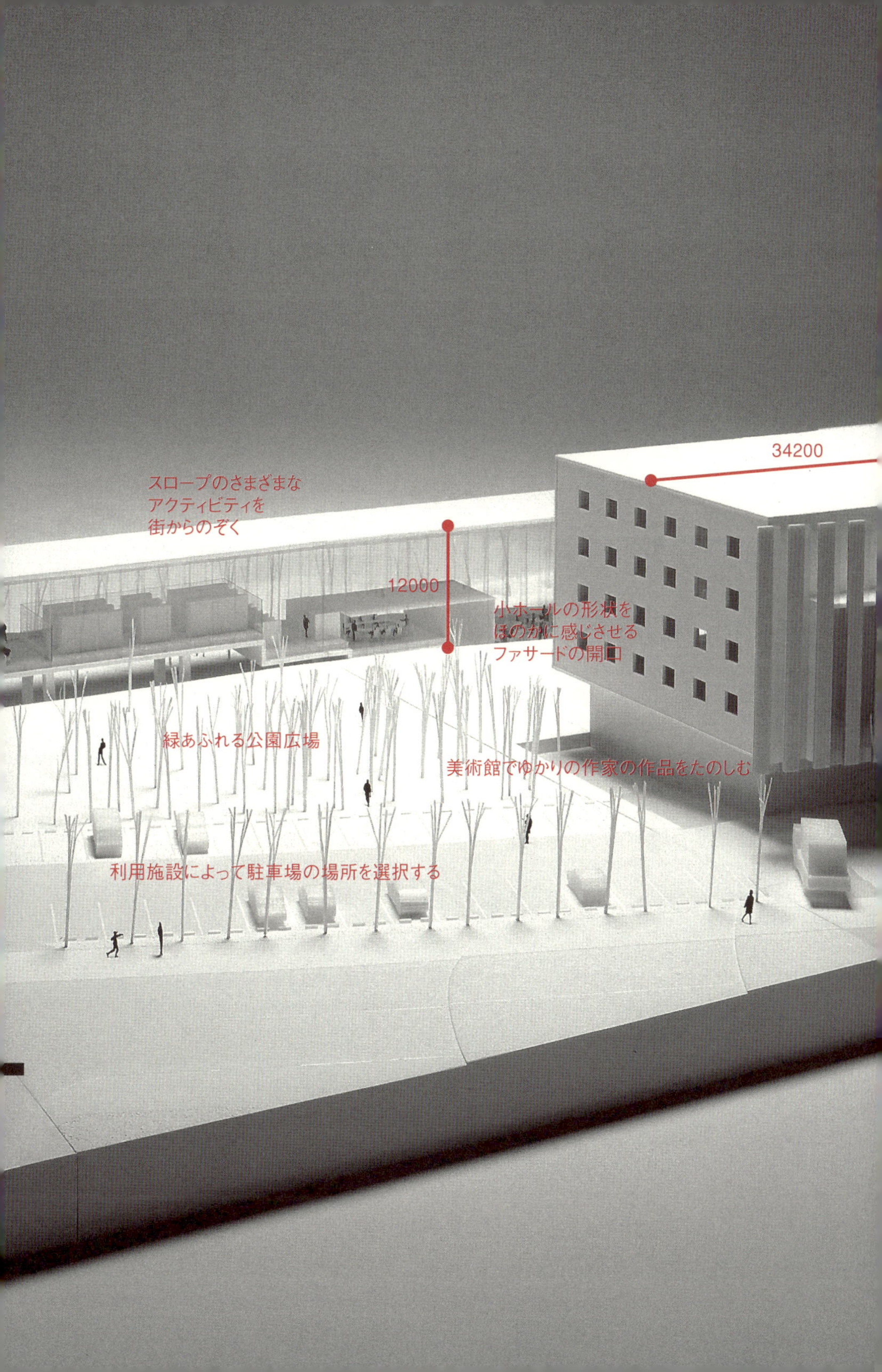
34200
スロープのさまざまな
アクティビティを
街からのぞく
12000
小ホールの形状を
ほのかに感じさせる
ファサードの開口
緑あふれる公園広場
美術館でゆかりの作家の作品をたのしむ
利用施設によって駐車場の場所を選択する

ポジティブ・フィードバック

POSITIVE FEEDBACK

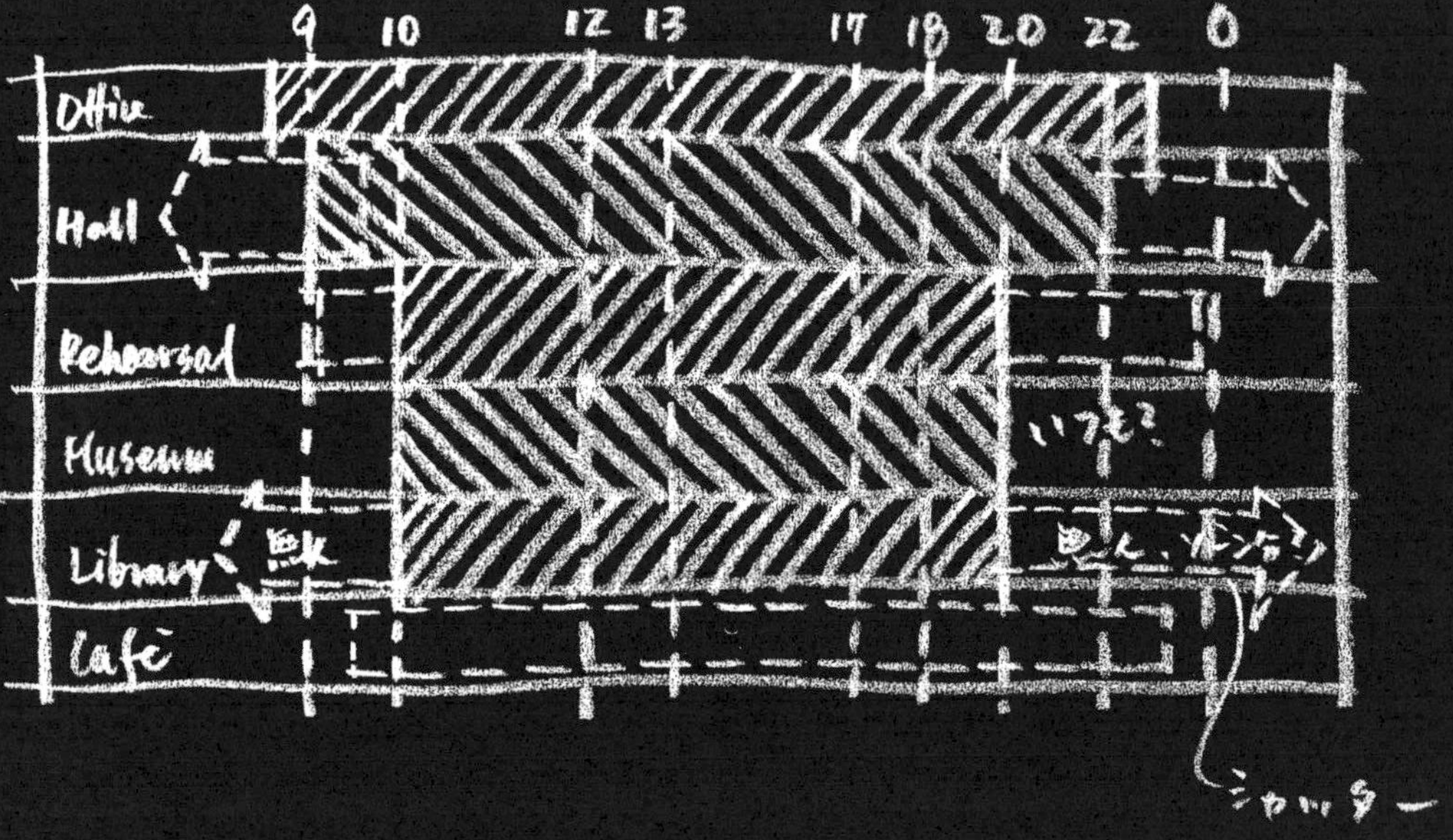

それまで取りたてて何でもなかった場所が、あるきっかけを境に比較的急速に何かのメッカとなってしまうことがある。効率化のために同種の機能を集めた、これまでの用途別のゾーニングや、伝染病患者の隔離のように、あらかじめ計画されたものではなく、自然発生的にそのような場所が生まれ出るその背景には、加速度的に類が類を呼ぶようなポジティブ・フィードバックがかならず働いている。

否定的な状況が加速する悪循環、つまりネガティブ・フィードバックと、ちょうど正反対の現象であるが、村おこしや町おこしが威勢のよい掛け声ほどには簡単には定着しないのは、敏感にその効果を反映させるような相乗作用の土壌ができ上がっていないことによる。人びとが互いに触発し合う都市においてこの概念が重要であることは無論だが、用途をあらかじめ限定しない今後の新しい建築においても実はこの研究は必須だと考えている。

なぜならば建築の内容物が絶えず変化し、しかも単一の機能に納まらず、多種多様なものが同存する現在の建築空間において、その互いの複雑な相互関係のなかから、それぞれにとって満足な状態を生み出すには、全体像を第三者的な視点から掌握して予定的に計画することではなく、実際に起きつつあるその場の現象のなかから、半ば自動的にある共存形態が顕在化したり、不要なものが排除されたりする作用が必要だからだ。われわれの眼はごく身近な前後左右しか見ることができないが、身のまわりの状況に対しては第六感が働くこともある。

A place that until then was not especially distinctive can suddenly become, for one reason or another, a sort of mecca. I am talking of, not places that have been planned beforehand such as areas zoned for similar functions for the purpose of efficiency or areas where people with contagious diseases are quarantined, but places that come into being spontaneously. In such cases, positive feedback in which like attracts like with ever increasing speed is invariably at work.

Positive feedback is the polar opposite of the vicious circle (or negative feedback), a circumstance in which a negative condition is increasingly aggravated. The reason community development so often fails to gain momentum is that the groundwork for it has not been properly laid; synergy is thus unable to do its work. The idea of positive feedback is naturally important for cities, those places where people draw their energy from one another, but it must also be carefully considered in the design of new buildings whose uses are not fixed beforehand. That is because in today's architectural spaces, the contents are always changing and diverse functions coexist. How do we generate from these complex interrelationships conditions satisfactory to each function? The answer is not to try to arrive at an objective, overall image or to anticipate everything. We need to rely on self-regulating processes and to let phenomena, as they actually occur in a given place, generate forms of coexistence and eliminate things that are unnecessary.

Our eyes can only see the things that are immediately around us, but something like a sixth sense often enables us to read the situation in which we find ourselves.

รับ
เปลี่ยนสายนาฬิกา
และ
รับซ่อม
นาฬิกาทุกชนิด
TAG HEUER

バンコクのMBKセンターは、一階から三階までは何の変哲もないが、立派なデパートである。しかし四階だけは突如として混乱の渦。何の脈絡もなく雑多なものがところ狭しと売られている。(バンコクMBKセンター)

ポジティブ・フィードバック

最近でこそ「カオス」を「混乱している」という意味ではなく、カオス自体に価値があると受け取られるようになったが、その背景にはアトラクターやポジティブ・フィードバックの概念、あるいは複雑なシステムを扱う科学が一般化したこととが挙げられる。

従来「混沌とした」「カオティック」という言葉は、どちらかというと否定的なニュアンスが強かったが、カオスという、一見混乱しているように見えながら、むしろそこにエネルギーが臨界的に内在している状態があって、そのなかから何か新しいものが沸き上がってくる。どんなふうに立ち上がってくるかよくわからないが、沸点に達して何かが生まれてくる、その生まれ出る直前の状態、あるいは生まれつつある状態のことである。

ポジティブ・フィードバックは、カオスのなかから、あるキッカケがあって急にある部分が何かの中心になっていく、まさにそこからアブクが立ち出す場所の、それが加速度的に集中してくる現象のことをいう。

複雑系で興味深いのはそれが物理学的な現象にも経済学的な現象にも、メカニズムに共通性があることだ。た

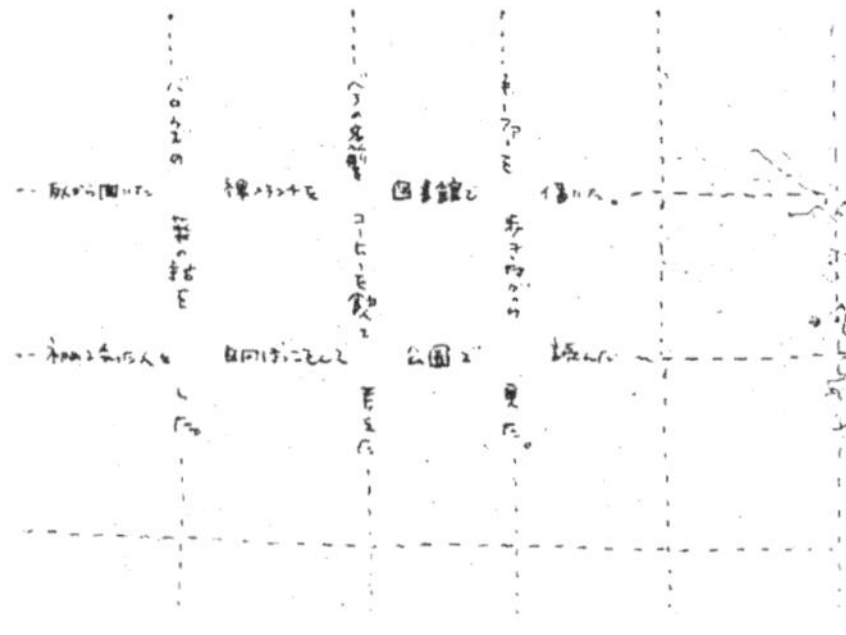

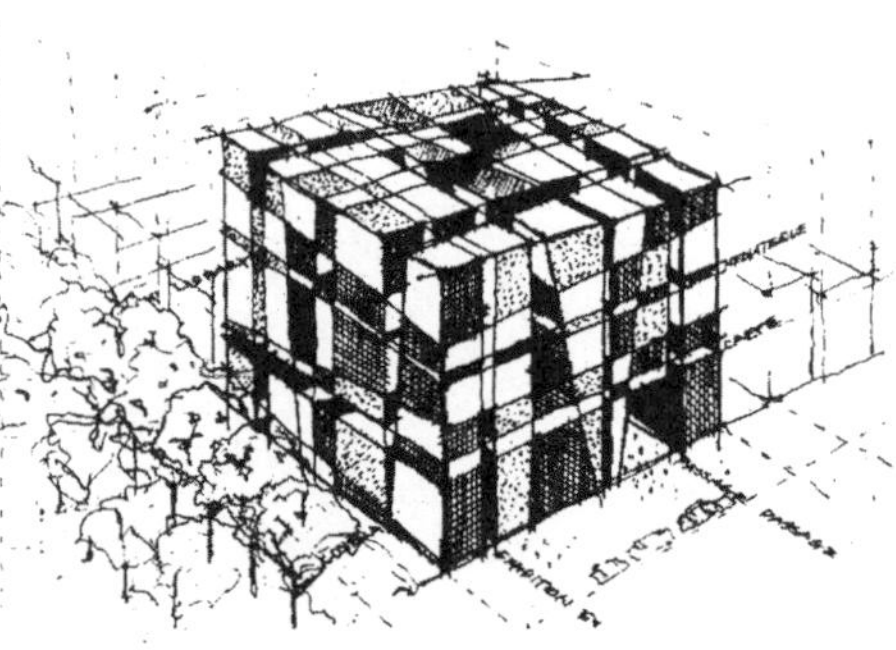

右頁：右＝ドイツ・シュツットゥガルトの美術館。市民に開放されたテラス／左＝ベルンのカーニバル
左：イタリア・パルマの銀行ロビーでは、M・ボッタのプロジェクトが展示されている

とえばかつて家庭用ビデオのシステムはVHSとベータが市場を二分して、競い合っていた。結果は、機能的には若干劣っていると思われたVHSに軍配が上がった。ベータのほうがサイズは小さかったし、種々利点もあったが、販売戦略上のふとしたキッカケでVHSに傾き出す。いったん固まり出すと、それに載せて走らせるビデオデッキも、VHSのほうが多品種が大量に出てきて、市場での競争力が急激に高まっていく。それにつれてさらにVHSが売れるというポジティブなフィードバックが起きた。

小さな何かを契機に、そこが一種のメッカになっていくことが、カオスの縁から立ち上がってくる。都市的に見ても同様の現象は頻繁に観測されているし、機能が複雑に絡んだ建築でも、その内部での人びとが相互触発する関係に着目するならば、ポジティブ・フィードバックは重要な概念になってくる。

この、ポジティブ・フィードバックの後にある状態に固まってしまうことを「ロック・イン」と呼ぶ。たとえば時計、黎明期には左回りの文字盤もあったらしいが、結果的に時計は右回りに定着した。

パソコンのキーボード配列もそうである。左手の小指のところか

右頁：せんだいメディアテーク設計競技案。コンセプトスケッチ
左：せんだいメディアテーク設計競技案。模型

いまでは人の住まない軍艦島は、一時は五千三百人の人びとが暮らした、九州でももっとも賑わいのある〝都市〟だった。目抜き通りを先端的なファッションに身を包んだ女性が闊歩した。（軍艦島）

右：シンガポール・チャイナタウン・コンプレックス。トラックヤード、市場、食堂が織り重なっている
左頁：長崎・軍艦島。人が住まなくなり、島は急速に風化している

らQWERTYと並んでいるが、どうしてこういう不思議な配列になっているのか。旧式のタイプライターはキーが立ち上がってリボン越しに文字を打ち出していたから、隣り合って出てくる可能性の高い文字が右手と左手に分かれていると、いっぺんに打ってしまって、キーとキーが重なり合うことがある。それを防ぐために、EとRのようにしょっちゅう隣接して出てくる文字をできるだけ打ちにくい位置に並べて置いてあるとのことだ。

しかし一度この配列のタイプライターが定着し始めて、みんながそれで練習し始めたから、もうそこから抜け出せなくなった。不用意にあの配列を変えるとパニックを起こすだろう。完全にロック・インされている。

本当は反対のものでもよかった、本当はそこでなくてもよかったものが、ふとしたほんの小さなキッカケでそれが定着する背景には、物理現象はいざ知らず、経済や社会の現象に関していえば、ある種の混沌状態のなかに「人」が介在しないとそれが起きない。建築や都市の空間の場合にもただ雑多なものが隣り合っているだけでは、何も起こらない。そこに人が入ってきて、人だかりができ始めるとそれが作用して何かが変移する。街角

でたったひとり上を眺めている人がいると、そこにだんだん人だかりができ、野次馬が野次馬を呼ぶような現象である。実はそれを左右しているのは人間の存在そのものである。

人間はヘモグロビン

人が人に作用して新しい楽しみが生まれ出てくるような空間をつくりたいというのがこの章で扱いたいテーマであり、それこそそのキッカケとなったのがせんだいメディアテークの僕の計画案である。

　この計画でも本棚が単に各階にバラバラにあるだけでは何も生まれないが、その本を間断なく運び続ける人間がいて、初めて空間に偏りが生じ、人が集まり始める特異点が発生する。そこに一定数以上の人が集まりすぎてしまうと、別の場所がまた生まれてくるというような、自己組織的な作用が期待されている。

　このように考えていくと、建築や都市に対して、人間は血中ヘモグロビンような役割をしているのではないだろうか。人体という組織の各所に酸素を運んだり、不用な老廃物を運び出したり、ものを置き換えたり、そういう自らが循環して組織全体を保全していく働きを、人体では血液の

右頁：せんだいメディアテーク設計競技案。模型
左：せんだいメディアテーク設計競技案。内観イメージCG

右：台湾・台北。市内のいたるところにあるアーケードはさまざまに活用されている。道にはみ出した餃子屋
左頁：タイ・バンコクのMBKセンター四階

果たす役割を、建築や都市では大勢の人間が担っている。人が住まなくなった家はすぐに壊れてしまうが、たぶんこれは血液を失った人体の状態に近いのだろう。「いつも工事中」で触れたマテーラの街も、退去させられて人が住まなくなると急速に荒廃し、崩壊し始めてしまった。日本の民家も空家になると、雨漏りがひどくなってすぐボロボロになってしまうが、人の住んでいる家はその全体が、あたかも複雑なひとつの生命組織のように機能しているのだ。

猥雑なエネルギー

ポジティブ・フィードバックを起こしているにぎやかなものを挙げていくと、たとえばシンガポールでは、もうもうたる油煙の出る中華料理が好きであるから、どの家のキッチンも屋内だけでなく、裏通りの半屋外のところにもかまどが並んでいる。隣りの家で夕げの支度が始まれば、もうそれだけで食欲が湧いてしまうだろう。ただ、シンガポールは東南アジアでは例外的に何事も計画的にコントロールしようとする国なので、表通りと裏通りの機能分別は人為的にプランニングされたものだろう。むしろいろいろお互いに干渉し合いながら、それを避け合いながらいくの

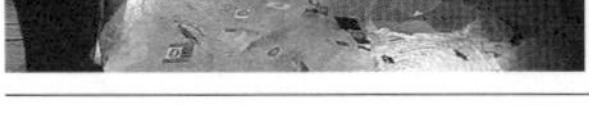

が、香港やバンコクなどのより有機的で猥雑なエネルギーになっている。
　台北でも餃子屋が厨房を表のアーケードに出してしまっている。タイにも厨房自体が建物の前にはき出されている例が無数にある。

ゾーニングのない世界

　バンコクでもっとも気に入っている場所はサイアム・スクエア近くの、ＭＢＫセンター（マーブンクロン・センター）というデパートの四階である。一階から三階までは普通のデパートであるが、四階は俄然混沌としていて、あるところで女性の下着を売っているかと思えば、その隣りでは時計を売っていて、すぐ近くでは甘い菓子と金製品が向かい合わせで売られていたりと、実に種々雑多なものがところ狭しと売られている。しかも時計屋はあちこちに何軒もあるし、携帯電話も貴金属もあっちでもこっちでも売っている。ここにはまったくゾーニングがなく、多種多様なものが隣り合っている。下着を買いに行ったはずなのにネックレスを買ってしまうとか、菓子を買いに行って、つい携帯電話の機種を変更してきたりするような偶発的な現象が起こる。

　これが建築における

右：「海市―もうひとつのユートピア」展。右＝展示作品／左＝会場風景。物々交換
左：「海市―もうひとつのユートピア」展。会場風景、浮かぶ島

右：モンゴル。街道筋にコンテナが並んだだけのドライブイン
左頁：右＝フランス・ゴルド／左＝イタリア・カルカータの山岳都市

ポジティブ・フィードバック以前、メッカの発生以前の混沌とした状況である。しばらく訪れていないが、わっと激変しているような気がする。

山岳都市に人が集まる

イタリア中部の山岳都市カルカータは、岩山の上に集落がある。都市国家的なヨーロッパの集落形態としては一般的なものだ。人が見晴しのきく高い場所に住み始めて、次第に集落が形成される。その後はマテーラ同様、せっせと地下の洞穴を掘り足しては、石を上に積んで行く。

その都市がいまではローマ近郊の芸術家のメッカになりつつある。建築家のパオロ・ポルトゲージが住みつき、あれこれと文化的なイベントをプロモートしている。そしてまた若い芸術家が集まり出す。

「海市」なかば流体のような人工島

東京初台にオープンしたICCの開幕展であった「海市」の展覧会のために、網目状の流体都市のプロジェクトを構想した。磯崎新のマカオ沖の人工島の計画に、地上二〇〇メートルぐらいの高さにわたって超高層が立体

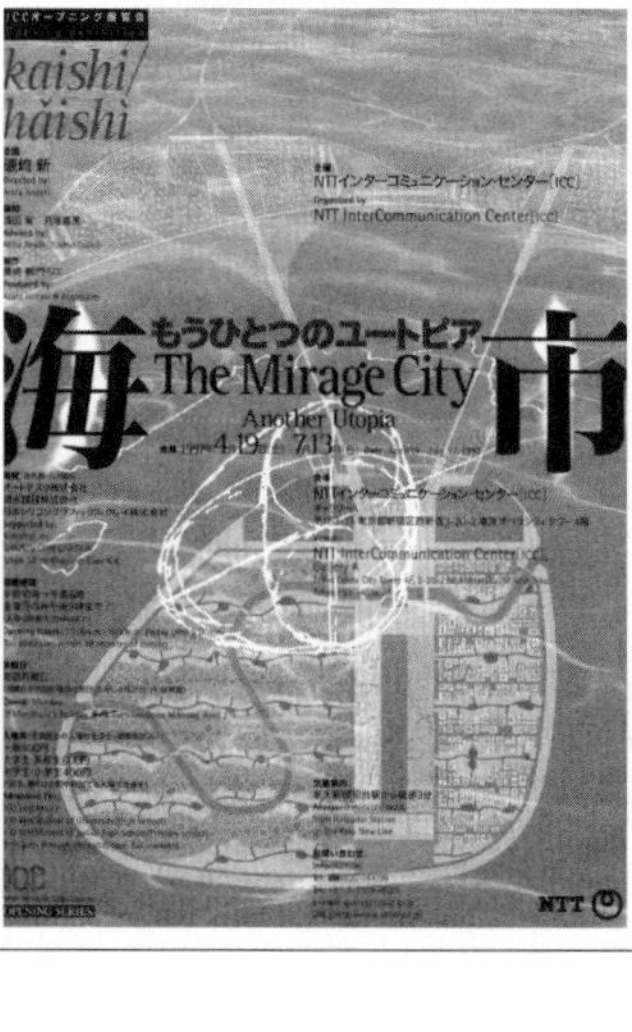

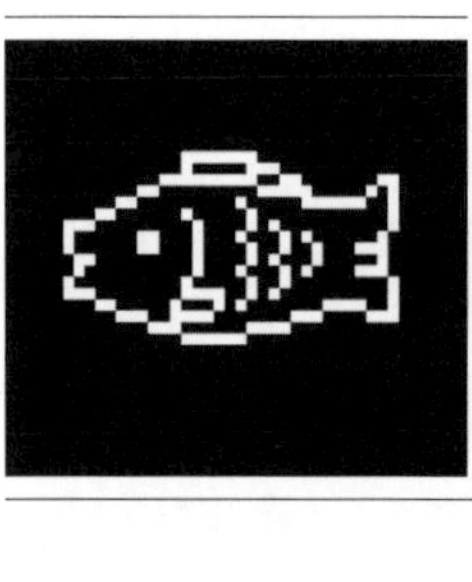

右：「海市―もうひとつのユートピア」展。右＝展覧会ポスター／左＝アイコン
左頁：「海市―もうひとつのユートピア」展。イメージCG

的にネットワークされるアイディアである。
展示した模型では、その網目のなかにいろいろな魚が泳いでいる。もともとこの魚はたったひとつのデジタルデータから生まれている。ひとつのグループはシリコンの鋳型にとられて、樹脂によってかたちが複製されている。別のグループはシールにプリントされて、印刷という手法によって大量に複製されている。最後の一グループはそのデータを元にしたスクリーンセーバーのアニメーションになっていて、そのデータが複製されていく。模型ではフロッピーの形式になって浮かんでいる。シールやプラモデル同様、来館者がそれらを勝手に物々交換していっていいことにした。
ある日、ディズニーランドのパスポート入場券が置いてあった。ただし有効期限は次の日まで。交換した人が翌日ディズニーランドから会場に電話をかけてきてくれた。
このように、網目状の島の中身は、血液のようにたえず循環して変化し続けている。この構想のヒントになったのは、レオ・レオニの童話『スイミー』である。小さな魚のスイミーは、仲間を敵から救うために、みんなで大きな魚のかたちをした群れをつくることを思いついた。

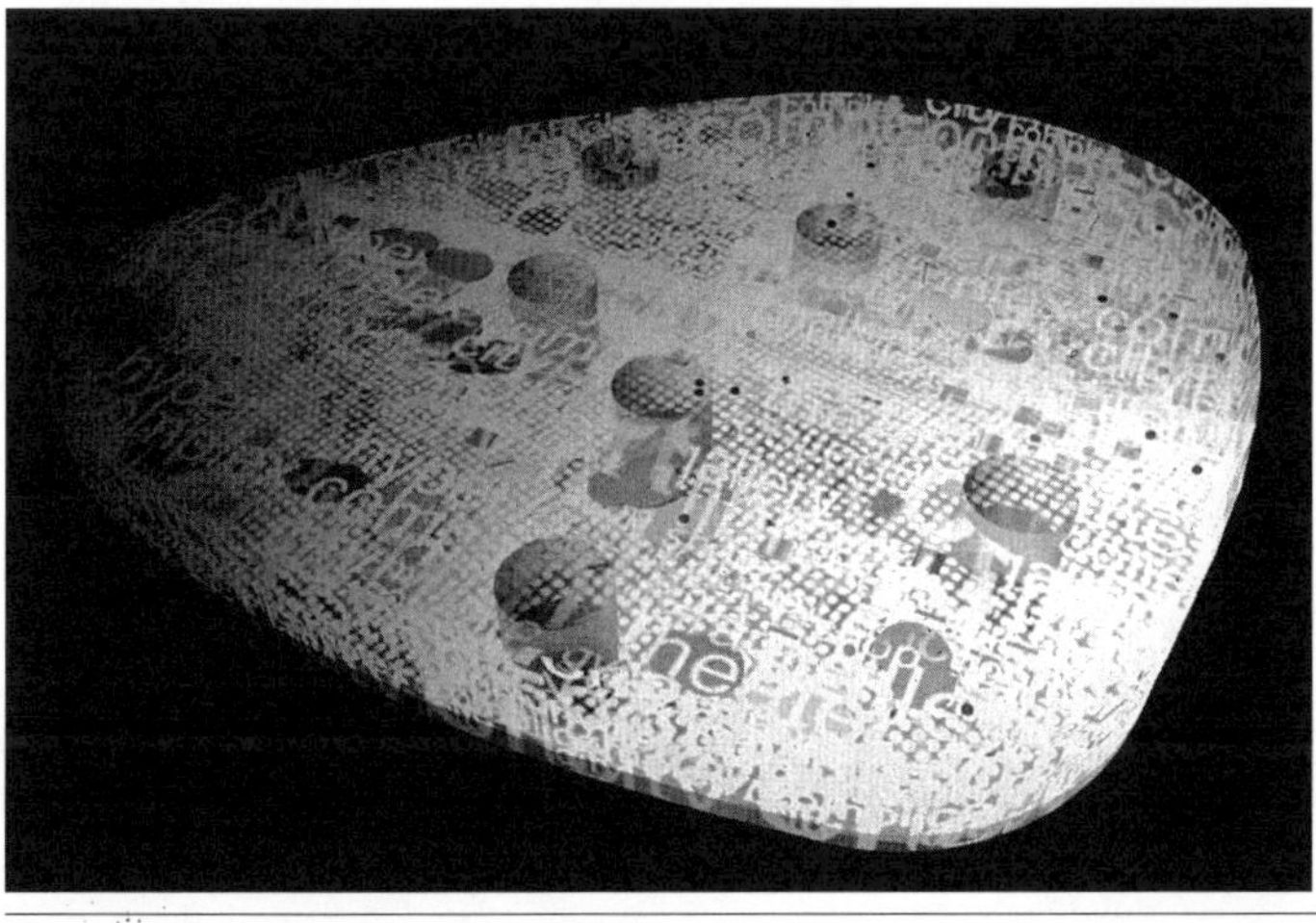

半透明空間

SEMITRANSPARENT SPACE

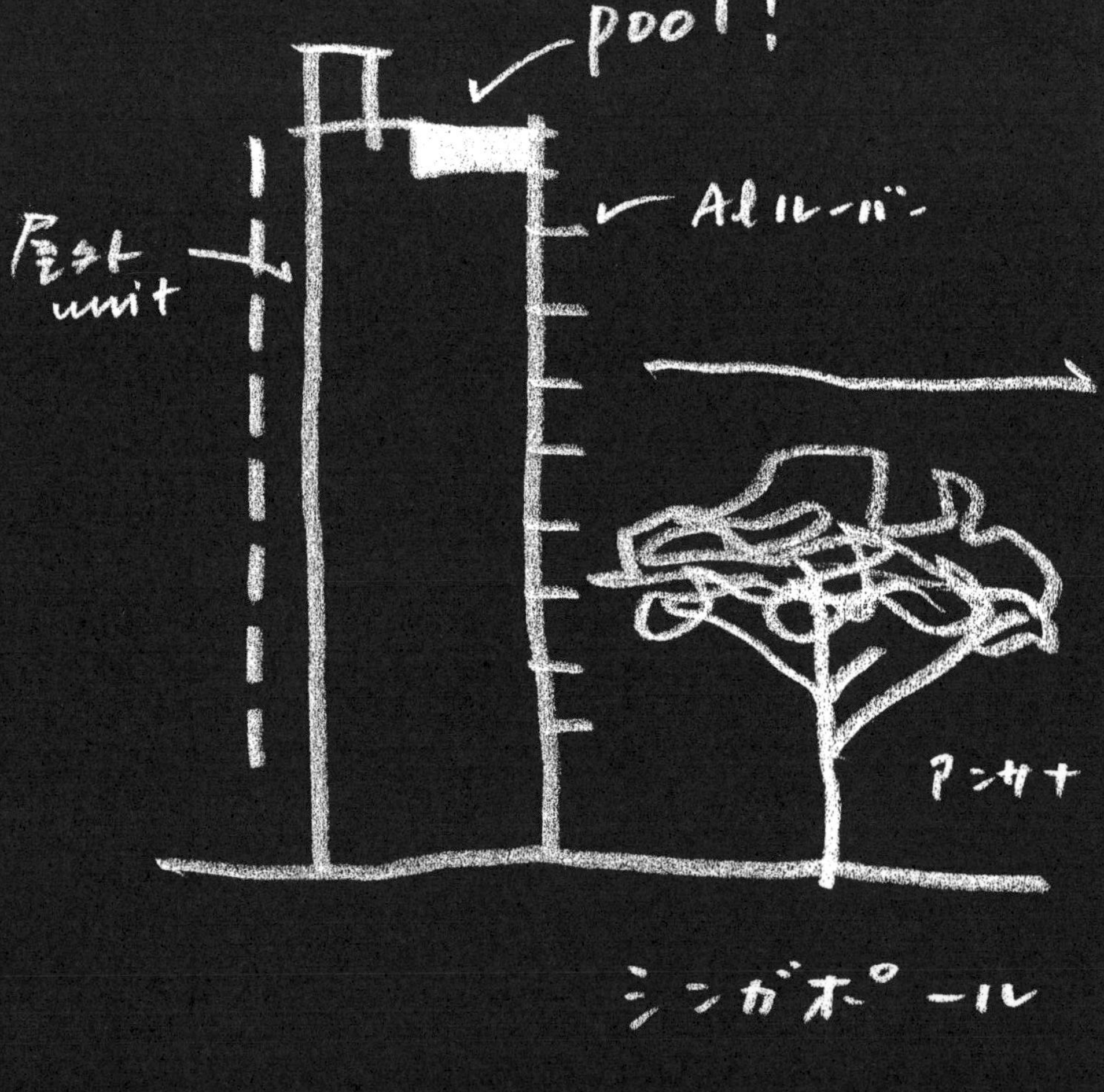

この世のなかのおよそありとあらゆる空間は、まったくの全透明でもなく、逆に完全に不透明なものでもなく、何らかの意味でそのどちらでもない「半透明な状態」にある、というのが半透明空間の本旨である。半透明という語句が、ともすると二〇世紀末の流行的な建築の表層を連想させるが、ここでの半（透明）の意味合いは、透明と不透明の間にあるさまざまな中間相の総称である。光を通して視線を透過させない文字どおりの半透明、部分的に透過と不透過の入り混じるもの、一方からは見えるが反対からは隠れる方向的なもの、ひと続きの空間であるが奥行きがあり、あるいは屈曲のせいで次第に不透明となるもの、さらにはそのものは不透明でも仮設的で、時間とともに現れたり消えたりするもの、といった具合に多種多様なものを考えている。

窓の研究を発展させるかたちで、この研究に行き着いた。窓には主として光や風を通す「壁に開けた穴」の要素と、そのままでは入りすぎるものを遮ろうとする「間戸＝間に建て込む戸」としての要素が共存している。後者の性質は一種のフィルターであり、何かを通して何かを遮断する選択的透過性を帯びている。空間を快適な状態とするために「半透明化」する際には、こうした種々のフィルターやその重ね合わせが重要な働きをしている。半透明な空間には、建物にあらかじめさまざまな装置が組み込まれることによって可変的となる建築的なものから、単純な空間を住み手が自由に使いこなすうちに家具や人の居場所などによって形成されるしつらい的なものまで、多様なものがある。

Spaces in this world are neither entirely transparent nor entirely opaque. They are in one sense or another "semitransparent". The word "semitransparent" may suggest the quality of architectural surface that was fashionable toward the end of the twentieth century, but here I use it as a general term to refer to the various intermediate conditions that exist between transparency and opacity. It can mean many different conditions, for example, a literally semitransparent state in which light is transmitted but vision obstructed, a state in which parts that are transparent are mixed with parts that are opaque, a directional condition in which vision is unobstructed one way but obstructed the opposite way, a condition in which space is continuous but gradually becomes opaque because of depth or curvature, and a changing condition in which a thing is visible or invisible depending on the time.

I began this research as an extension of a study of architectural windows I have been undertaking for some time. A window is two things at the same time. It is a hole made in the wall to let in mainly light or air, and it is also a thing that restricts the excessive introduction of things. It is a type of filter in the latter capacity and endowed with a selective permeability, letting through some things and shutting out others. When a space is made semitransparent in order to make it more comfortable, filters of that type or combinations of such filters play an important role. There are diverse semitransparent spaces, from architecturalized spaces that are made variable by means of devices incorporated into a building beforehand to simple spaces that become semitransparent through the arrangement of furniture and pattern of dwelling established by the occupant.

右：タイ・チェンマイにあるワット・チェッ・ヨー寺院の中庭。ブーゲンビリアの下にはお坊さんが寝ている
左頁：バウハウス。Asian Complex-citiesのレクチャー準備（二〇〇〇年八月九日）

半透明さの使用法

「半透明空間」というのは、もともと僕が窓の研究をしていて、それから次第に発展してきたものである。

日本語の「窓」という字にも、穴カンムリがついているように、第一義的には窓は壁に開けた穴のように感じられるものである。しかし、日本語の「まど」という音を考えてみると、これは「間戸」からきていると言われていて、そもそも柱や梁でできている間がまずあって、そこに嵌め込む戸のことを言っているように思える。あるいは仮に百歩譲っても、「間」と「戸」とその両方のことを指していることになる。だが普通に考えればスペースに建て込む戸のことを意味していると判断してよいだろう。

だがそうすると、壁に穿たれた穴、風穴としてのウィンドウの原理とまったく逆になってしまう。元来、壁が塞がっているからそこに穴を開けて、光や風を通しましょうという発想ではなくて、開けっぱなしで出入り自由になりすぎているから、そこを必要に応じて遮断しましょう、と言っているのが日本語の「まど」のように思われる。

今日の世界中の窓は、いずれにしてもその両方の性質をそれな

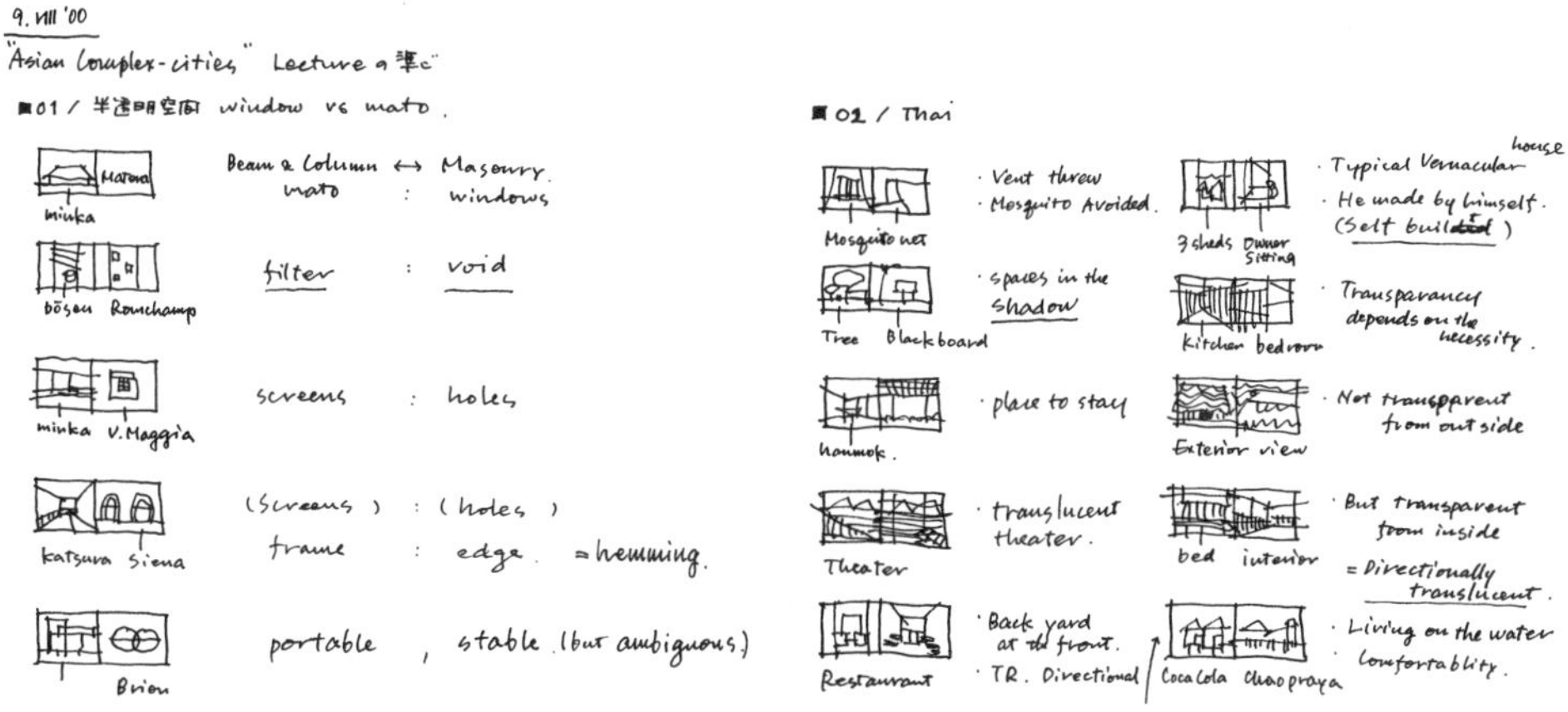

りに合わせもつ。つまり、穴的要素をもって光や風を採り入れる、あるいは眺望を採り入れるという働きがあり、同時に、入りすぎて困る日差しを遮ったり、そのままでは人も動物も、放っておけば泥棒まで入ってくるような開口部を遮断して、建築内部のスペースを外界から保護していく、シェルター化する働きもある。

　われわれはウィンドウのほうの性質の窓をヴォイド・ウィンドウという言い方をして、「間戸」のほうをフィルターと呼び、一般的な窓は大なり小なり、ヴォイド性とフィルター性を兼ね備えていると考えている。

　穴を開ける、隙間を遮断する、という両方の性質を同時にもつことが、「半透明空間」という名前の由来である。およそ建築の内部空間は、完全に透明なこともありえないし、反対に全部真っ暗に塞がれていることもなく、すべてその中間の段階にある。つまり透けつつ閉じる半透明な状態にあるというのがアイディアの骨子だ。

　内部空間が半分透明な状態というのは、障子を張り巡らしたように文字どおり半透明なものもあるが、別の見方をすれば、格子戸のように、ミクロに見れば透明だが、表側からややマクロに見ると屋内が見通せないという

右頁：狐ヶ城の家。右＝外観／左＝内観
左：狐ヶ城の家。内観

タイ・ムアンポン村の小学校で見た先生の家の床下。日差しを遮り、風通しだけは取り込んでいるこの空間も、まさに〝半透明〟。地面の冷気も心持よい。ハンモックを吊って木陰で昼寝をする気分に通じている。（タイ・ムアンポン村の教員住宅）

右：タイ・チェンマイの食堂。外からはやや不透明、店内からはかなり透明
左頁：右＝〝半透明空間〟レクチャー準備（二〇〇〇年八月十四日）／中＝ジグハウス／ザグハウスのエスキース（一九九九年二月十九日）／左＝韓国・良洞村

ように、方向的に半透明になっているものもある。あるいは、あるときは塞がれているが、あるときは開いているというものも、広義に解釈すると半透明な状態と言える。閉まりっぱなしでもないし開きっぱなしでもないという意味で、時間的な半透明である。あるいは、物理的なフィルターがなくても、屈曲した洞穴などは、入り口付近の手前のほうはよく見えるが奥のほうにいくと見えにくいというような、空間的な半透明が成立するものもある。

そういう目でヴァナキュラーな集落を見ていくと、半透明のつくり方が巧みである。半透明とは、要するに自分にとって欲しいものは、透き通らせて手に入れるが、欲しくないものはフィルターにかけて除外するという意味であり、必要なものだけを採り入れる選択透過性を期待したものである。

究極の半透明空間

チェンマイのワット・チェッ・ヨーという寺で見かけたのだが、中庭のブーゲンビリアの咲き誇る気持ちのよさそうな木陰の部分に木製のベッドが置いてあり、お坊さんがひとり寝ていた。お坊さんにとっては、暑い日差しをカットしてお

右：狐ヶ城の家。内観
左頁：狐ヶ城の家。平面図・断面図

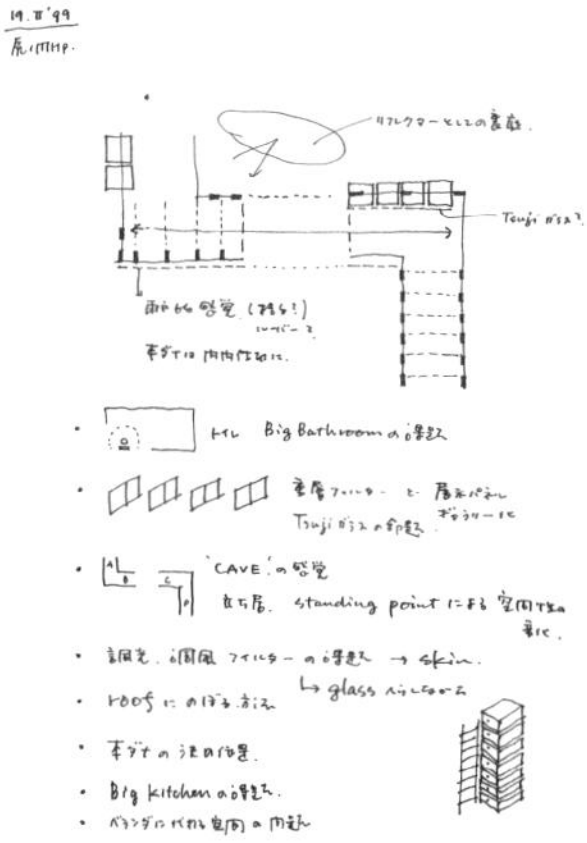

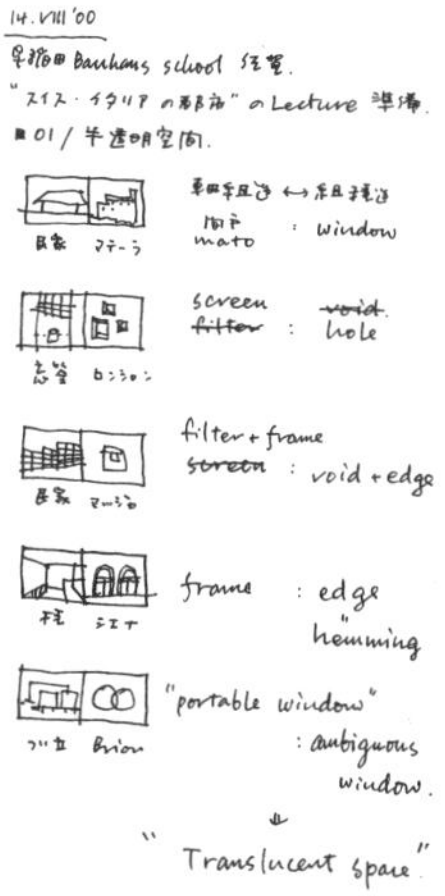

きながら、通風は確保されている状態。究極の半透明空間である。

縁の下の半透明

九〇-九一ページのグラビアに取り上げたタイの高床の住宅の床下も、実はお寺の中庭の木陰とそっくりな環境をつくり出している。床は地面のままで、そこにハンモックを吊って昼寝している。これもまさに日差しを除けて、通風が確保されている。下は土であるからひんやりして、快適な状態になっている。

日本の縁の下は地面からの湿気を遮断する意味合いが強く、もちろんその下に入って過ごすなどとは考えていないが、タイの住居ではむしろこの空間をつくり上げたいがために床を高くしているとさえ感じる。

チェンマイで見た別の簡易な劇場では、本来暗くしたいはずの劇場内部ではあるが、締め切ってはたまらないので、全体にスノコ状の壁でスカスカと風の通り抜けるものもあった。

方向的な半透明

右ページ上のこの食堂もまた、巧妙な半透明空間である。われわれはこれを「方向的な半透明」と呼んでいる。

外から見ると、内部は薄暗くて見通しにくく、おまけに店の表に

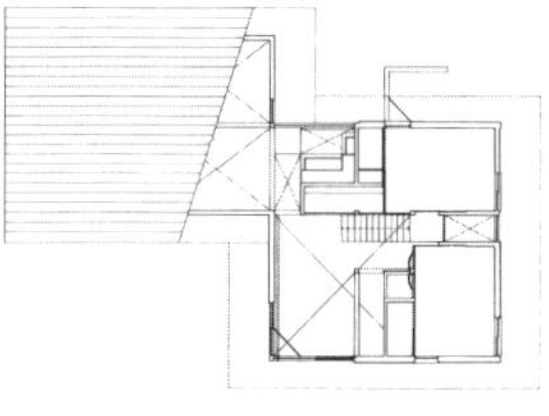

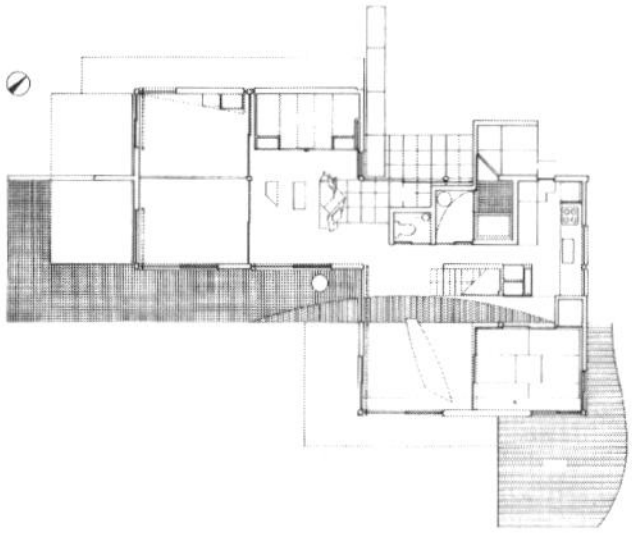

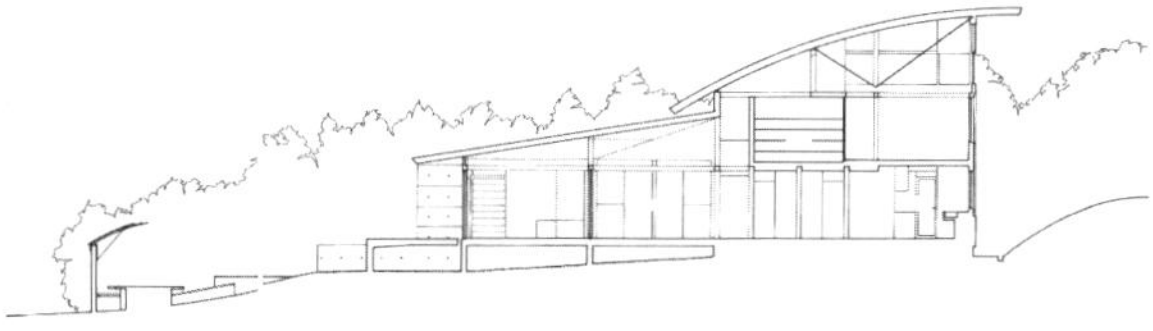

私的な領域であるアンマダンでは女性たちがさまざまな家事労働を行う。中庭は半開放的だが、ここにしゃがみ込むと、決して外部からは見えない。しかし母屋の床上に立つと家の周囲が見渡せる。（韓国・南沙村　崔氏住宅）

はキッチンと、店で使うヌードルやもやし、魚ボールなどの食材が入れてあるガラスケースのワゴンが置かれて入り口を塞いでいる。要するに外からは、店のなかはあまりよく見えない。

　ところが店内の席に座ってみると、表の間口はあけっぴろげな感じで、全面開放的になっている。適度に明るさも入ってくるし、風も入ってくるし、快適な空間になっている。

　ブーゲンビリアのお寺、教員住宅の床下、鉄筋アパート一階の食堂のこの三種類の空間とも、日差しを遮って風を通すという、実はルーツは同じ半透明空間である。

高さで変わる半透明空間

　前ページの写真や上の平面図は韓国南部の南沙（ナムサ）村という集落である。韓国の田舎の集落にしてはめずらしく、まるで人の脳の断面図のように、家同士の細胞がくっついたように見える密集集落である。韓国は儒教の影響を受けているから、あまり家庭内の私的な部分――韓国流の言い方をすると女性の領域――を外から丸見えにするのはよろしくない。そこでプライベートな領域が外から見えないようにしなければならないが、このように密集した集落になると、住居間に距離

右頁：韓国・南沙村。右＝崔氏住宅の土壁／左＝脳細胞のように見える村全体平面図
左：ブリオン家墓地（C・スカルパ設計）。両義的な開口部

をとって、間に適当に木を植えてそれを防ぐことができない。つまりフィルターを立てることが難しい。ところが南沙村は巧妙にそれを解決している。

各住居の敷地はある高さの壁で囲まれる。韓国の伝統的な住宅は、日本と同じように縁の下のある、床が上がった家である。しかし床に寝ころんだり座ったりしているときには、塀の高さより低くなっていて、外からはあまり見えない。ましてや、マダンと呼ばれる伝統的な中庭で、まさに女性の領域として、女性たちが野菜の下洗いをしたりキムチをつくるために、中庭にしゃがみ込んで家事作業をする様子が、隣の家や敷地の外からは絶対に見えない。

ところが母屋の床の上に立ち上がって敷地外を見渡すと、壁越しに隣の家の屋根や遠くの山が見えてくる。

つまり同一の一階平面のなかに、床の上に立って見る高さと、床の上に腰を下ろして見る高さと、中庭にしゃがんでいる目の高さと、三種類の視線の高さがあってそれぞれ外部に対する透明度が異なっているのである。立っているときはものすごく透明で遠くの山まで見えるが、中庭にしゃがんでしまうとものすごく不透明。これもみごとな半透明空間になっている。

右頁：ジグハウス。下屋の内観
左：ジグハウス。下屋の内観、水まわりはみなこの空間にある

狐ヶ城の家

House at Kogajo

Kurose, Hiroshima, 1990

▶ p.88, 89, 92, 93

敷地は広島市郊外の新興住宅街にあり、土地の傾斜をそのまま利用し、塀はつくらず木立や生垣だけで囲まれている。曲面の背の高い屋根と低く延びる屋根の下にのびのびと連なる空間があり、住み手はこれを季節や来客など時と場合に応じて自由に仕切って使う。このように受け取る側にさまざまな了解を促す「オープン・エンド」な状態をつくり出すことをテーマにしている。また開口部の取り方や床の高さを工夫して外からの視線は遮りつつ、内からの視線は自分の敷地だけでなく遠くの景色までつながるよう設計されている。

The site is in a newly-developed residential district in a suburb of Hiroshima City. The design makes use of the natural slope of the land. The property is surrounded by, not a wall, but trees and hedges. A loosely defined series of spaces is arranged underneath a high roof with a curved surface and a lower, extended roof. The occupants can divide the spaces any way they like, depending on the time or the occasion, for example, to suit the season of the year or to receive a guest. The idea was to create an open-ended condition that stimulates efforts to comprehend the environment. The windows have been arranged and the floor levels have been set to prevent visual intrusion from outside while providing views from inside of not just the site but distant scenery.

1. 南東全景。敷地には塀がなく、庭の斜面は周囲の材に連続する
2. 吹き抜け部分、木製立体格子にさまざまなフィルターが組み込まれる
3. 1階和室から玄関方向を見る。流動的空間
4. 1階広間、和室部分

4

右頁：フランス・ニーム、ネモジュス集合住宅（J・ヌーヴェル設計）。人びとの生活を包む手摺り
左：ブリオン家墓地（C・スカルパ設計）。パビリオンでは腰を下ろすとはじめて視界が広がってくる

スカルパの両義的な開口部

C・スカルパのブリオン家の墓地にも半透明空間の好例がある。スカルパは組積造文化の人にはめずらしくアジア的な半透明感覚のもち主で、透けつつ閉じる両義的な空間がとても多い。

この墓地の有名な円がふたつ重なったかたちの開口部は、村の集落から並木道をずっと歩いて来て共同墓地に至り、共同墓地の真ん中の通路を突き当たったところにある。ここから先はブリオン家の私的な領域になるが、この開口は、はたして人に通れといっているのか、それとも通るなといっているのかがわからない、見れば見るほど不思議な窓である。強いていえば、ここから先は魂だけがスッと通り抜けて、肉体はしがらみにひっかかってしまうような気がする。

そうするとこの開口部も、ヴォイドなのか、フィルターなのか、解釈が非常に悩ましい。

パヴィリオンと呼ばれているところでは、左上の写真のように、立ち上がると壁に囲まれて外が見えなくなるし、そこにしゃがみ込むと、水面越しに庭やさらに遠くの景色が見えてくる。ちょうど南沙村と正反対。南沙村のマダンではしゃがみ込むと閉ざされた世

界。ところがブリオンのパヴィリオンでは、立ち上がると閉ざされた世界となっている。

季節によって透明感が変化する

一九九〇年に初めての住宅である狐ヶ城の家をデザインした。家のまわりにまったく塀がない住宅である。敷地の境に塀がないために、他所の田んぼや畑まで自分の庭のように眺めることができる。家の外壁はやや開放的だが、ここには適宜フィルターが掛けられる。夜になればブラインドを下ろし、昼間は上げておいても外のほうはよく見えるが、外から内部はあまり見えない。

この家の個室では、どれもかなり閉ざしているように見えて、しかしどこかまだ少し隙間があって、外部空間の変化とか季節感が感じられるように、完全な不透明でない状態がつくられている。

この家は、夏はけっこう開放的であるが、冬は障子も比較的閉ざして、こたつも出して暮らしている。昼と夜だけでなく、季節の変化にも合わせて、透明感をまったく変えられる家である。

逆に言うと、ここには機能に応じて名前をつけられた部屋がなく、季節や状況に合わせて行為の場所がその

右頁：近藤内科病院（計画案）。模型。内部を見下ろす
左：近藤内科病院（計画案）。模型立面

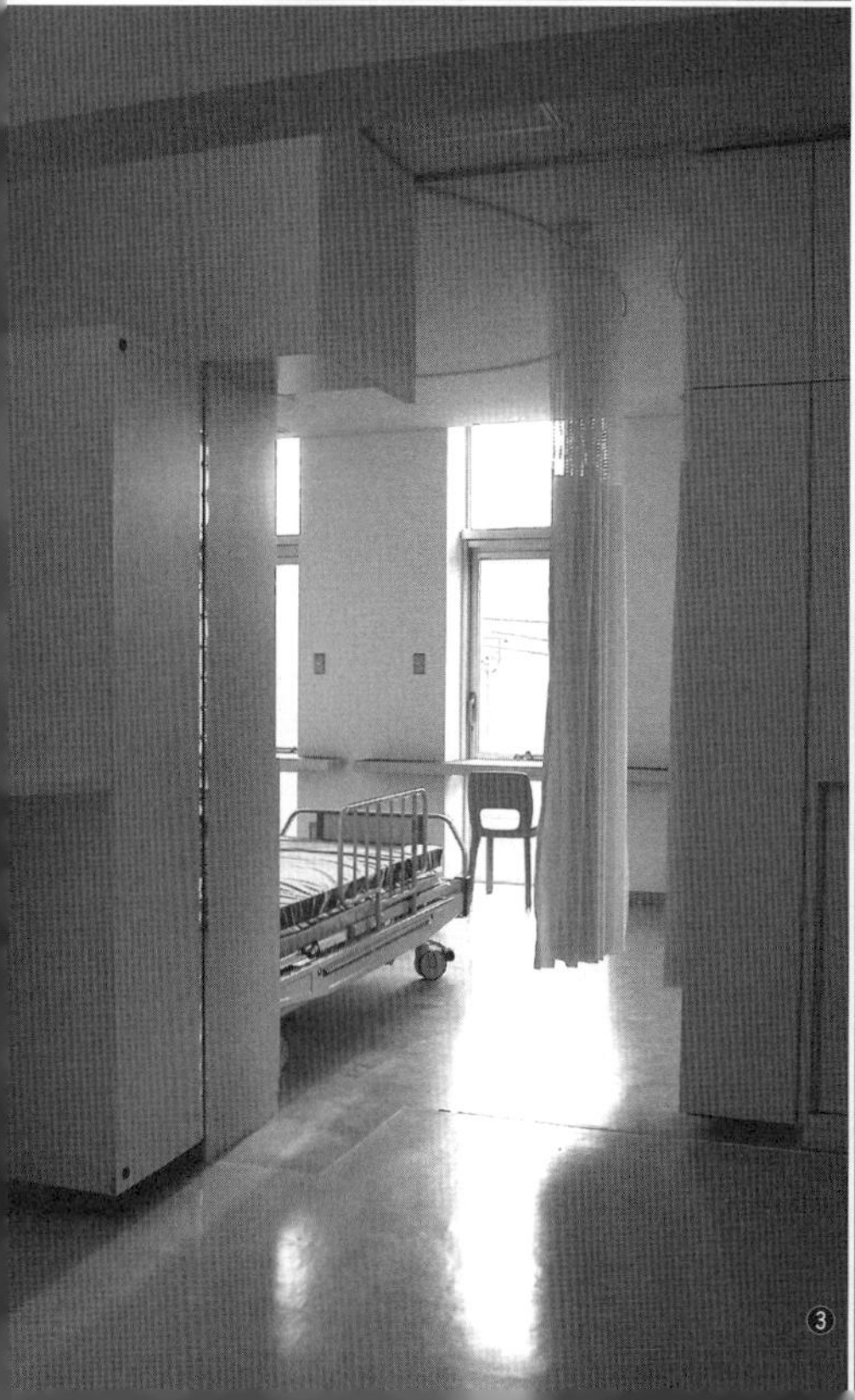

近藤内科病院

Kondo Naika Hospital
Tokushima, Tokushima, 2002

▶ p.100, 101, 104, 105, 106〜109

近年社会的に期待が高まる末期癌患者のための緩和ケア病棟についての、建築的な研究に基づく施設計画である。緩和ケア病棟を従来の医療施設の延長ではなく、患者のQOL(Quality of Life)を実現するための住環境として捉え、緩和ケア病棟を含む医療施設が全体として大きな住居や都市的空間となり得るような新しい施設計画を模索する。

The plan of this facility was based on architectural research into wards providing hospice care for terminally ill cancer patients, a subject of increasing concern in society in recent years. The hospice ward was conceived as, not an extension of conventional medical facilities, but a residential environment in order to achieve quality of life for patients. This is an attempt to create a facility in which the medical facilities including the hospice care ward form a large residential or urban space.

1. 正面外観。4本のチューブが立ち並ぶ
2. 病室用カーテン。ベットを丸く取り囲み、圧迫感がない
3. 中央ナース・ステーションより病室方向を見る
4. サンデッキ型病床群内観。すべてのベットは足先に固有の窓をもつ

4

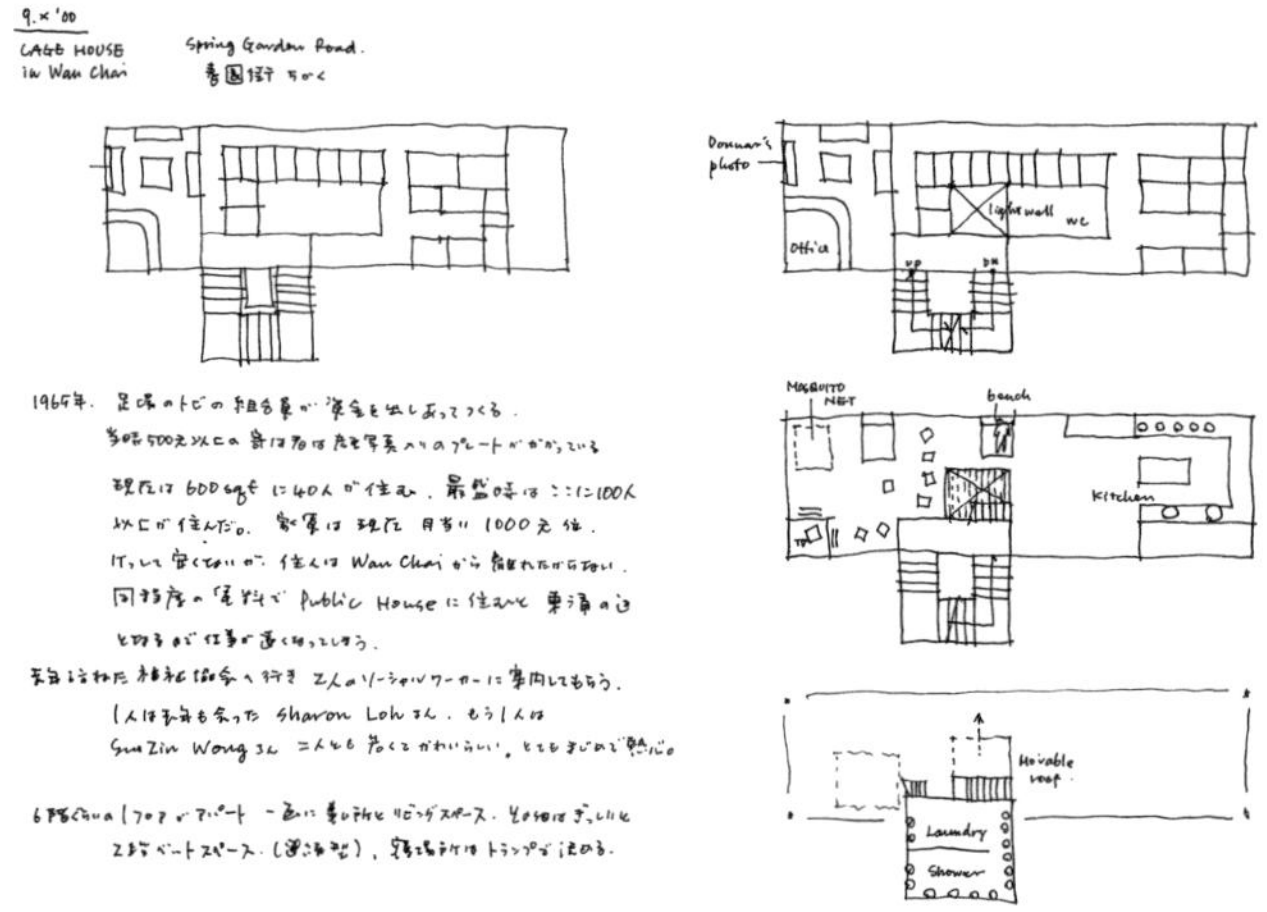

ときどきに選択可能になっている。

住居としての療養空間

徳島県内で初めての緩和ケア病棟をもつ内科病院の新築計画を行っている。緩和ケアの患者はそのほとんどが末期ガンの患者である。治療のためだけに病院に来て、治癒後はさっさと帰るというふつうの人にとっては、病院は言ってみれば身体の修理工場であるが、緩和ケア病棟の患者は、人生の最期の時間を豊かに過ごすために病院に滞在する。ガン特有の疼痛だけを取り除いて、あとは思い思いに原稿を書いたり仕事をしたり、人それぞれに暮らしている。

そのような患者にとっては、病院の空間は実は居住空間そのものになる。気分が溌剌としている日もあれば、ものすごく落ち込んでいる日もある。気持ちのいいときはどんどん開放的に暮らしていくが、そうでないときにはやや閉じこもって過ごすような、心持ちや病状によって透明度を変化させられる空間がこの病院計画のなかにも必要である。自分が出たいときは表にどんどん出ていけるし、そうでないときは引っ込んでいられる病棟の空間とは、いったいどういうものであり得るかを考えている。

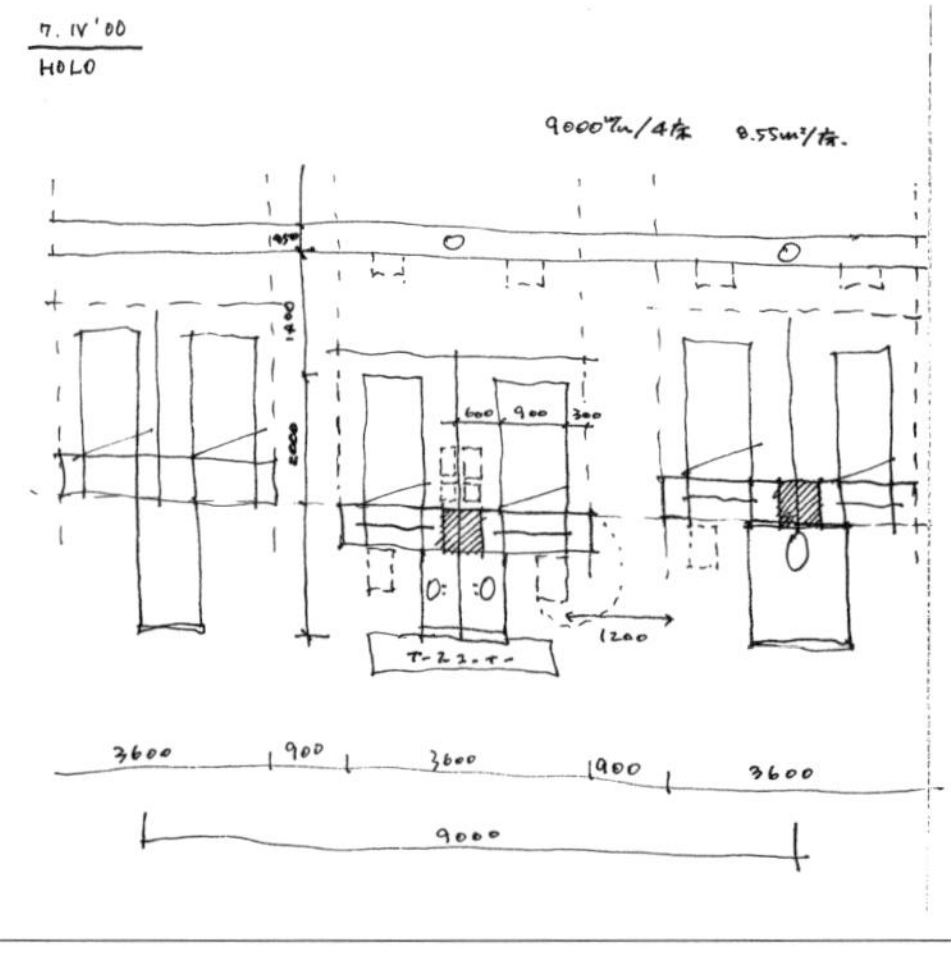

右：近藤内科病院。パーソナル型多床室（サンデッキ型病床）のスケッチ（二〇〇〇年 四月七日）
左頁：近藤内科病院。パーソナル型多床室エスキース（二〇〇〇年 四月七日）

右頁：香港・建設労働者アパートのスケッチ。百人を越す人が暮らした（二〇〇〇年十月九日）
左：タイ・ムアンポン村。昼寝の寝台

一般の病棟においても、ただ多床室化して部屋を羅列するのではなく、多床室と言えども個々のベッドまわりの空間をパーソナル化して患者同士がいたずらに干渉し合うことを減らそうと、サンデッキ型と名付けた病床配置を提案している。

透明度のコントロール

人工密度の高さで名高い香港のケージハウスでは、一〇〇平米の床面積に一〇〇人もの人が密集して住んでいることもある。それほどの高密度のなかで人が住むためには、個人にとって自己のまわりのフィルターの透明度をいかにコントロールできるかが問題となる。香港はもちろん蒸暑い土地柄であるから日射はなくても最低限風は通したい。そうするとみんなでベッドまわりを整頓して、風通しをよくし、就寝時には場所や時間のある種のルールをつくって、他人に迷惑をかけずに済ますいろいろな方法で透明度をコントロールしている。実際に訪れてみると、想像よりはるかに整理されていて、気持ちよく快適さが確保されていた。

世界で最大の人口密度と言われている香港の住まい方は、自在な「半透明空間」の考え方をもってしか理解できないのではないか。

パーソナル型多床室ミニマム例　s：1/100　9000スパン/4床　8.55㎡/床

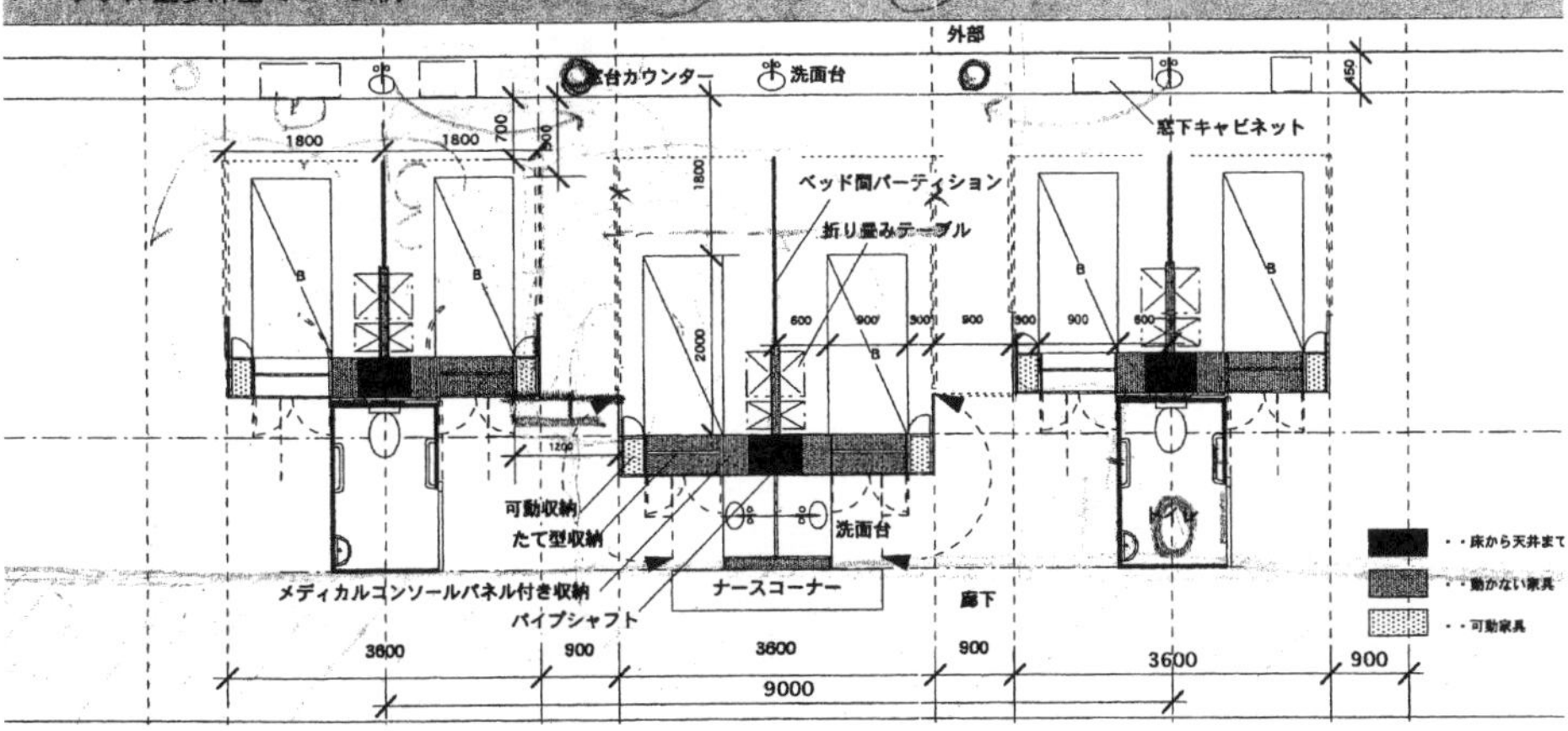

近藤内科病院

KONDO Naika Hospital

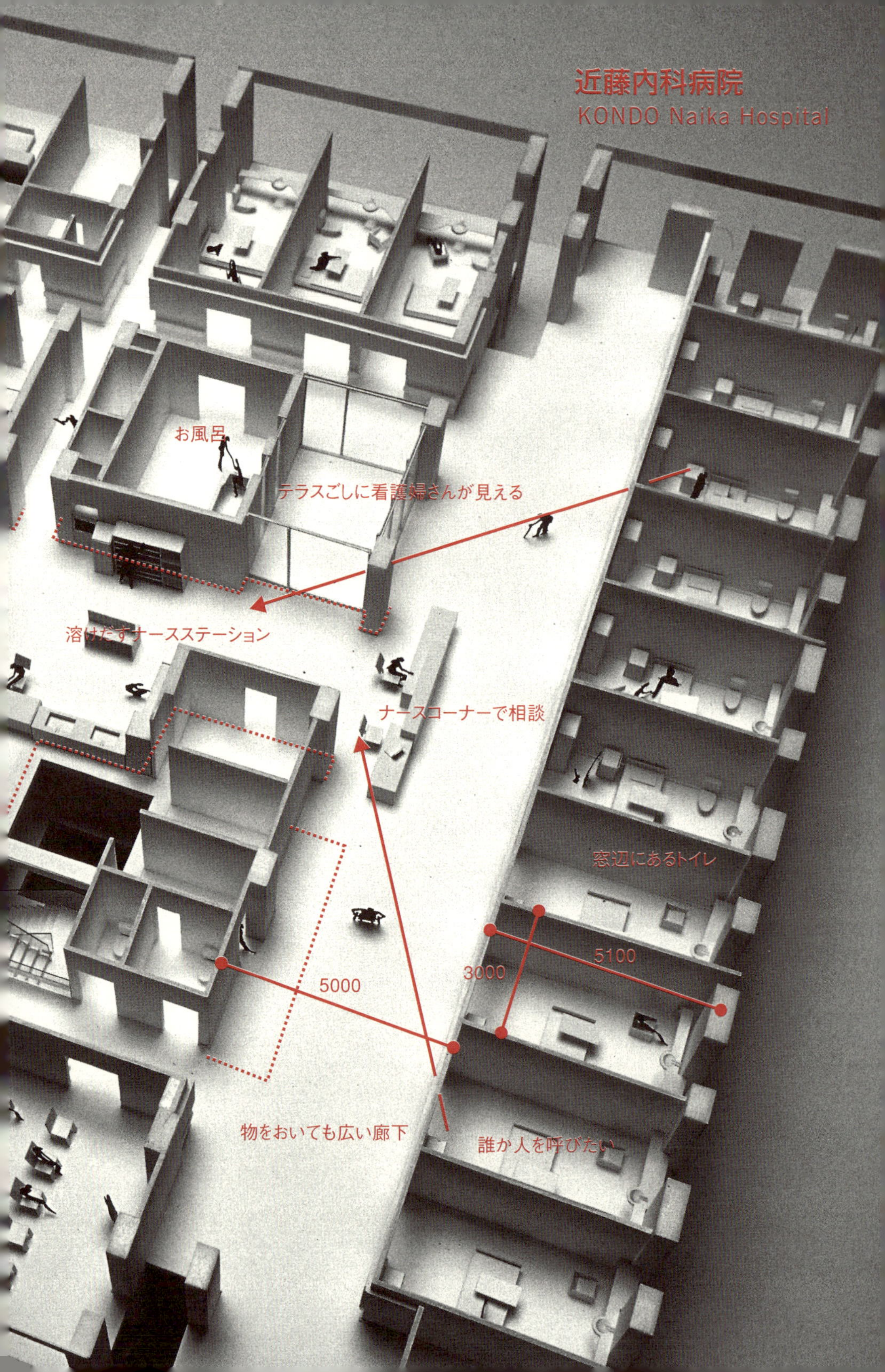

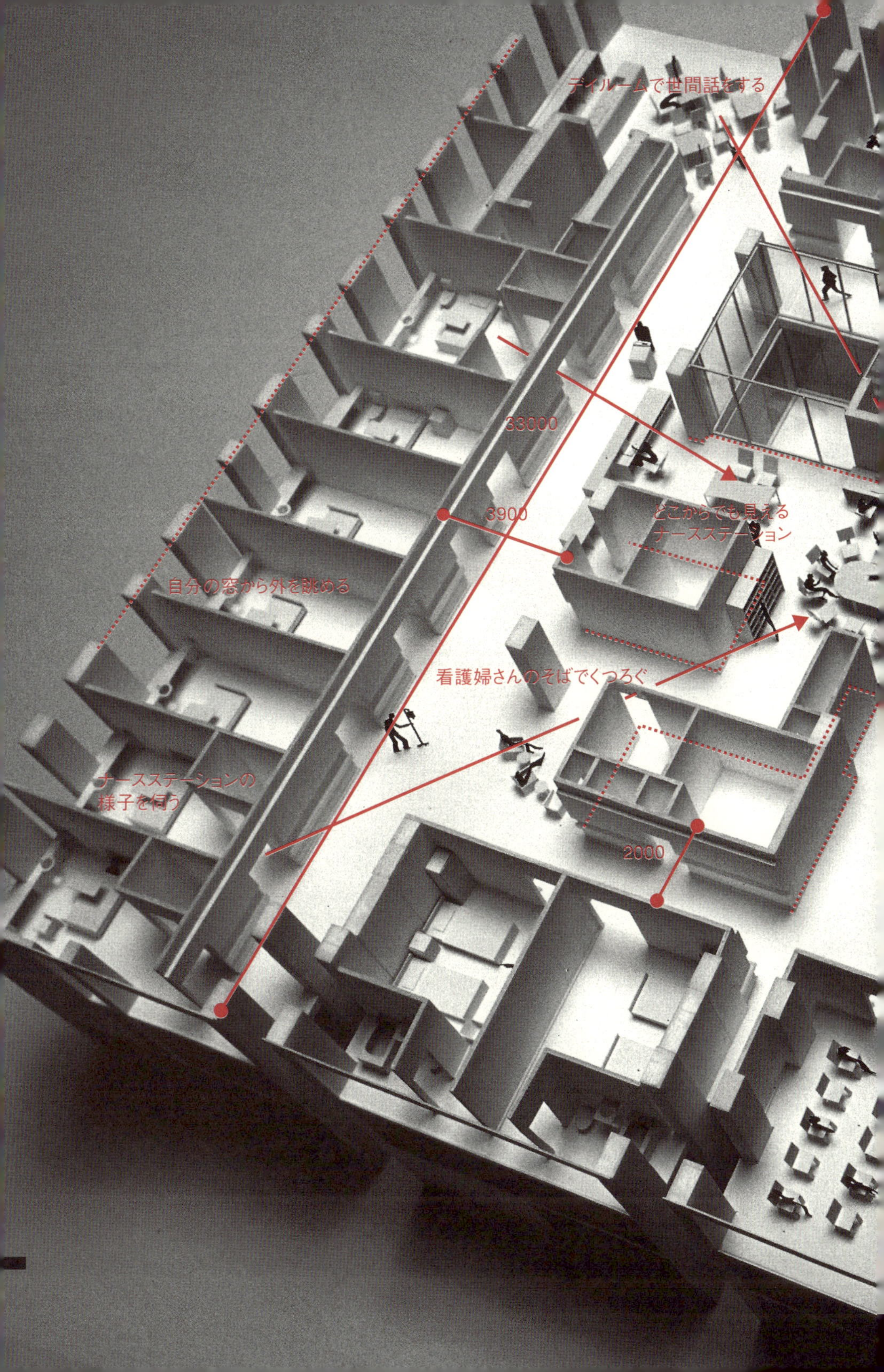

デイルームで世間話をする
33000
3900
どこからでも見える
ナースステーション
自分の窓から外を眺める
看護婦さんのそばでくつろぐ
ナースステーションの
様子を伺う
2000

窓から外への意識
窓辺でご飯
個室での治療
予診のためのスペース
1,450
3,000
3,400
3,600
11,450
1250
900
950
1400

個室での緩和ケア
患者同士の交流
サンデッキ型病棟:
ベッドの前には自分の窓
オフィスとして使用する
診察を行う

重ね着する家

HOUSES WITH MULTIPLE OUTER LAYERS

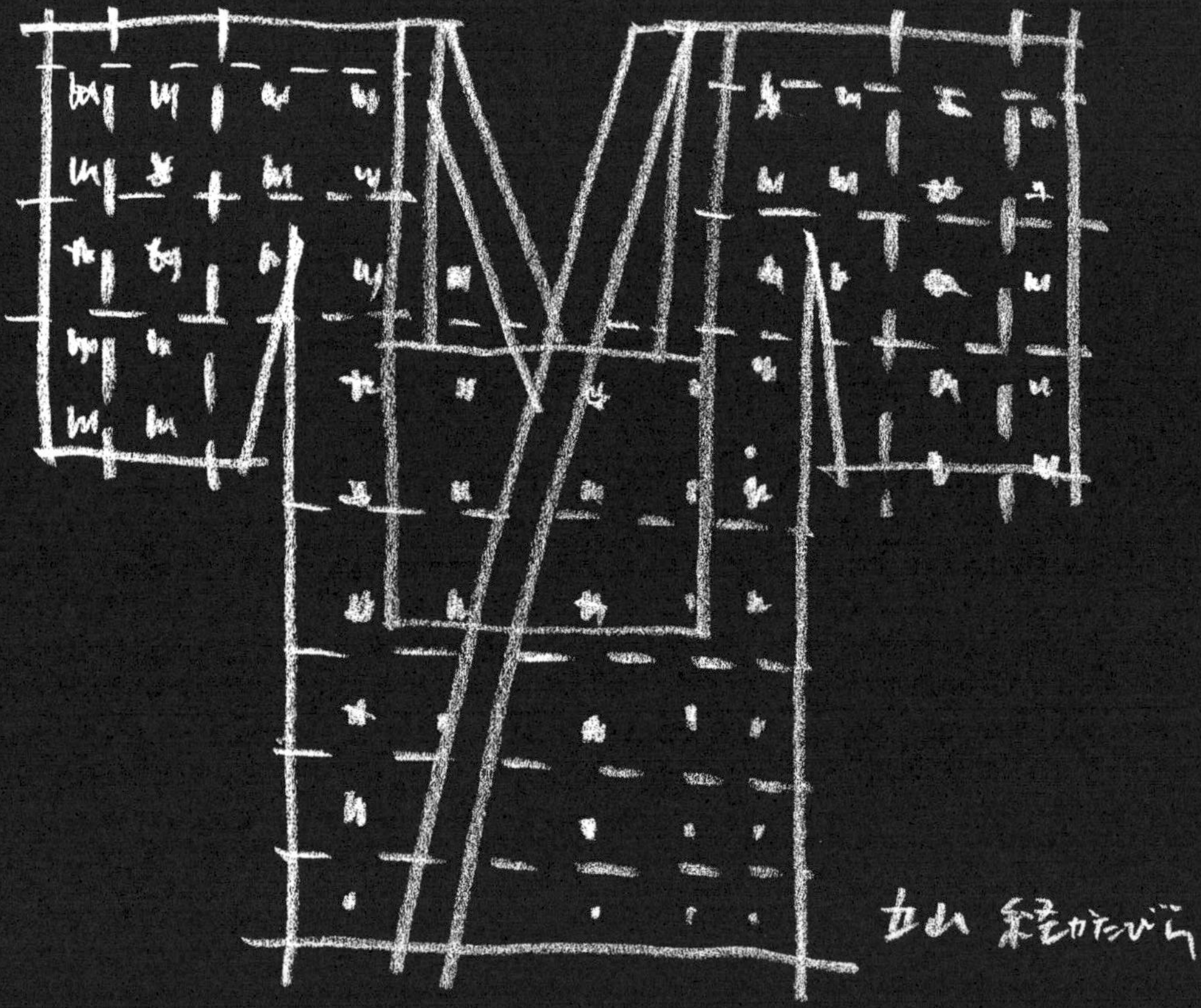

われわれの裸の身体は、まず皮膚に覆われ、次に衣服に覆われ、さらにそれが家具や部屋に包まれ、建築に包まれ、外部空間に包まれて、それを都市や自然が囲み、地球の大気圏がさらにその全体を取り囲んでいる。その外殻には生物を有害な紫外線から防護するオゾン層がある。フロンガスの放出により、近頃そこに開きはじめた綻びが問題となっているが、実はこれがわれわれが宇宙に対してもっとも外側に着ている「服」だとも言える。またその間のすべての層が、人体と「外部環境」との間で働くフィルターであり、いずれも必要なものを透過させ、不必要なものを排除している。

衣服なら気候が暑すぎれば上着を脱いで襟を開き、腕まくりをして過ごすし、逆に寒ければ何枚も着込んで襟元にマフラーを巻き、体温の低下を防いで暮らすだろう。外界の気候の変化に対応して微妙に衣服の透過度を調節することができる。翻ってその上に着ているはずの住居やそのほかの建築はどうか。かつては衣服に似た調節装置が建築の各所に工夫され、不快な気候からなかに住む人の生活を守っていた。夏と冬で障子を替えたり、蚊帳を吊ったり、夜には雨戸を建てたりしていたのだが、技術文明の発達とともに、機械力によって室内気候を強制的につくり出すようになって、その効果を高めるためにむしろ開口部は高気密化され、内外の空気を断絶する方向に走ってきた。はたしてわれわれは今、たった一枚で宇宙空間に漂うことのできる宇宙服的な建築を考えるべきなのだろうか。

Our naked bodies are covered successively in skin, clothing, furniture or rooms, buildings, exterior spaces, cities or nature, and finally the atmosphere of the earth. On the outer edge of the atmosphere is the ozone layer, which protects organisms from harmful ultraviolet rays. Holes in the ozone layer caused by the release of fluorine gas have become a problem in recent years, and in fact that layer constitutes the outermost layer of clothing we wear to protect ourselves from outer space. All the successive layers are filters that function between the human body and the external environment. Each lets in what is necessary and shuts out what is not.

With clothing, we can remove coats, loosen collars and roll up sleeves if it is too warm. If it is too cold, we can put on several layers of clothing and wear mufflers to prevent the lowering of our body temperature. We can subtly adjust the degree of permeability of clothing in response to changes in the weather. What then of the houses and other buildings we "wear" on top of our clothing? In the past, regulating devices not unlike clothing were found in various parts of buildings and protected occupants from inclement weather. We used to change [italic]shoji[italic] in summer and winter, put up mosquito nets, and close shutters at night. As technology has developed, we have come to create interior environments by mechanical means. To improve the effect, we have tended to make windows airtight and to cut off the flow of air between inside and outside. Should architecture today be like a spacesuit, a single layer that permits the wearer to float in outer space?

右：冬のモンゴル・ゲル。フェルトを三重にして、扉も厚着している
左頁：モンゴルの遊牧民民族衣装のスケッチ（一九九七年 九月一日）

扉にも厚着する

「重ね着する家」という考えを、はっきり意識したのはモンゴルへ行ってからである。

　モンゴルのゲルは、動物とともに移動する遊牧民のテントであるが、一番表側にはコットン、その内側は家畜の毛でつくるフェルトに覆われていて、夏にはそれを一重にして、足元もまくって風通しをよくして暮らす。零下四〇度にもなる冬になるとフェルトを三重にして、足元もスパッツのように隙間風を防いで、この写真で見るように、扉自体にも断熱の綿入れをして暮らしている。

衣服のような家をつくる

　夏はフェルト一重で、綿布を巻き、ひもで縛る。冬は三重にして、やはり綿布を巻いてひもで縛るという家である。考えてみると、これは遊牧民の民族衣装「デール」とそっくりである。夏は下はTシャツぐらいしか着ずに、デールを着て帯で縛っている。冬は裏地に毛皮を張り、なかも厚着をしてひもで縛る。家も衣服もその仕組みはそっくりである。

　寒いときには厚着して、暑いときにはそれを脱ぎ、あるいは袖をまくったり、襟のボタンをはずしたり、そういう衣服のような家がで

右：代田の切り通し。模型
左頁：代田の切り通し。エスキース（一九九九年 四月九日）

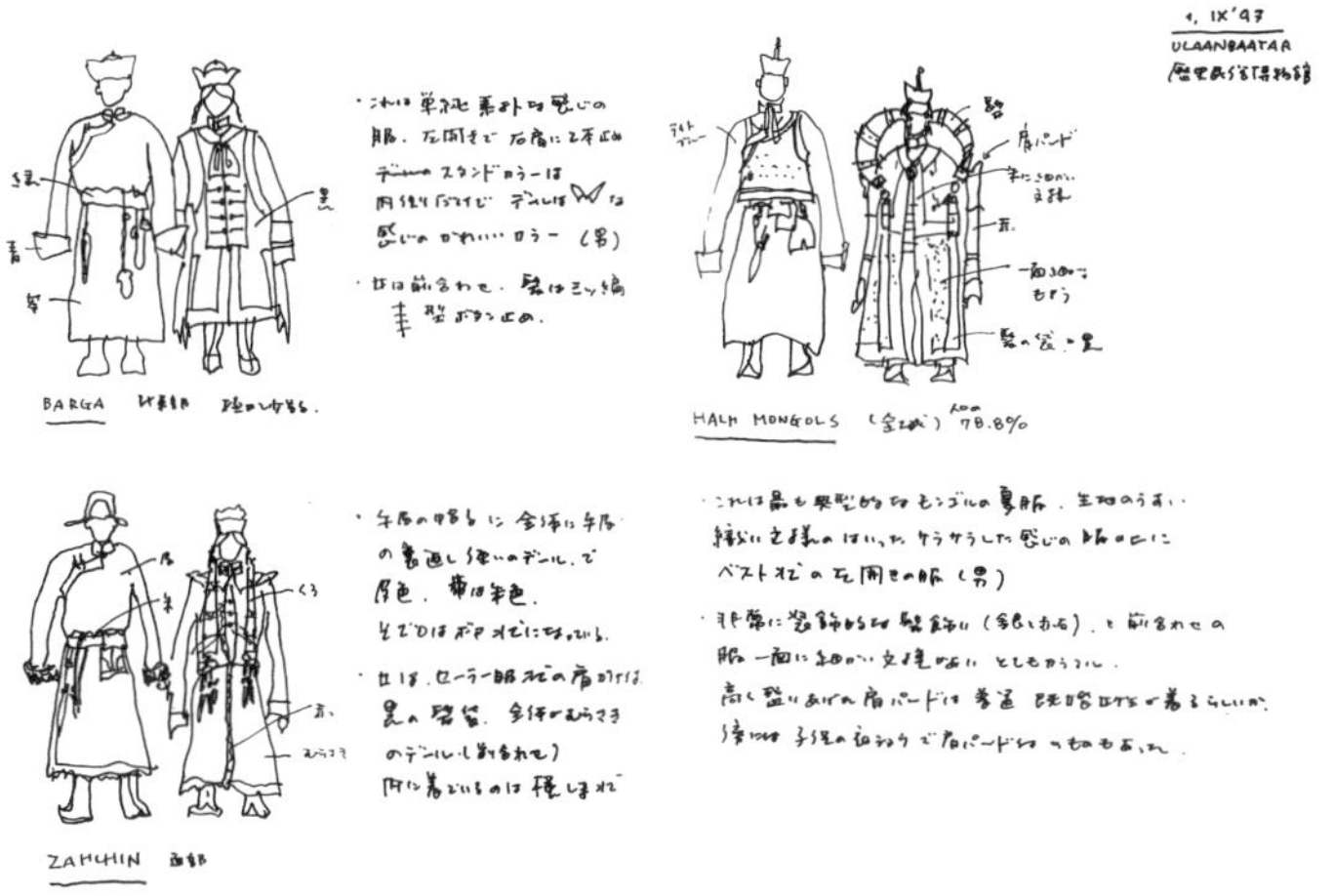

きたらいいな、というのがこの基本コンセプトである。
　その考えをもっと大きな空間に敷衍して考えると、われわれが包まれている環境は、まず裸の身体があって、それを最初に衣服が包んでいる。夜ならさらにそれをふとんが包んでいる。さらにその人は家具やカーテンや部屋の内壁に包まれている。部屋は家のなかにあり、その家は敷地を含んだ外構に囲まれている。さらにそれは都市に包まれていて、その都市はまわりの自然に包まれている。そのように順々に重ね着していくと、最後は、地球の大気圏という空気のふとんに覆われていて、さらにその大気圏の一番外側に、オゾン層というコートを着て、そのままでは生物の生存できない宇宙空間に浮かんでいる。
　このように、われわれの裸の身体は何重にもいろいろなフィルターを重ね着している状態である。近年オゾン層に穴が開き始めて、そこから有害な紫外線が入ってくるので危険だと言われているが、これは女性が夏の日差しのなかに素肌で出ていきたくないといっているのにも通じることである。その紫外線をどこで遮断するか。一番身体に近いところで、UVファンデーを塗り重ねてカットするか、それとも一番外側

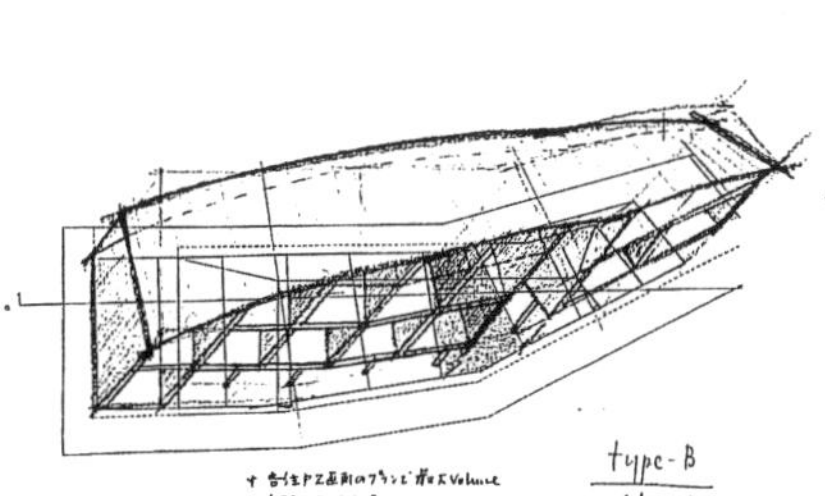

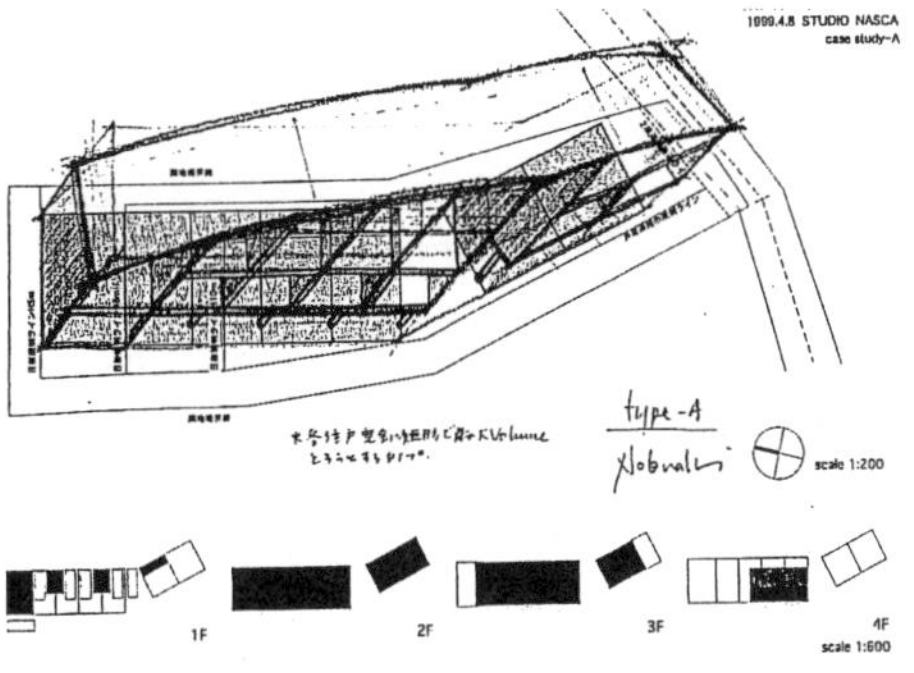

モンゴルの人は夏にはTシャツ一枚の上にこのデール、冬には何枚も着てその上に毛皮の裏地を付けたデール、いずれも重ね着をして帯でしばる。彼らの住まいであるゲルもまったく同じ原理。（モンゴルの民族衣装「デール」）

右：タイ・ムアンポン村。木の葉で葺いた屋根
左頁：タイ・チェンマイの建築家の別荘。快適な蚊帳の中

のオゾン層をキープすることによってカットするか。もちろんその中間にも無数に選択肢がある。

どうも大きな意味で、人間の生身の身体と宇宙にまで至っている大きな外部環境の間には、何重にも「半透明」なフィルターがかけられいる、そういう生存のための「衣服」をわれわれは重ね着していて、それらを適宜調節をしているというのがわれわれの姿ではないか。

衣服のレベルでできることは衣服でするが、衣服でできないとすれば、家具や建築のレベルでするし、家具や建築のレベルでも対応できないものは、都市あるいはそれを取り巻く自然を保全することで、解決することが可能かもしれない。

しかし一概に、衣服や家のほうが小さい問題で、都市や自然のほうが大きい問題というわけでもなくて、逆に、都市や自然のレベルで対応できない問題は、実は衣服で対応することもできる。極端に言えば宇宙遊泳している飛行士は、宇宙服ひとつで地球環境全体に代わる環境を身に付けている。科学技術はそのように発達してきた。

しかし、どうもその流れのなかで、暑いときには薄着をして腕まくりをし、冬寒いときには厚めに着込んで、襟を立てて凌ぐとい

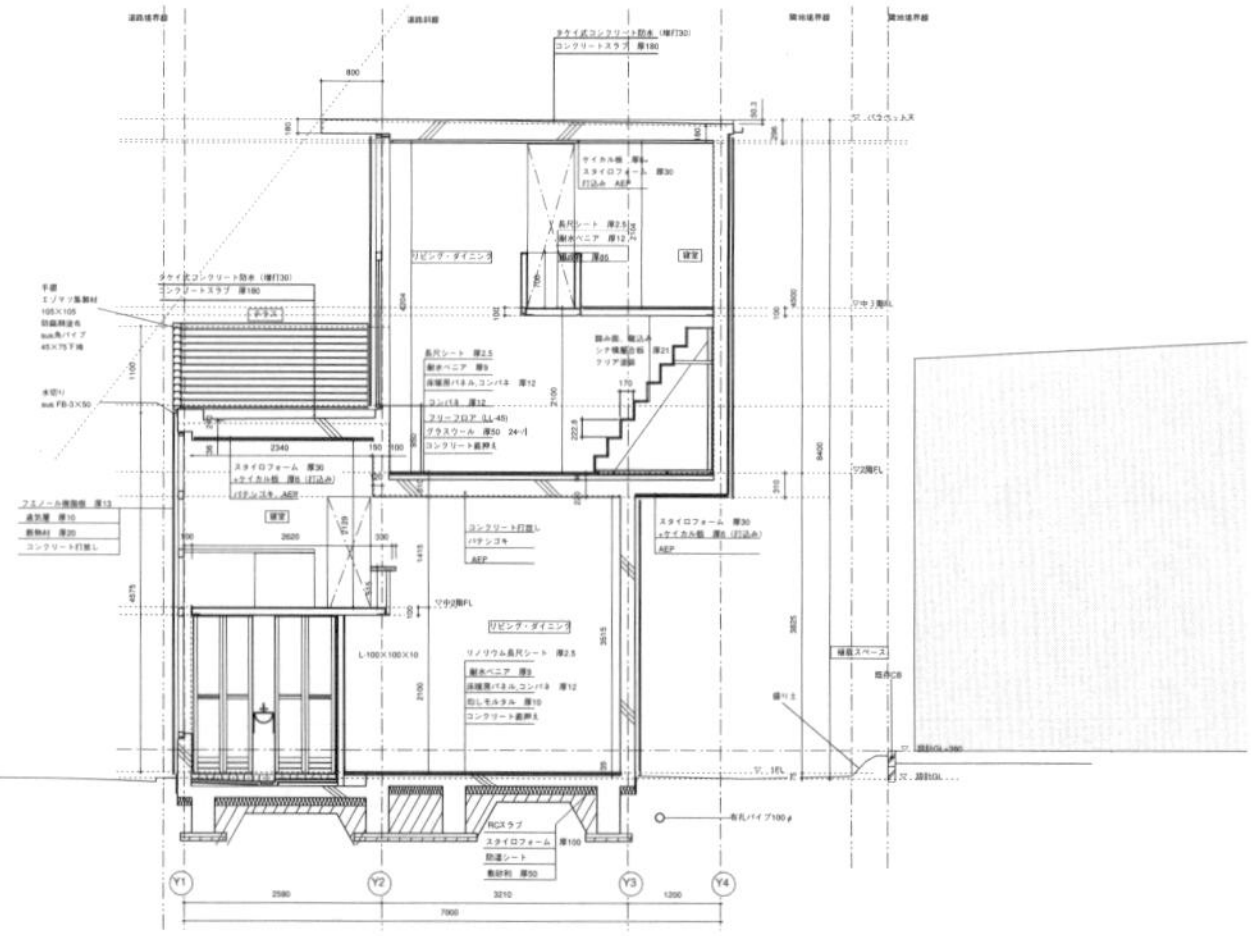

う、自分で自分の環境をコントロールすることから、どうも少しずつ離れてきているような気がする。ともすると密閉性のいい宇宙服のようなものを着込んで、エアコンをかけて暮らそうとするが、サステイナブルな方法でないことは明らかだ。

　もはやわれわれは技術文明を頼らずには、荒野をひとりでは生き抜くだけのサバイバル能力をもち合わせていない。そのために都市や建築を必要としているが、洋服を脱いだり着たりするかのように、建築を脱いだり着たりできるぐらいの、柔軟な発想が必要だというのが、重ね着する家の考え方である。

鉄板を重ね着する

　同じモンゴルでもウランバートルでは、もはや動物を飼って、その毛でゲルを覆うことができなくなってきた。ゲル住区では自作の鉄板のからかさをゲルの上に重ねているものもよく見かける。地球温暖化によって増え続ける雨で、ゲルは傷みやすくなっている。これに対処するためでもあるし、都市部に密集して住むために、隣の家で焚いた石炭ストーブの火の粉からの類焼を防ぐ意味でもある。

　これも重ね着の一種であるが、悲しい重ね着になっている。

右頁：高円寺南アパート。断面詳細
左：高円寺南アパート。外観夜景

ウランバートルに定住する人の半分以上はゲルに住む。草原と違って壁や屋根の材料であるフエルトを自給自足できず、雨や火の粉を除けるために鉄板の傘を自分でつくる人もいる。（鉄板カラカサのゲル）

右：韓国・南沙村の李氏住宅。右＝引き戸の内側障子／左＝開き戸の外側障子
左頁：モンゴル・ゲル。内部のスケッチ（一九九八年二月二十六日）

単純な気候調節法

タイのチェンマイで建築家の別荘に泊めてもらった。寝床が蚊帳に覆われていて、扉を開け放したまま寝られる。一晩中涼しい風が入ってきて、しかし蚊は入ってこない。この選択透過性の威力によってそのなかは非常に快適である。

実は蚊帳もふとんも同じようにわれわれにとって一種の重ね着になっている。

この別荘には、扉を閉めてエアコンをかけられる部屋が隣にあって、一緒に行った学生諸君がそこに寝たら、みんな風邪をひいてしまった。最初は喜んでいたのに、大変かわいそうな結果となってしまった。

上の写真は「半透明空間」でも紹介した韓国の南沙村の家である。一般に、韓国の住宅は、日本より寒い土地柄であるにもかかわらず、伝統的な家の建具は薄い紙張りの障子だけでできている。しかし日本の障子より芸がかなり細かくできている。室内側の障子は壁の両側に引き込めて、さらに外側にあるもうひとつの障子が、庭に向けて観音開きになっている。二重の障子構造によって部屋の機密性や断熱性を調節している。

モンゴルのゲルとまでは行かないが、これ

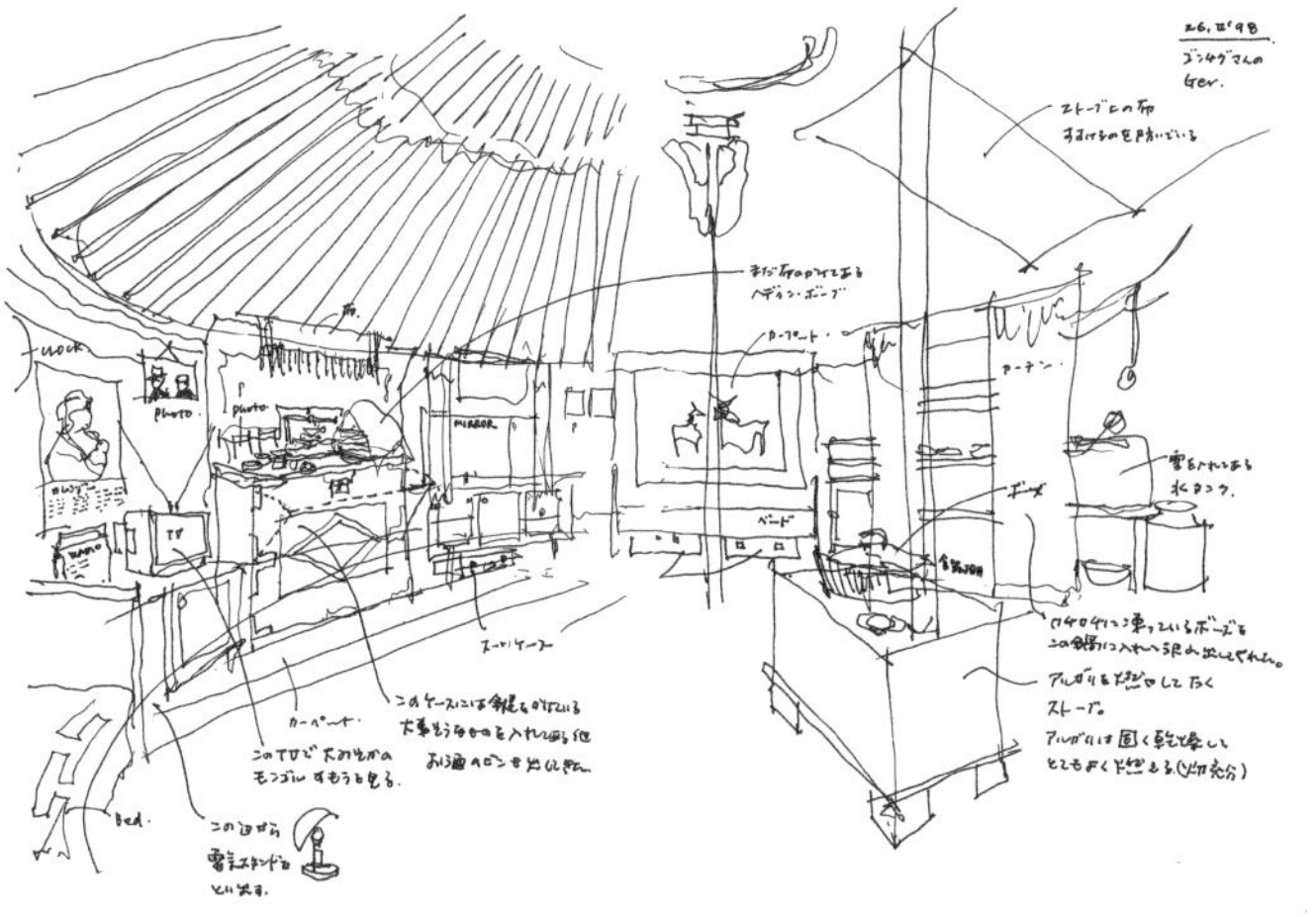

も可変的に室内環境を調節している家である。われわれはどうもこういう暮らし方から遠ざかりすぎてしまったような気がする。
　なんとか、このあっけないほど単純な気候調節法に立ち返って、学び直さなくてはいけない。

居住空間を重ね着する

　上のスケッチはモンゴルの伝統的なゲルのインテリアを描いた。

　われわれが泊めてもらったのはモンゴルの正月で、夜明け前には零下二〇度だった。この土地は通常なら零下三〇度から四〇度にもなるので、その年は異例の暖かさだったそうだが、それでもアルガリと呼ばれる乾燥した牛糞を燃やしたストーブひとつで、われわれはおそるおそる厚着をして寝たが、かなり年配のこの家の奥さんはなんと毛布の下はTシャツ一枚で寝ていたし、一晩中ゲルのなかは信じられないほど暖かく快適だった。

　ゲルのなかが快適なのは当然で、そもそもモンゴルの人は冬には自分の家を、草原のいろいろな場所のなかから、もっとも風の吹かない場所を選んで建てている。氷点下何十度もあれば、そこで強風に吹かれたら体温はいっぺんに奪われてしまう。気温が低く冷たく

右頁：高円寺南アパート。二階内観
左：高円寺南アパート。一階内観

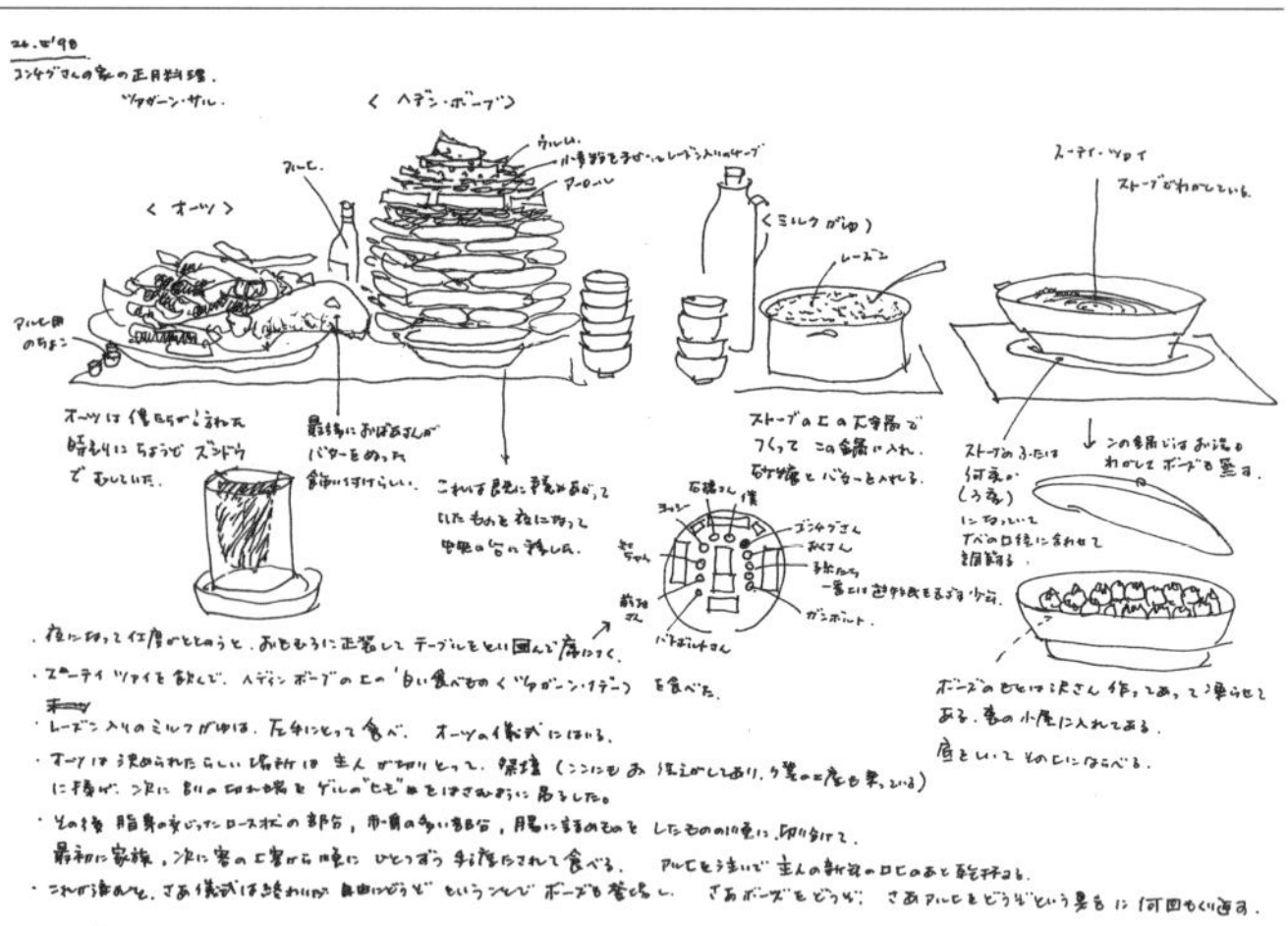

右：モンゴルの正月料理（一九九八年二月二十六日）
左頁：韓国・河回村の住宅

はあるが危険な寒さにならない場所を選び、かつ家にも厚着をして暮らしていた。

遊牧民たちは夏の間はめったに肉を食べない。太陽のエネルギーをたっぷり吸い込んだ草を家畜に食べさせ、人はその乳からできる食物を食べる。冬は逆に秋に解体した羊肉を食べつなぐ。何しろ気温は零下だから、腐る心配がない。正月だったので、特別にオーツという羊をまるごと蒸したものを食べた。

着ぐるみ外断熱

建築の内部空間を、気温や湿度の変化の激しい外部から守ろうとするなら、その建築に何か重ね着をさせてやったほうがよい。国会図書館関西館のコンペに対するわれわれの応募案では、自動化された書庫の部分を含む図書館の全体が、二重の空気層をもつ外壁で包まれている。

選ぶことで脱ぎ着する

現在計画中の賃貸集合住宅である代田の切り通しプロジェクトでは、全体を縦割りの長屋で計画し、隣家などの外部環境との視線を調節しながら、快適な住空間をうまくつくろうとしている。生活のシーンに応じて一階を使ったり、二階を使ったり三階を使ったり、

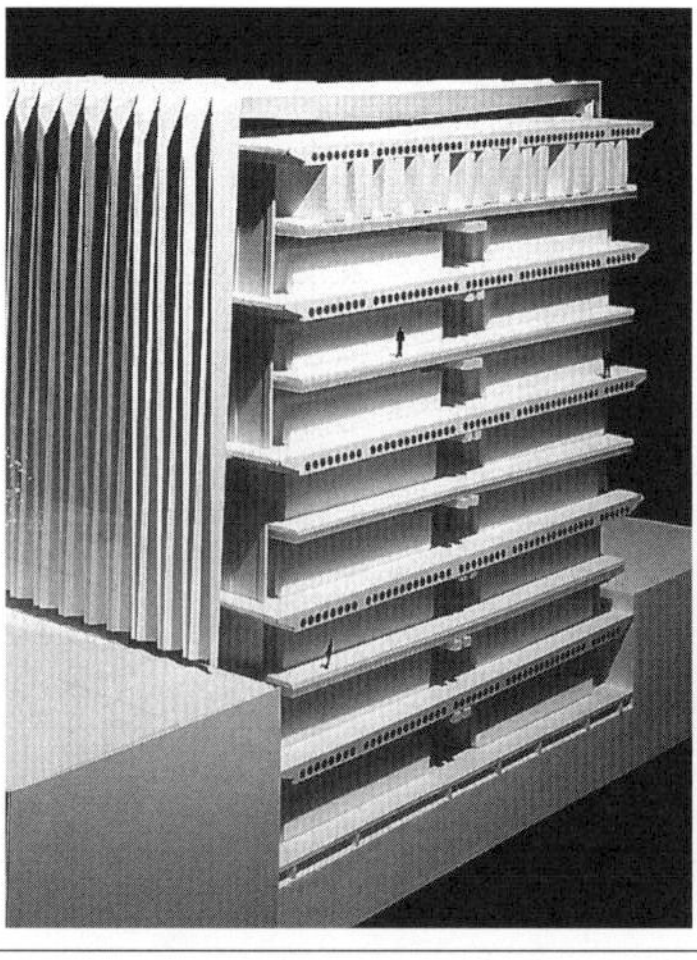

そこに閉じこもったり、開放的に暮らしたりと、居どころを選ぶことで、脱いだり着たりに相当するような生活が送れるはずだ。

コンクリート・ボックスの上着

高円寺南アパートでは、代田のプロジェクトと同様に、住まい手による居場所の選択や、バウムハウスと同じ空箱の発想にもつながっているが、ここではさらにコンクリートの箱が外断熱という外套をまとっている。

ともすると最低限の工事費で済まされる都市の賃貸住宅に、外断熱を奢ったのには理由がある。

資金を借り入れてアパートを建てる大家さんにしてみれば、返済の終わる二〇年目位からが資産としての真価を発揮する。しかし往々にしてその頃に安普請が祟ってしまうのが常だからだ。

ゲルのレインコート

モンゴルの建築家協会に頼まれてゲルを改良する研究が始められた。メンバーは古市徹雄、内藤廣その他の面々である。僕の提案に、降雨量の増加に対抗するための、プリーツ状で折りたたみ自在なゲルのレインコートがある。重ね着の元祖のためのもう一着。

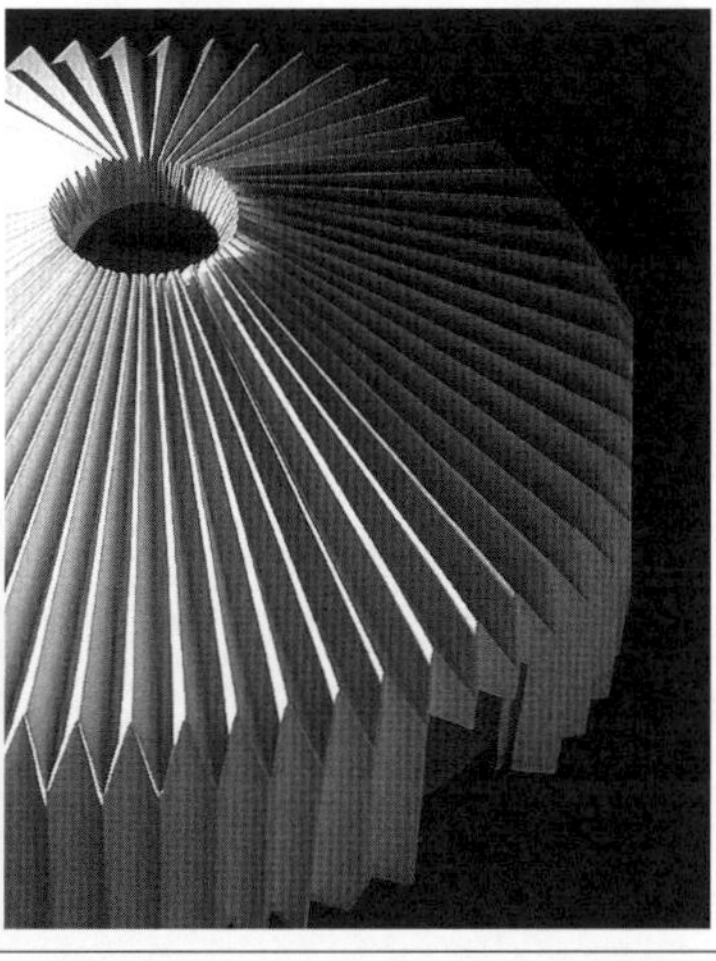

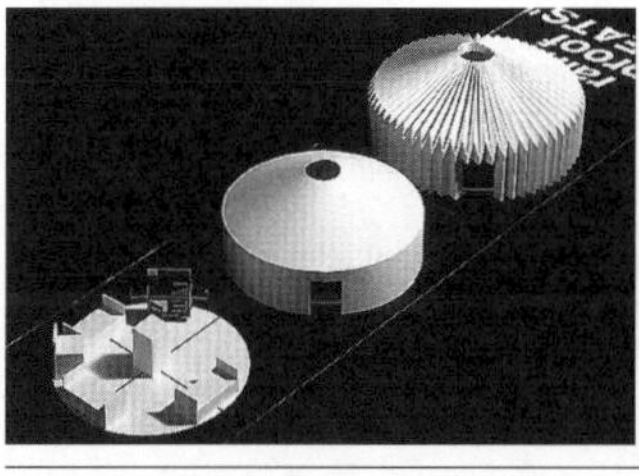

右頁：国立国会図書館関西館設計競技案。模型
左：プリーツ状で折りたたみ自在なゲルのレインコート

空箱

EMPTY BOX

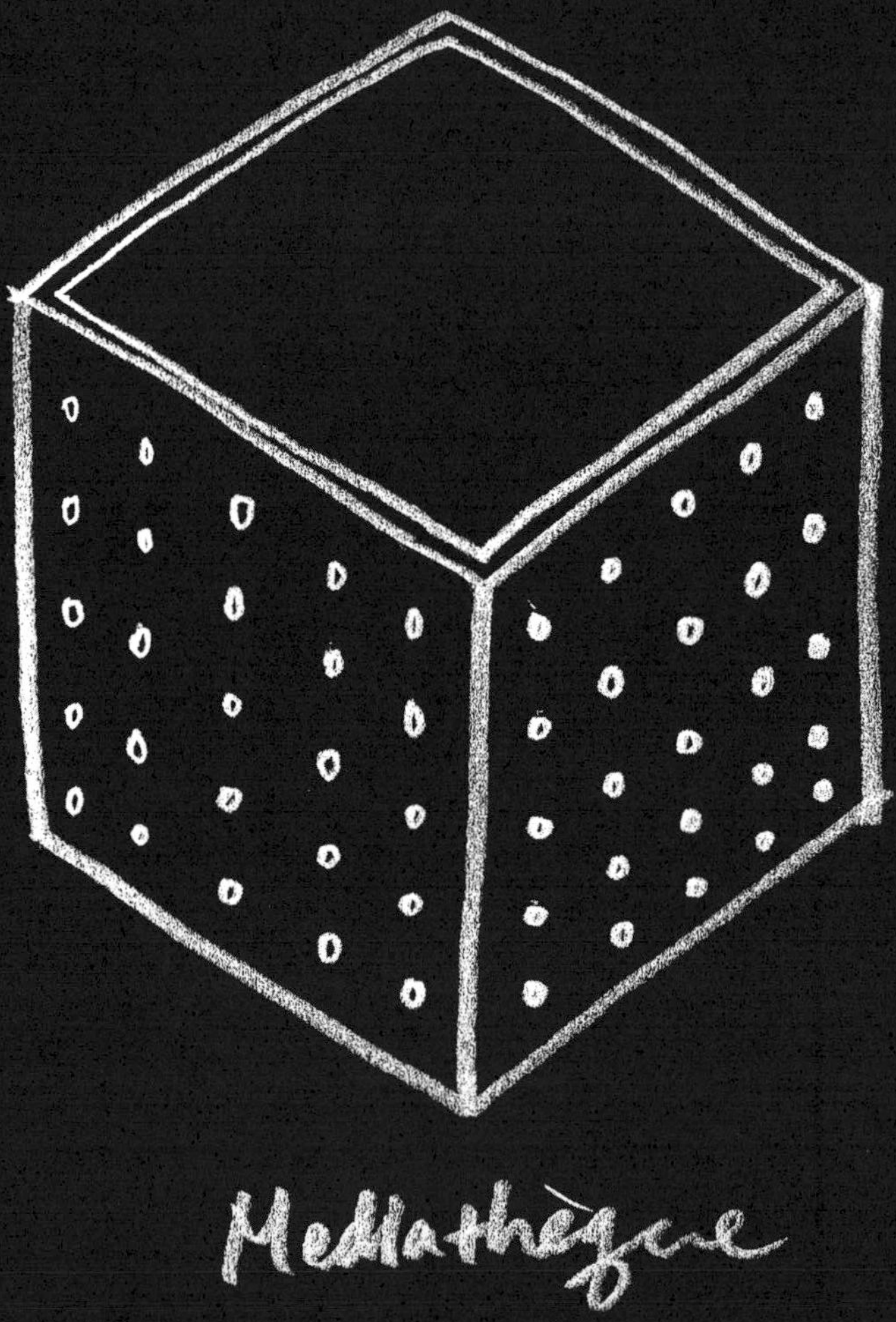

箱に入れるという概念は、それがなければバラバラだったものが、「ひとつの箱」に詰め合わされることでひとまとまりのものとなる、というものと、それがなければ不定形であったり、壊れてしまいそうなものが、「堅くて丈夫な箱」に納められることで保護されるという、ふたつの性質を孕んでいる。言い換えれば、前者のひとつの箱としてはひとつながりに閉じた内膜に意味があり、後者の堅牢な箱としては外殻によって、箱が成り立っている。

建築で「ハコモノ」と言えば、形ばかりで中身のない無用の長物のように取られることが多い。その意味での箱は、建てる場所が違っても大同小異の建物が建ち、箱の性能は、学校であっても病院であっても劇場であっても、もっぱら既定の中身に対する、経験上の価値判断によってのみなされてきた。また、中身を限定しない「多目的」を標榜するものは、往々にして「無目的」になっていずれの役にも立たないと批判されている。

しかし、空間の中身を軽視して箱の建設にばかり奔走するのは論外としても、箱本来のふたつの意味に立ち帰るならば、中身が何かに固定されて専用化されることのほうが、むしろ建築が存続するであろう長い時間に対応できないと考えられる。内容物のかたちにこまごまと追随する梱包は、それを解くと同時に目的を失って廃棄物と化してしまう。われわれはこれからの建築について、より抽象化された箱の原点を捉える必要がある。

We put things in a box usually for one of two reasons. One is to collect and consolidate objects that otherwise would be scattered and without any connection to one another. The other is to store and protect objects that are irregularly shaped or of delicate construction. In the first instance, the main purpose of the box is to function as a closed internal membrane, linking together enclosed objects. In the second, the main purpose of the box is to function as a secure outer shell, protecting the contents from the external world.

In architecture, "boxes" are generally regarded as useless white elephants that are all form and no content. Buildings that are boxes in that sense are in essence very similar, even though they may be constructed in very different places. The capabilities of such boxes, be they schools, hospitals or theaters, are determined based on value judgments made through empirical evidence regarding predetermined contents. Those that are intended to be "multipurpose" and not restricted to any single function tend to be criticized as "without purpose" and ill-suited to any of the uses to which they may be put.

Neglecting content and concerning ourselves only with the construction of boxes is of course out of the question. However, we need to consider the two reasons we put things in boxes in the first place. It should be obvious that designing a building exclusively for some particular, predetermined use is likely to make the building less adaptable to any possible functional change during the course of its life, just as designing packaging so that it closely follows the shape and contour of its content is apt to turn it simply into useless waste material the moment it is undone. We need to go back to the basic idea of an abstract box in designing architecture in the future.

長生きするいい箱とは

「空箱」は、僕がいまもっとも大事だと思っているコンセプトのひとつである。ひと頃から、建築家が単なる容器のデザインではなくて、そこで繰り広げられる活動のソフトウエアに関しても考えなくてはならないとされてきたし、ともすると箱のほうは単純にしておいて、中身のソフトの提案、場合によってはイベントなどの企画提案のほうに重きを置くべきであるかのような風潮がある。しかし建築家の仕事としては、本分から脇へ逸れかかっているように思う。

もう一度冷静に考え直してみると、建築家の本分は、建築の内容物が徐々に変わっていったり、生活がさまざまに変化したり、あるいは当初想定していなかった使途が考え出されたりするようなことがあったときに、それでもなお、それらを超越できる悠然とかまえた空間ができていて、自分はもちろん、建て主の寿命さえ越える位に、ゆっくりと生きる建築をつくるのが本来の建築家の仕事だったのではないだろうか。その意味ではまさに「いい箱」をつくることが、建築家の腕の見せどころであり、建築家のプロたるべきところはそこにあったので

右：バウムハウス。右＝一階居室／左＝東側立面を見る
左頁：バウムハウス。右＝入居前の居室／左＝入居後

右頁：タイ・バンコク。箱を積んだだけの靴屋
左：東京の箱。右＝隅田川沿いのブルーシートハウス／左＝大久保の路上コインロッカー

はないか。

では、一体いい箱とは何か。これだけ頻繁に使い道が変わると、世の中の動きだとか流行だとか、あるときはやたらに学校の教室が必要だったが、それが少子化でたちまち要らなくなったとか、これだけ社会のニーズが揺れ動いている時代に、真にいい箱とは何か、を規定するのはとても難しい問題である。

だがいい箱は、どうやら機能や使い道に対して、人間工学や、あるいは建築計画などの知識を駆使して、懇切丁寧にその使い方に即応させた容器をつくり出すことではなく、むしろそういう中身が多少とも変わったとしても柔軟に対応できる、ちょっとルーズな箱なのではないだろうか。

たとえ元来、みかん箱としてつくられたものでも、別の機会にみかんではないものを入れても、それなりの強度があり、それなりに持ち運びが容易で、やや実直に機能を発揮する箱ではないか。

では、どんなことが決め手になっていい箱はデザインできるのか。通常、建築の場合は、宿命としてその箱が置かれる場所は固定されてしまう。ゲルのような移動可能な建築は希であるから、実際の建築を配置する場合には、必ずその周辺との関係がなかば自動的に固定化される。もち

ろん時間とともに周囲も建て替わるし、さまざまな変化が予想されるが、その土地にもともとあった原型的な空間の質と、建築のなかに設けられる大きな空間性、どちらからどちらのほうに向かって開かれているとか、あるいはどういう高さのところに人が立てるようになっているとか、あるいは細かい部屋の集合体であるとか、あるいは大きな洞穴状であるとか、そうした建築に内在する原型的な空間の構えは、建築家が決める必要がある。

　箱はいつも大きな、だだっ広い、無色透明なものがいいとも言えないし、あるときは地形に沿った細長い建築が必要かもしれない。箱のかたちも質も多種多様になるだろう。

空洞を劇場空間にする

　上は栃木県大谷の大谷石の石切場を会場に、太田省吾が率いる転形劇場が、演劇「地の駅」を上演した時の写真である。

　石切場とはもともと石を採掘するところであり、かつてここからフランク・ロイド・ライトの帝国ホテルの石も切り出されている。掘り取られた石は商品になるが、あとに残った空洞のほうにはそもそも商品価値はない。その空洞のほうに目をつけて、そこを劇場空

右：アンパンマン・ミュージアム
左頁：ザグハウス。寝室

右頁：転形劇場「地の駅」。大谷石採掘場跡を劇場に見立てる
左：敷島紡績煉瓦倉庫前のプラットホーム。これも舞台に見立てられている

間化している。透徹した演劇人にとってこの空間は、劇場を超えた劇場、単なる空箱以上のものだったかもしれない。もともと意図だにされていなかった空間が、魅力的な箱として生かされている。

プラットホームという舞台

姫路にある敷島紡績の煉瓦倉庫の写真を探していたら、ふだんは原料を搬入したり製品を積み出したりするための貨物列車のプラットホームを使って、花魁道中か何か、女工さんたちのレクリエーシヨンが催されている写真が出てきた。これも単なる荷降ろし場が、巧みに劇場空間に見立てられている。

たまたまそこにあった、このためではなかった空間がある種の「箱」として作用して、それもいい箱として発見された例である。これはしかも用途がテンポラリーなものであって、多分この日だけは舞台であるが、次の日からまた元の、非常に即物的な倉庫の荷降ろし場に戻っていく。

三色の家

スイス・マッジャ谷で見つけた民家は、同じような石積みの小屋が三つ縦につながったようなかたちになっている。おそらくこれは切妻の棟が三回に分け

十二世紀に建てられたル・トロネ修道院には箱としての建築空間の抽象性と複雑性の同存に関する大いなるヒントを見出すことができる。構成は単純でありながら有機的。(ル・トロネ修道院)

右：スイス・マッジャ谷の石積み民家。屋根まで石で葺かれている
左頁：タイ・バンコク、運河沿いの民家

て増築されたのだろう。基本的な構法は石積みのすべて同じものであるが、よく見ると、ひとつはラフな石積み、ひとつは石と石の隙間は全部漆喰で塗り込めてある。もうひとつはその外側まで全部漆喰できれいに仕上げてある。構造体は同じだが仕上げの程度が違う、三色アイスクリームのような家である。

　原型の骨格は同じもので、仕上げの程度により気密性、平滑性などが変わっていて、たぶん中身は使い分けられているのだろう。粗い石積みの棟にはたぶん家畜がいて、あるいは家畜のための干し草が入れてあるような部屋。外側まで漆喰が塗り込められている棟は、たぶん寝室かリビングルームか、人間の生活のための空間になっていると思われる。

三つの棟の家

　次のページはタイのムアンポン村で見つけた家であるが、三色アイスならぬ、三軒別棟で一軒の住宅という家である。ひとつの棟は、竹で編んだようなものであるから、光も風も漏れているが、床も壁もある。もうひとつは台所で、床は土間になって、真ん中にカマドがある。壁部分には竹格子が入っていて、壁はほとんどなし。だから通風がとれて、煙がどんどん出ていく。も

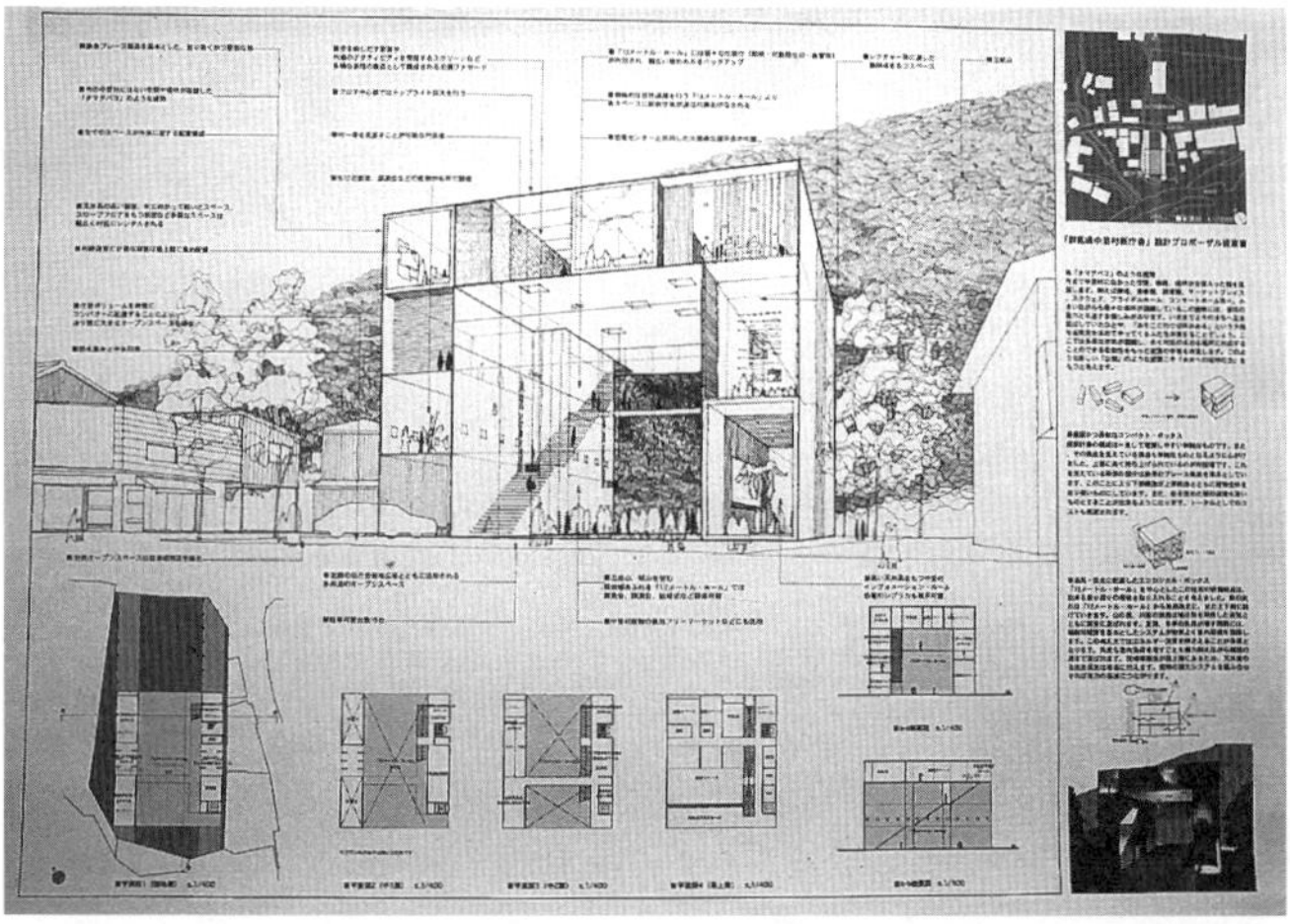

右：群馬県中里村新庁舎建築設計競技案。右＝プレゼンボード／左＝模型
左頁：高円寺南アパート。右二点＝内観／左＝二階への外階段

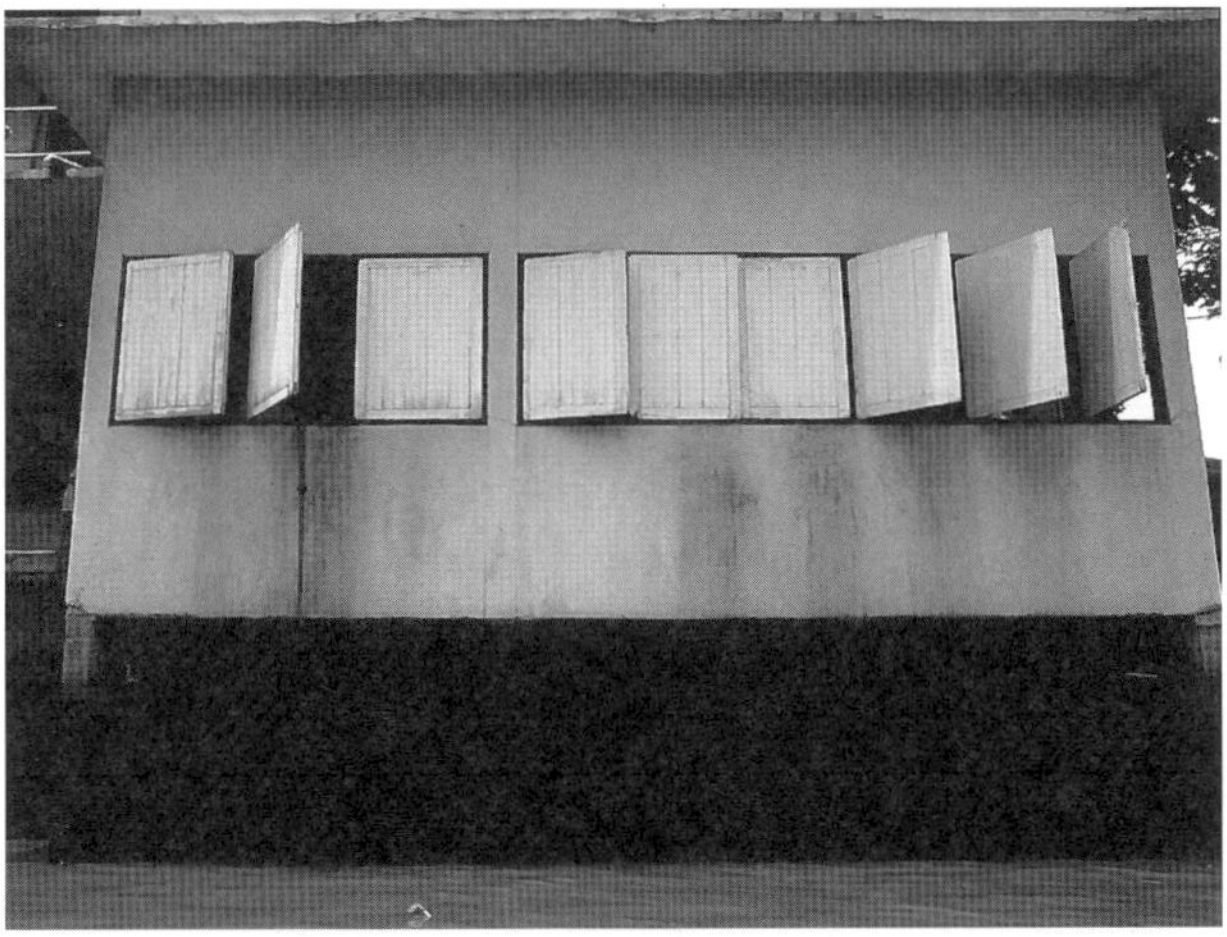

うひとつの一番小さな棟は、屋根と床だけあって、壁はいっさいない。高床のあずまやのようなものだ。
　棟ごとに透明度が異なっていて、それを必要に応じて使い分けている。寝るときは床も壁もある部屋に寝るだろうし、煙が出たり、食べものを置いておくような台所は、動物が入ってきて食い散らかされては困るので竹格子の棟。暑い日中に昼寝するのはたぶん壁のない棟だろう。

空箱のような家をつくる

「空箱」というアイデアを、僕が自分でこれだなと確信するに至ったのが、バウムハウスを計画していたときである。小さな木造の賃貸住宅で、それでも一戸が四〇平米あるアパートで、下階に一戸、上階に一戸、単純な正方形のプランがふたつ重なっている。

　アパートは二年単位で賃貸契約を更新し、住み手は部屋を改造することもできないから、箱としてはかなり不自由なものである。釘一本打てないから、おいそれと自分の手でカスタマイズすることができない。中途半端に家具などがつくりつけられているものは、親切なようでかえって不親切ではないか。たとえば中途半端な押入れでは所詮足りない

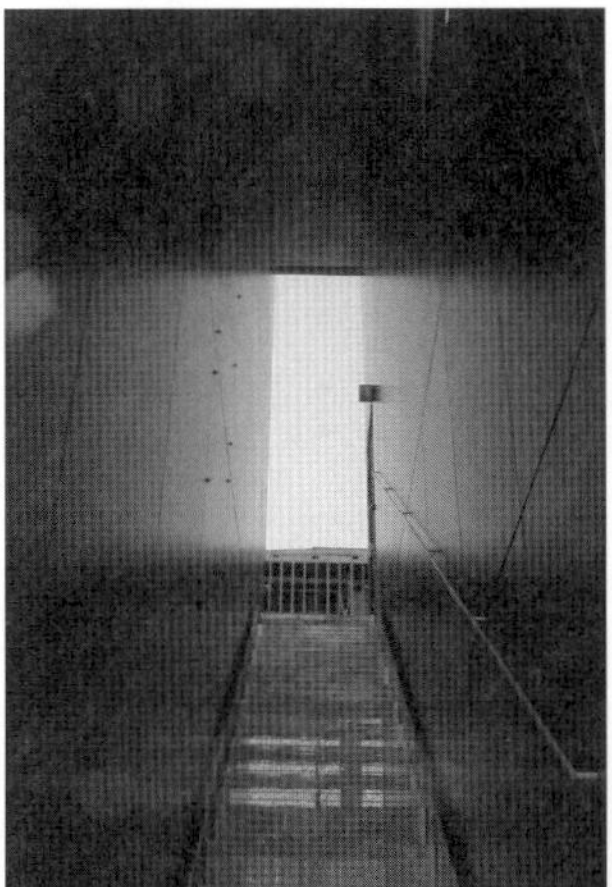

仕様の異なる三つの棟でひとつの家ができあがる。竹をつぶした壁と床に包まれた寝室棟、土間を竹格子で囲んだキッチン棟、屋根と床だけのリビング棟。三者三様の半透明な箱。（タイ・ムアンポン村）

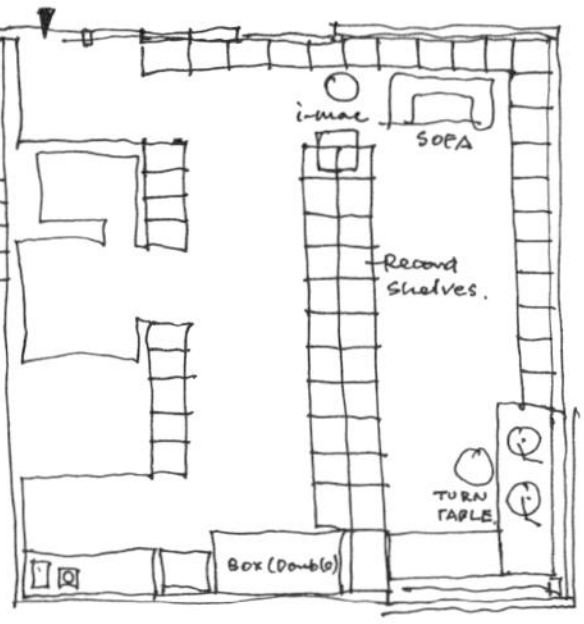

し、さりとて全部出しっぱなしにしたい人にとっては、押入れのスペースも広げたい。

同じことはキッチンにも言える。この家のキッチンの場合、コンロもなければ、冷蔵庫置き場も扉のついている食器棚もいっさいない。むきだしのカウンターにシンクがあって、レンジフードがついているだけである。中途半端な既成のステンレス流しをつけると、料理をするのが大好きな人にとってはもの足りない流しになり、一方、家ではコーヒーぐらいしか沸かさないという人にとっては、それでも余計な流しになってしまう。

どうも賃貸住宅としてはここら辺がちょうどいいぞという中庸というものがない。むしろ装備は必要最少限のものにしておいて、もっと欲しいという人は自分の持ち物で拡張するほうがいいのではないか。装備にお金をかけない代わりに、たとえばスペースを大きくするほうがいいのではないかと思った。だから洗濯機置き場も、蛇口があって排水がついているだけだし、洗面台もTOTO製品がついているだけで、あとは何もなし。下駄箱もなし、押入れもなし。本当に空箱のような家をつくった。

押入れがまったくない代わりに、一対の可動の収納家具を置い

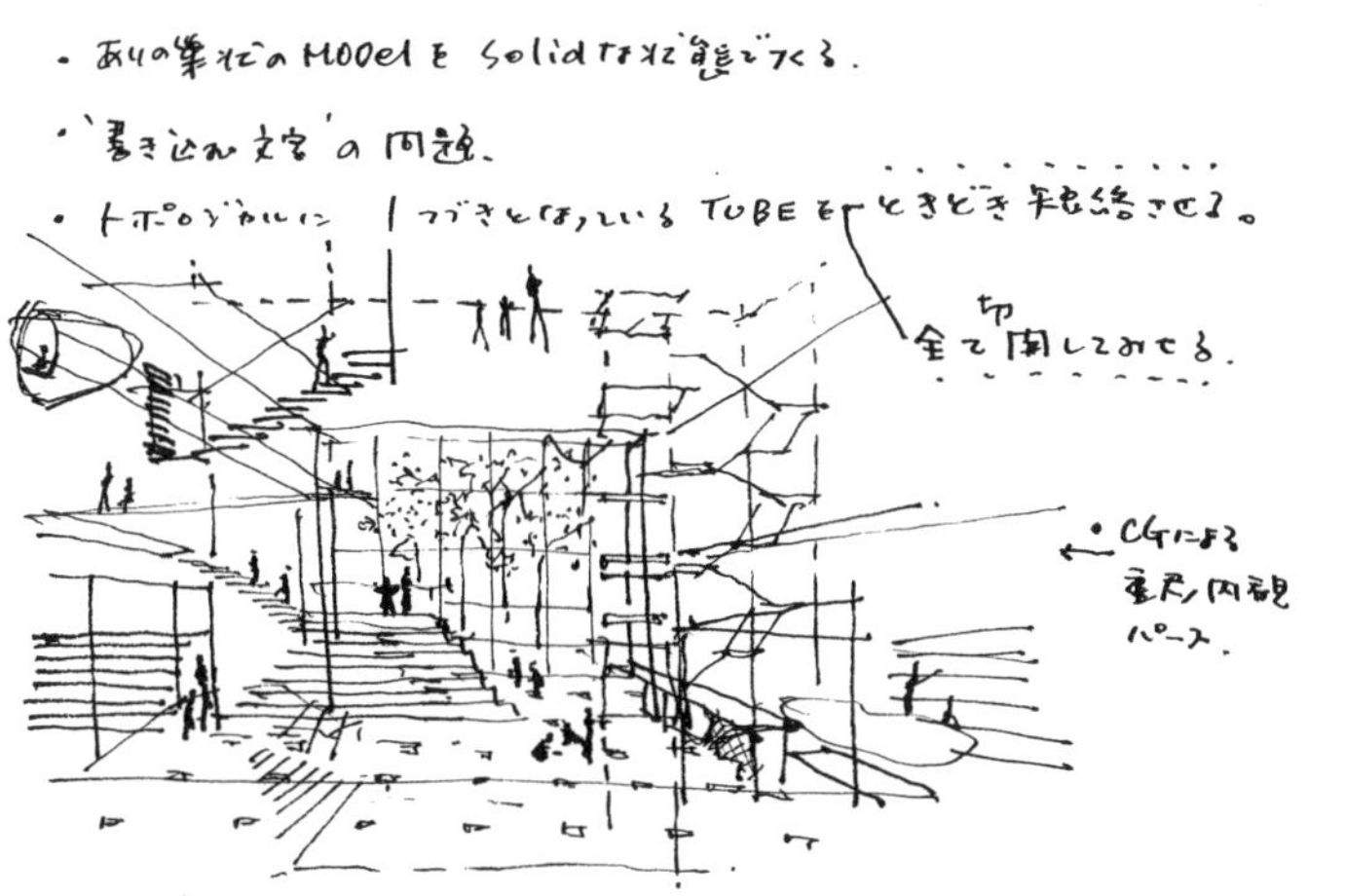

右頁：住人によって物が置かれたバウムハウスのスケッチ（一九九八年十一月二十九日）
左：アンパンマン・ミュージアムのエスキース。大きなエントランス空間はそれ自体が館内のインデックスになっている（一九九五年八月七日）

た。住み手が自分の空間をつくり上げていくキッカケ、呼び水になるように、キャスター付きで、積み重ねることもできるし、引き離して途中に洋服をかけることもできる移動家具を置いてある。

　賃貸の情報誌に出た途端に、真っ黒な家を真っ暗な夜に見に来て、即入居を決めてしまった。ひとりは壁一面をレコード棚にしてしまった。僕のつくった一二〇〇角の箱ふたつは二段重ねにして使われていた。ここは天井の高さが二・六メートルと少し高いので、それが気に入ってくれて、マンションのように余計なものがないし、キッチンもごちゃごちゃついていないから、住んでくれているのだろう。

方向性をもった空箱

アンパンマン・ミュージアムのエントランス空間も、一番最初は何も展示のなかった空間である。やなせさんが現在進行形の美術館にしましょうと言って、いろいろ新しいものをにぎやかに増やしてくれているが、まさにこれもひとつの空箱である。入り口から奥を見ると裏山が見えて、大きな階段に腰を下ろすと自分たちのまちが見えるという、大きな洞穴のようなかたちの空間である。

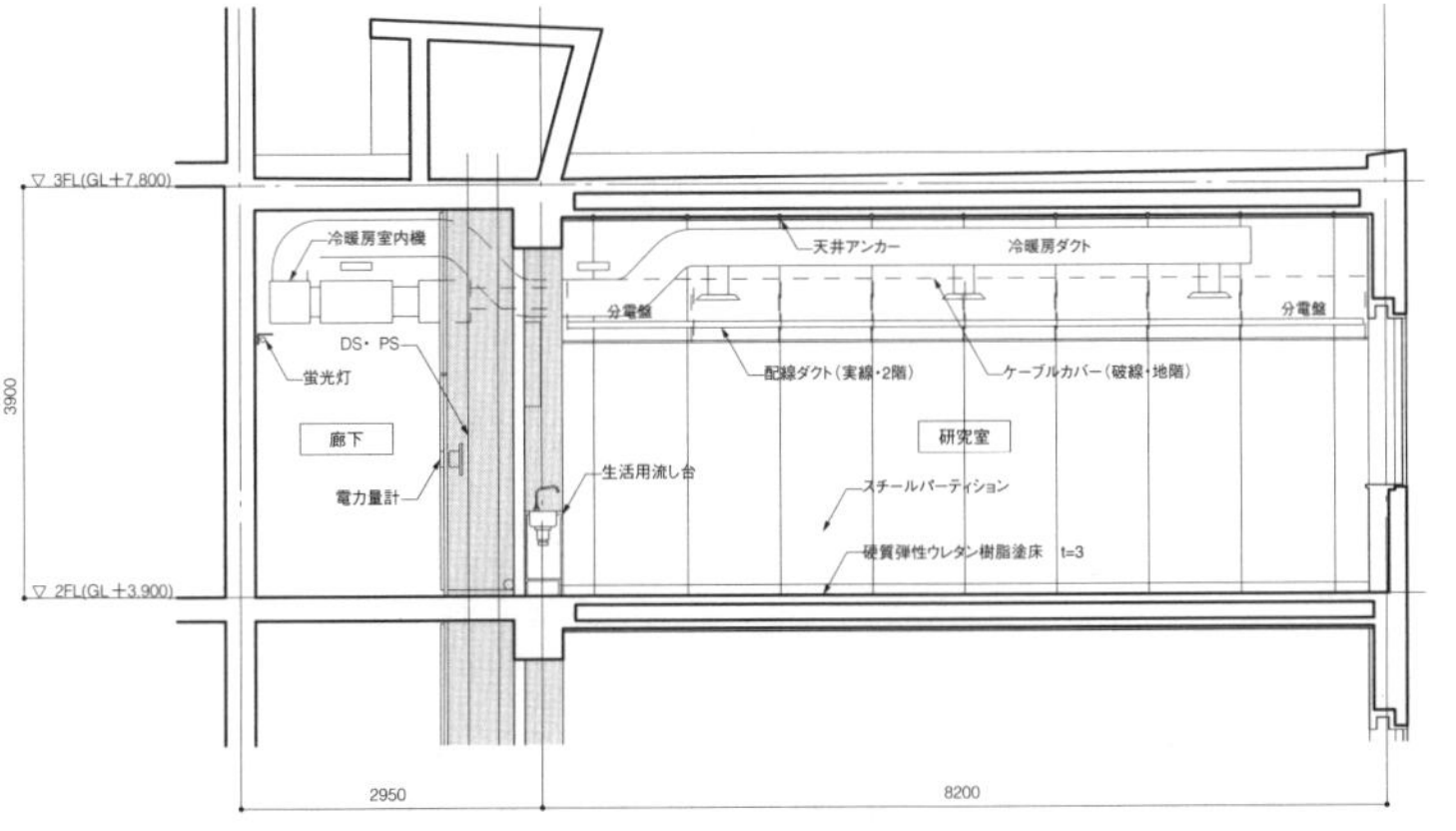

右頁：早稲田大学大久保キャンパス新研究棟ハイテク・リサーチ・センター。右＝外観／左＝ドライエリア
左：早稲田大学大久保キャンパス新研究棟ハイテク・リサーチ・センター。断面展開図

イル・カセット

Il Cassetto

Fukuoka, Fukuoka, 2002

▶ p.146～149

福岡市の中心部に隣接する地域に計画されたテナントビルである。テナント内部は逆スラブによる二重床とし、平面計画が制限されたり段差を発生させることなく用途の変更に対応可能なようにし、3階にある4層吹抜けのテラスには、現状のSRCの柱に増床スラブを挿入できるような構造計画をたてている。単純な断面の柱・梁によって構成された骨組みに、その時々にもっとも適するアクティビティを内包するテナントを自由に出し入れし、その隙間を光や風が通り抜けていく、都市の「引出し」のようなビルを目指している。

This is a building with spaces for lease located in a district next to the center of Fukuoka City. A double-layered floor is provided in the spaces for lease with the use of a reverse slab structure, thus facilitating possible changes in use. Thus no constraints are placed on layout, and no differences in floor level are generated. The structure has been planned so that an additional floor slab can be introduced into the present steel-frame reinforced concrete columns on the third- and fourth-floor terraces. The aim was to create a drawer-like building, that is, a framework made up of columns and beams with simple sections into which tenants engaged in suitable activities can be freely inserted and through whose gaps light and air can flow.

1. 南側全景。街におかれた〈カセット=引出し〉西側吹き抜けに増床スラブが挿入できる
2. 3階テラスを見る。吹き抜けを階段が貫通する
3. 4階共用テラスよりエレベーター・テラスを見る

3

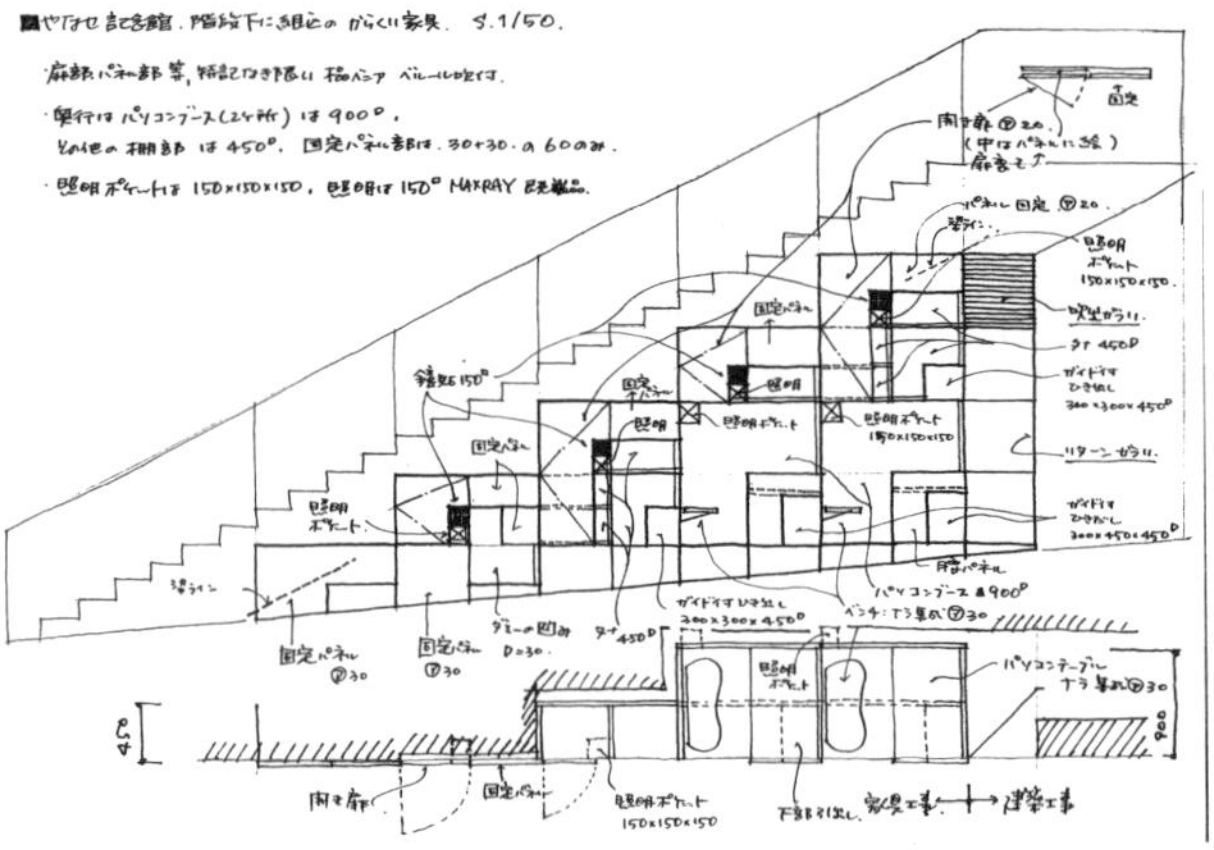

空箱になる村役場

プロポーザルに当選した群馬県中里村の村役場では、「いつも工事中」でも触れたように、いずれ役場が役場ではなくなってしまう。近々近くの町と合併してしまい、村役場は合併後の中心にならないことは地理的にはっきりしている。

村長の考えは、合併に先立ってここに何かしらの核をもっていることで、合併後もすべてがもうひとつの町に吸収されてしまうのではなくて、ここにはこの拠点がある。そのことに関しては周辺からもここへ来てもらいたい、そういう吸引力のある拠点をつくりたいというイメージをもっている。

村役場として設計を受注しているが、役場でなくなることが暗黙のプログラムになっているもので、まさに空箱である。ひとつ大きな箱をつくることで、今後欲しくなるであろう空間に限りなく対応可能な建築をつくろうとしている。

この空箱に将来何を積め込んだらいいのだろう。これを村の人びとと考え出す必要があった。

敷地は現役場の真ん前で、近くには村で唯一の小中学校も建っている。そこでその児童生徒諸君の力を借りることにした。かつてア

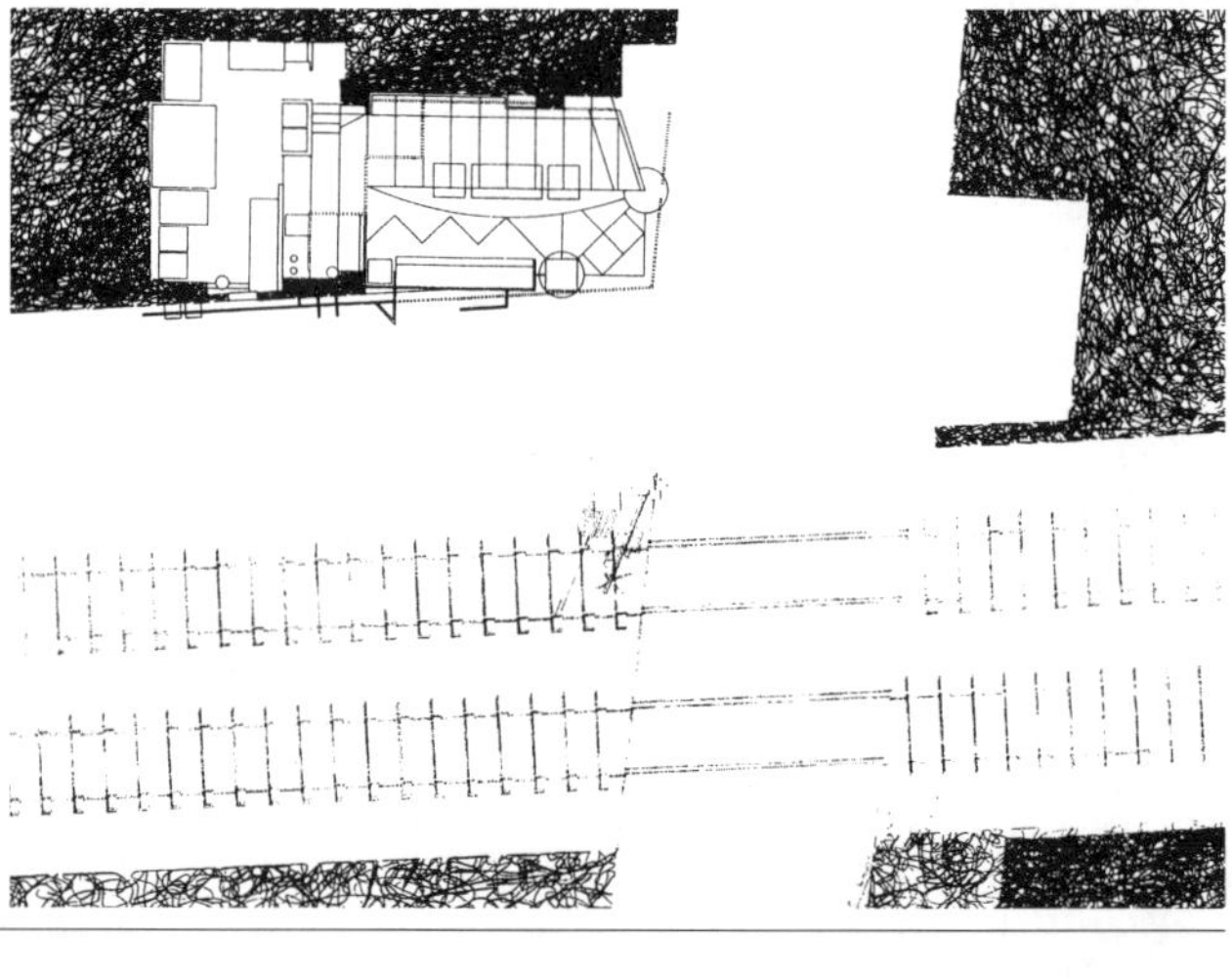

右頁・左：アンパンマン・ミュージアム。大階段下のからくり家具のエスキース

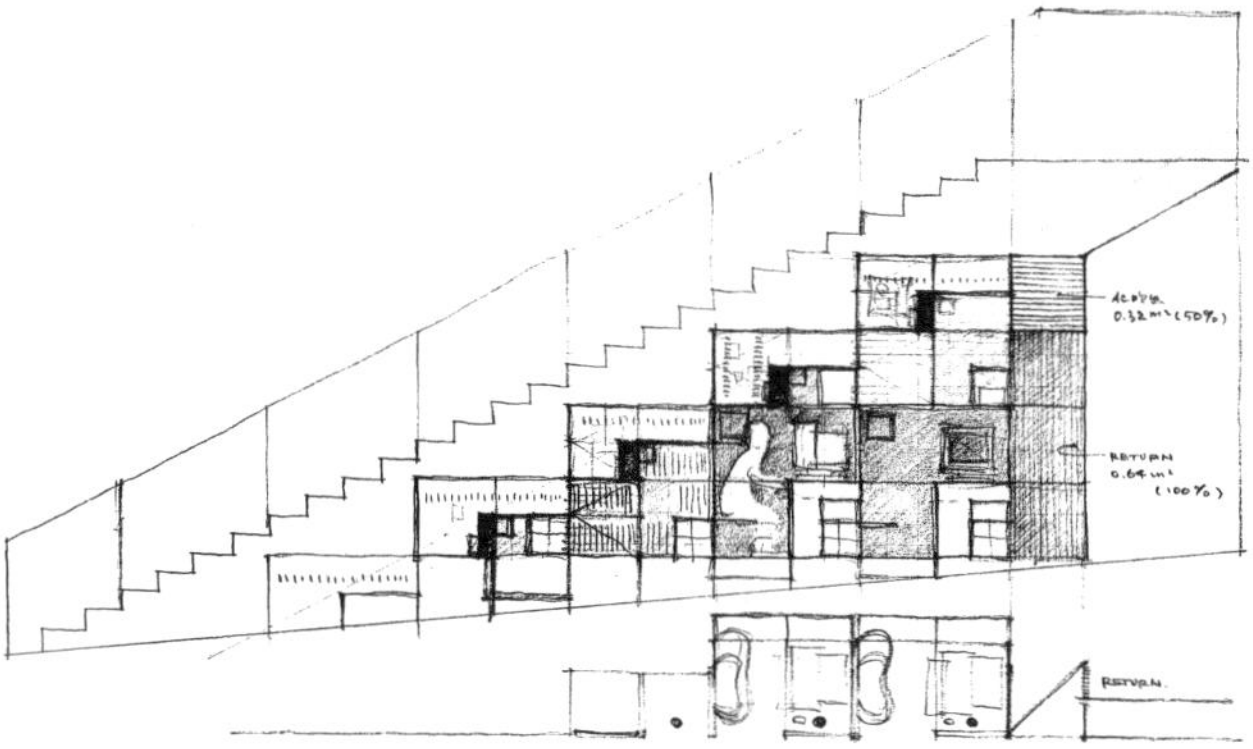

ンパンマン・ミュージアムで試みたように、子どもたちと一緒にこの建築にはどんな場所があって、どんなふうに活用可能であるか、いませっせと考えて、さらにそれをコマーシャル・フィルムにまとめている。その成果を、これから村の大人や年寄りたちに見てもらうつもりだ。

箱の中の歪み

　高円寺南アパートは文字どおり空箱の賃貸住宅であるが、バウムハウスに比べると、空間の単純さにおいて、いささかの違いがある。断面的にも、これは各戸のなかに中二階のあるメゾネット・タイプになっている。

　箱的な空間のなかには、当然そのための階段や手摺りなどがでてきて、その分、建築的に感じられるかもしれない。ここでは箱としての単純さのなかに、人びとにとっての取りつくしまとでも言うべき要素を嵌め込んであり、結果としてそれが部分的な空間の性格付けをもたらす不揃いな歪みになっている。おそらく箱がただの箱でなく、建築家が住み手と間接的な会話をし続けるためにもそれは機能する。

交換可能な空箱

早稲田大学大久保キ

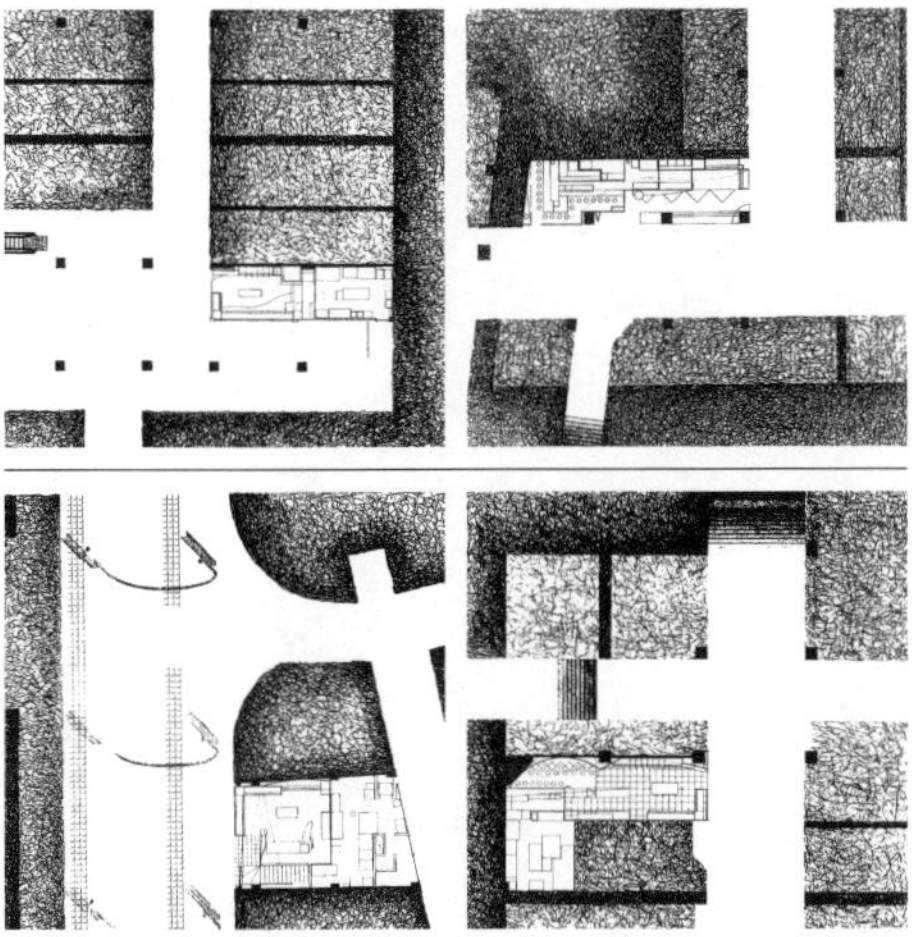

右頁・左：PANETTERIA-1 配置図

バウムハウス

Baumhaus

Setagaya, Tokyo, 1998

▶ p.20, 126, 127

住宅を改造することのできない賃貸生活者のために、居住者が家具や物によって自在にしつらえることのできる「空箱」空間を提案。40㎡の空箱には必要最低限の設備が備えられているだけであり、素地としての余計なもののない単純さとともに、さまざまなモノが並んでも煩わしくならない空間の性質をもつ。賃貸という「借り物の空間」に住んでいる人が圧倒的な数を占める今日では、モノで自分の空間を形成する傾向が強く、これが生活者と建築を結び付けるひとつの鍵となるのではないかというのがその設計主旨である。

This was a proposal for an "empty box": a space that a tenant who is unable to remodel his dwelling can freely furnish with furniture and other objects. The 40 square-meter empty box is equipped only with the minimum necessary mechanical systems. It has the simplicity of a space without extraneous elements and can accommodate various objects without appearing too cluttered. Today, when the overwhelming majority of people live in rented space, the tendency is to form one's own space through objects. This design is based on the idea that that may be a key to creating a connection between occupants and architecture.

1. 樹木の間から見る全景。空箱のようなアパート
2. 2階居室。浴室、キッチン方向を見る。最小限の設備
3. 2階居室を見る。天井高は2,000㎜。黒い家具が黒い床と同化するように考えられた
4. 階段室からアプローチを見通す

右：江東区大島六丁目団地。ファサード、均質なフレームが繰り返されるが使い方は不均質
左頁：江東区大島六丁目団地。内観

ャンパスの新研究棟であるハイテク・リサーチ・センターも、福岡市に竣工したイル・カセットも、言うまでもなく、いずれも中身が交換可能な空箱的な建築である。

さらに前者では一期工事に続いて二期目の新棟を増築し、後者においては、将来必要とあらば現在の吹き抜けのなかに、四層分の貸室スペースが、「カセット（イタリア語で引出しの意）」というその名のごとく挿入可能である。

新研究棟での考え方は、日進月歩の科学技術発展に対応して変化し続ける研究室需要に対して、設備配管スペースを各室から廊下側の垂直ダクトスペースに引出して、どこかの研究室が設備配管を含む大改装を行っても、それがいっさいほかの階の研究室に影響を及ぼすことなく、工事可能となるよう計画されている。

他方、イル・カセットではそれをさらに発展させ、テナントビルであるこの建築に将来、ブティックやオフィスはもちろん、飲食、美容、クリニック等々、多種多様な業種が入居しても、同じようにほかの階、ほかの入居者をまったく煩わすことなく改装が可能な様に、階を基本的に逆スラブで構成し、一切の配管が床上で処理できるようデザインされている。

内装工事は箱のインフィル

PANETTERIAのシリーズは、僕が三〇代前半に手がけた一連のベーカリー・ショップのインテリア・デザインである。この種の店舗の多くは、雑居ビルや、地下街や、デパートのなかに計画されるものである。それが一種の所与の箱であるわけだが、見事な空箱からはほど遠いのが実情だ。

　そんななかではいかに空間を自律的につくり、ひとまとまりの箱のなかにいかに表と裏の空間を切り分けるかが鍵となる。内装は言わば箱の中のインフィルのデザインだ。

スケルトンは世代を越える

　集合住宅に関しては、恒久的な「スケルトン」とよりテンポラリーで取り替えの効く「インフィル」に分けて考えようとする二段階供給の模索が続けられている。もっともテナントビルでは昔から当たり前のことだ。

　一九九二年に竣工した広島のささき別荘は、付近の再開発に合わせて改築された割烹旅館である。しかし、いずれ経営者の代がかわることも考慮して、内部の一切のしつらいを木造のインフィルとしてつくり、将来の前面改修が可能な計画をした。

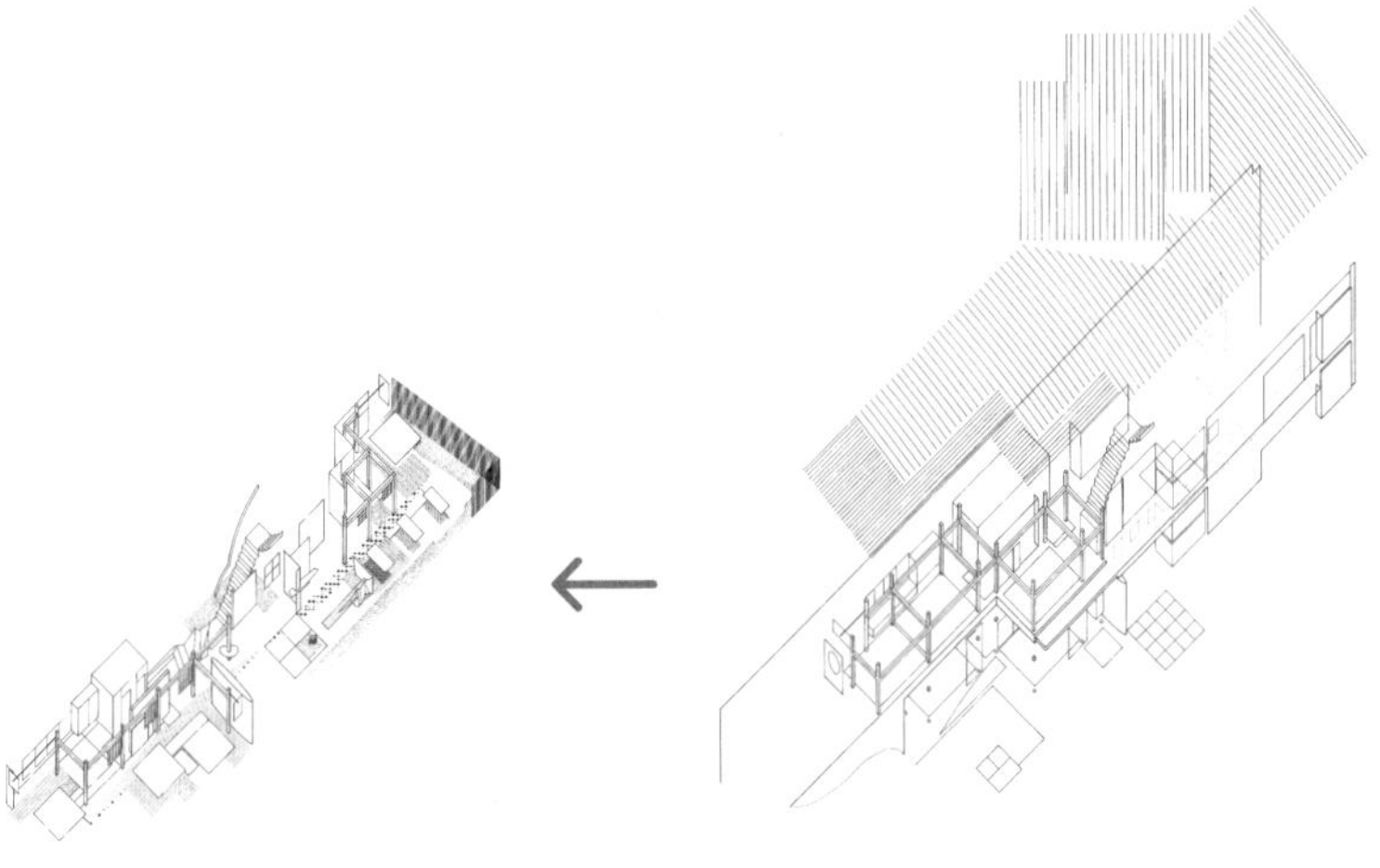

右頁：ささき別荘。右＝内観／左＝外観
左：ささき別荘。アクソメ、中身はすっかり入れ代わる

イル・カセット
Il Cassetto
食事をする
仕事する
2100
1600
からだを磨く
10550
お酒を飲む
ひねったメッシュ
髪を切る
9000
3250
3600
お茶を飲む
服を買う
時計を買う

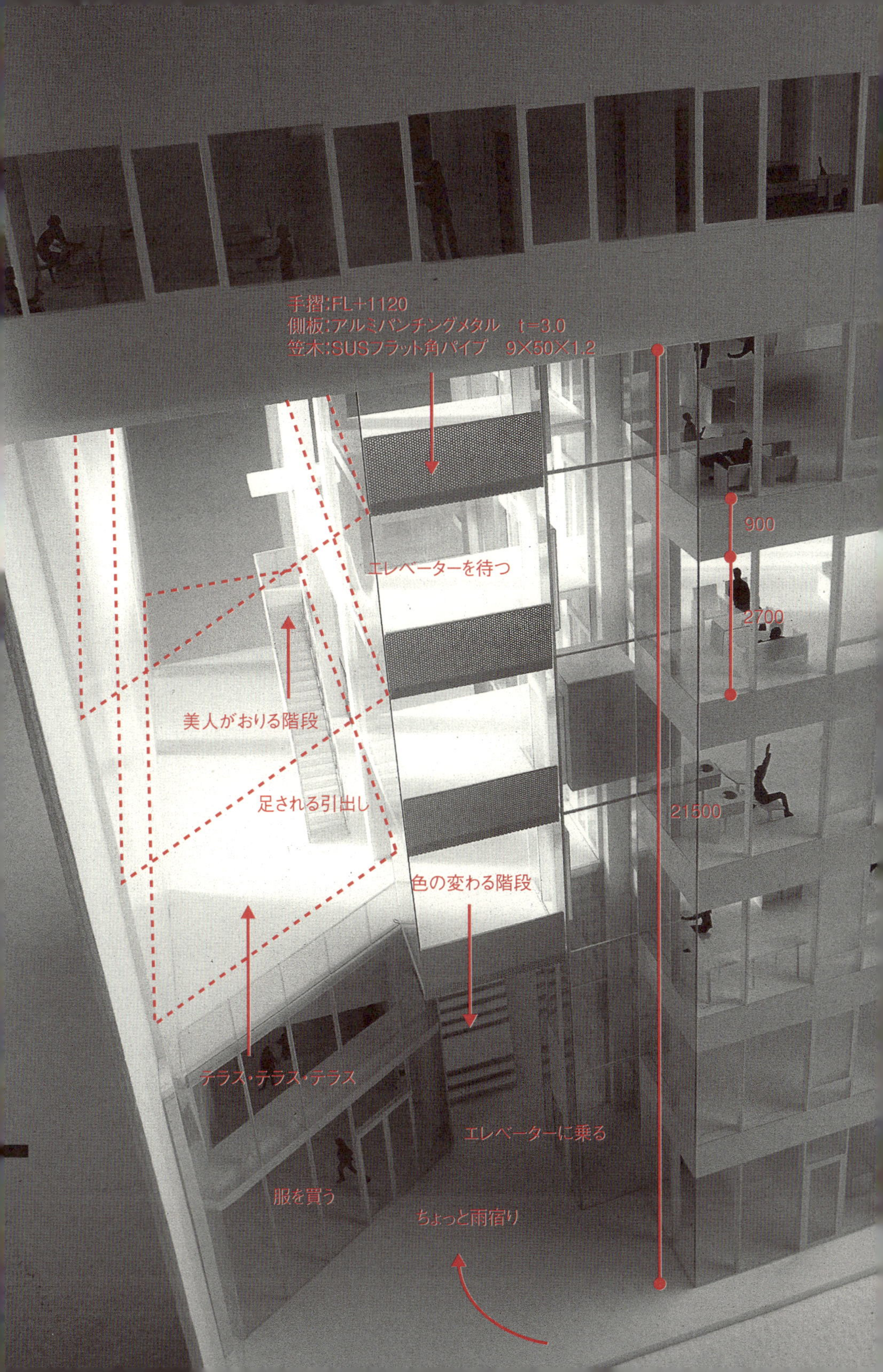
手摺:FL+1120
側板:アルミパンチングメタル　t=3.0
笠木:SUSフラット角パイプ　9×50×1.2
900
エレベーターを待つ
2700
美人がおりる階段
足される引出し
21500
色の変わる階段
テラス・テラス・テラス
エレベーターに乗る
服を買う
ちょっと雨宿り

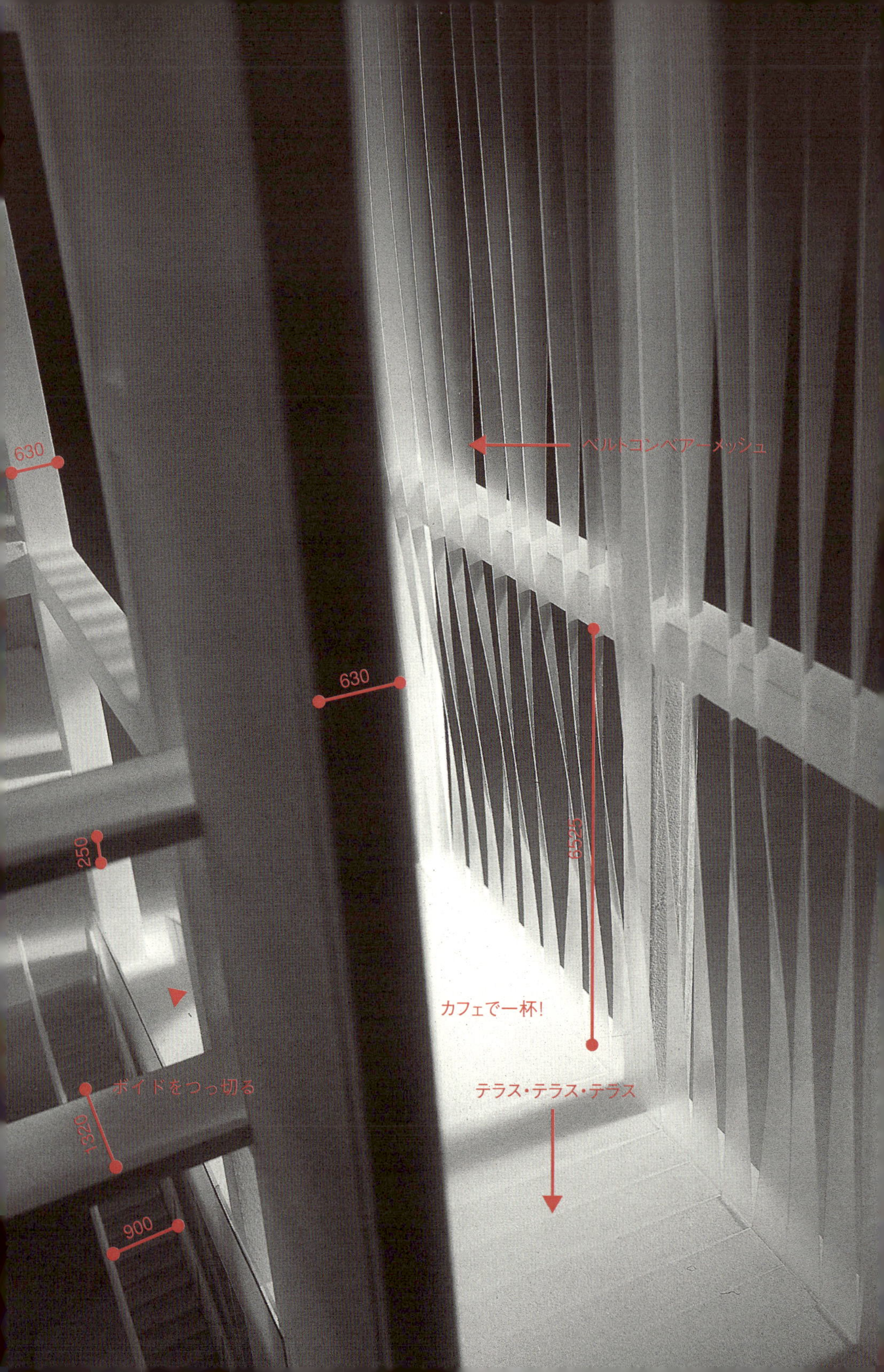
ベルトコンベアーメッシュ
630
630
250
6525
カフェで一杯!
ボイドをつっ切る
1320
テラス・テラス・テラス
900

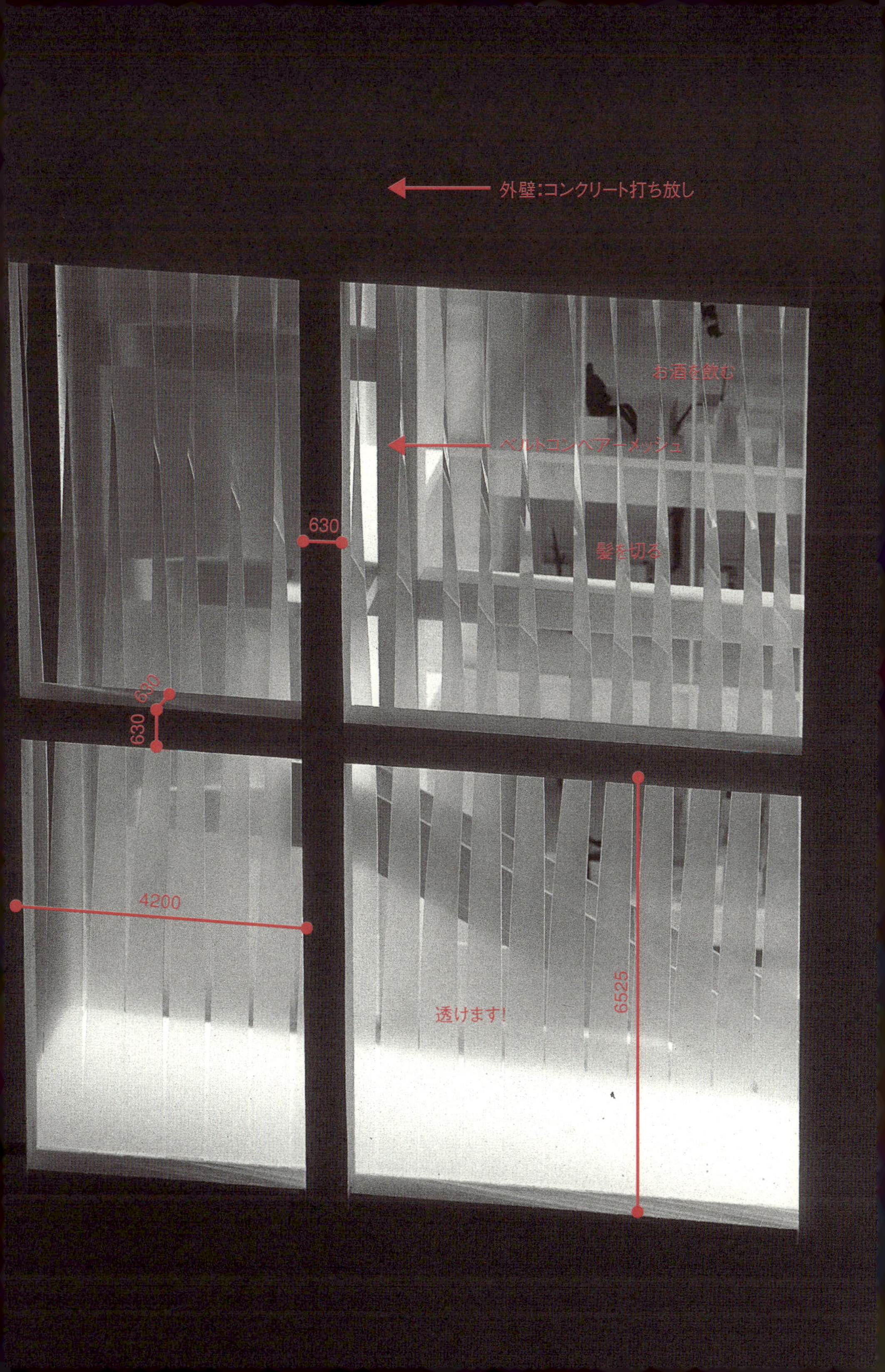
外壁:コンクリート打ち放し
お酒を飲む
ベルトコンベアーメッシュ
630
髪を切る
630
630
4200
6525
透けます!

遷移する都市

THE CHANGING CITY

脳があらかじめ役割の定まったパーツの集合体ではなく、細胞の集まりである脳全体として機能するうちに、次第に各部分の機能が分化するように、都市も極めて動的に成長、推移するうちに次第に場所固有の働きが定まってくると考えられるのではないだろうか。あらかじめ用途に分けてあまりに厳密に計画されたものは、都市や産業の構造が大きく変化すると、初期の機能を果たさなくなる。都市が多重価値的に働くためには、その柔軟な骨格とともに、都市が状況に応じて遷移していくことについて、十分に考察を加えるべきである。

地方都市のいたるところで、中心市街の混雑緩和のためにバイパス道路を郊外に通したために、既存商店街が一様に衰退している。あるいは輸送が水運から陸上に転移するとともに、港湾から活気が失せて倉庫群が廃物化した。工場誘致を見込んで埋めたてられた工業用地、大学誘致を見込んだ学園都市、人口増を当て込んだ郊外ニュータウン、いずれも都市の特定の機能に特化して計画されたものだ。計画に長く時間のかかるものほど、社会の動きに追随できなくなる。そしてそれらは基本的にすべて、資本主義経済下の価値基準によって計画が推進されたり、中止されたりしてきた。

草原が次第に林へ、林が次第に森へと遷移する。鬱蒼《うっそう》と繁茂《はんも》した森林では地上面から樹上へとその高さに応じた生態系が動的に形成されている。その森林はさらに河口を通じて付近の海の生態系ともつながっている。都市はその連鎖から学ぶものが多い。

Just as the brain gradually transforms itself, as it functions, from a collection of similar cells to a collection of functionally differentiated cells, the city too, in undergoing dynamic growth and change, gradually becomes a collection of places that serves different uses. A city that is too rigorously planned and differentiated from the start will no longer function as first intended, if the urban or industrial structure undergoes great change. If a city is to reflect many different values, we must allow the city as well as the flexible framework of values to change in response to circumstances.

There are many local cities where existing commercial districts have experienced decline because a bypass has been routed to the suburbs to ease congestion in central areas. There are also harbors that have lost their vitality and seen their warehouses abandoned because land transport superseded water transport. Industrial areas reclaimed to attract factories, academic new towns developed in expectation of new university campuses, suburban new towns built in anticipation of population growth—such areas are all designed for specific urban functions. The longer it takes to carry out a project, the more difficult it is to keep up with developments in society. Such plans are promoted or cancelled in accordance with the values or standards of a capitalist economy.

Grasslands gradually evolve into woods, and woods gradually grow into forests. In thickly-wooded forests, ecologies are formed dynamically, each adapted to a different height, from the ground level to the treetops. These forests in turn are linked by way of estuaries to the ecologies of nearby seas. Cities can learn a great deal from such links.

「森の遷移」

「遷移する都市」という概念は、「森の遷移」から大きく触発されているし、建築をもう少し「植物的」に捉えられないかという思いとも関係している。

よく知られているように森の遷移は、始めは草原だったところに木がだんだん育っていくと、当初は日当たりのいい状態に適した種類のものがすくすく育つ。しかし、木がだんだん繁ってくると足元が日陰になってくるので、その次は日陰でも育つような陰性の植物類が地表に近い部分に繁茂してくる。そのうち木が高く枝が密になりすぎると、樹種がまた違うものに置き換わって、順々に森林の相が変化していくというものである。

都市もこの遷移の現象に近いものがあるのではないか。ダイナミックな遷移の全体は、計画してできるものではないが、たとえば平屋が密集していた場所が、次第に高層化し始めると、それに伴って商業が集積したり、住居が転出していったりとさまざまな現象が起き始める。どこかしら森の遷移とも似た現象が見出されるように思う。

植物の遷移現象のなかでいちばん興味深かったのは沖縄で聞いたランの話で、普通、森の樹木が高くなって日

右二点：ハイパー・スパイラル
左頁：ハイパー・スパイラル。成長のダイアグラム

右頁：右＝同潤会江戸川アパートの中庭／左＝長崎・軍艦島で風化する住宅
左：フランス・ニーム。建物の抜けた空き地に木が生えている

陰が多くなると、シダ類など日当たりを好まない植物が足元に生えるようになる。ランはもともと日当たりを好む植物であるから、木が大きく育った段階で滅びる運命にあったが、そこでランは活路を考えた。自分でどんどん高くなれるほど巨大化できる幹の構造をもっていない。そこで「間借り」によって高さを確保しようとする。別の背の高い木の枝のふた股などのほんのちょっとした窪みに着生する技術を身に付けた。間借りした木が勝手に育っていってくれるから、自分は常に木の高いところにいて、ふんだんに日光を享受できるようになったという。

　ところが困ったことがひとつあった。ランは親木に寄生しているわけではないから、宿った木に根っこを差し込んで養分や水分をもらうことはない。したがって、高いところの枝の股に降った雨だけでなんとか生存しなくてはならない。そこで僅かに降った雨を体内に貯め込むように、からだの構造、体質を変化させた。ランは花の華麗さに比べるとちょっと節くれだった幹をしているが、そのなかはスポンジ状で保水性が高い。木の股に降った雨をなんとかそこに貯め込んで、何日も雨が降らなくてもひからびないで済むように、

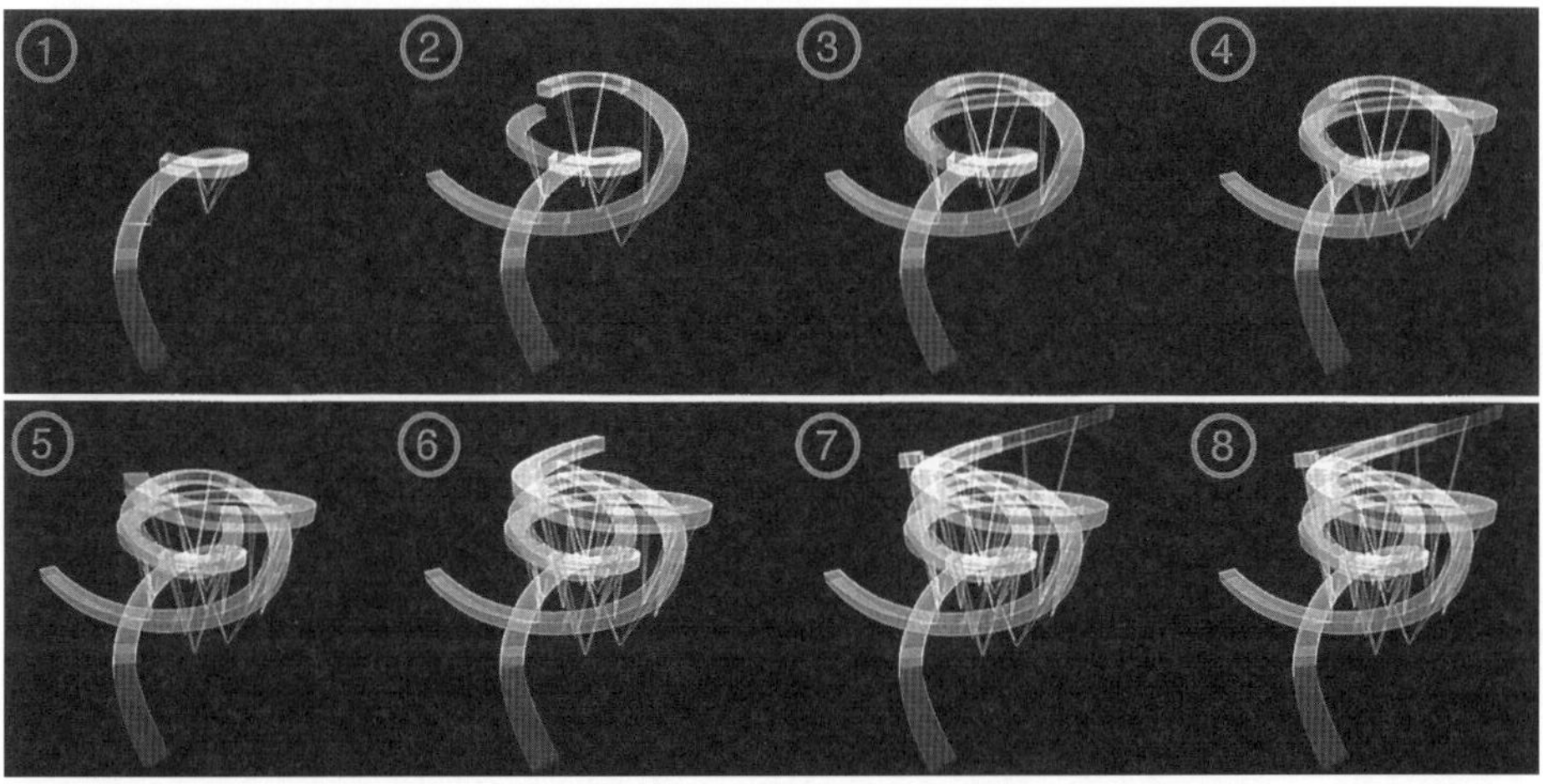

ついこの間まで人びとの住んでいたウランバートル郊外のゲル住区の跡。僅かに道路のあったところ、ゲルの置かれてたところの痕跡があるだけで、大地にまったく傷跡が残されていない。早晩草原に戻っていくだろう。
（ウランバートル・ゲル住区跡）

右：モンゴル・ウランバートルのボックスガレージ
左頁：モンゴルでは、バスもラクダのような動物だ

自分のからだのなかに水を貯められるような組織をつくって生き延びている。

　この話からは随分触発された。高い木が生えてきて地表が日陰になると、日陰に強いものしか育たないといって、日陰に強いものに全部揃えていくべきなのかどうか。環境が変化したときの解決の仕方は本来多様なものなのではないか。世界には多種多様なものが混在しているほうがよい。

大地を漂流する集落

　前ページはウランバートルの郊外、と言っても市街のほんのエッジにある高台から見ると、そこについこの間まで定住していたゲルの集落があったと思われる場所が見渡せた。全戸が退去したあとのその土地には、集落のあった当時の道筋の痕跡と、ゲルがぽつぽつ建っていたであろう草の生えてない丸い地面の跡があるが、それ以外はいっさい残されていない。ごく短い時間、わずか何年かで土地が元の緑に戻ろうとしている。

　今日のわれわれが知る都市は、ある一定時間大地に人が住んでいたとすると、人が立ち退いたからといって、こんなに容易に草原に戻っていけるような都市は見たことがない。

右：プロセス・ハウジング。右＝模型／左＝ダイアグラム模型
左頁：プロセス・ハウジング。ダイアグラム、二階建が三階になる

これはとりもなおさずゲル集落が大地にアンカーされず、土地に深い傷を付けていない、ただ上に載っていただけだからできる話だろう。まるで集落が漂流しているかのようだ。

モンゴルの箱ガレージ

ウランバートルの都市のなかにあるガレージには、地面の上にただ箱が置いてあるだけで、全然緊結されていないものも多い。ジュースなどを得る小さなキオスクもそう、人の集まる市場で包子などのちょっとした食べ物を売る店もそうである。ゲルの文化がもともと大地に結び付けられることを拒んでいる。

車という動物である

かつてのモンゴルの首都ハルホリンを目指して、バスで何百キロも走った。カメラを向けたら俺の写真を撮れと運転手がバスの脇に誇らしげに立った。オンボロのソ連製のバスで乗り心地は大変悪かったが、始終トラブルを起こすうちに、モンゴルではバスも家畜の一種のように見えてきた。バスが喉が乾いたというと、川に行って水を汲んできてラジエーターに水をやる。腹が減ったというと車内の予備タンクから燃料をやる。ピストンがガ

水上に漁民が築いた香港の大澳集落が火事に見舞われ、一夜にしてその中心部が焼失した。その焼跡には黒コゲの立木が残り、しかしそこからは早くもヒコバエが育っている。（香港・大澳集落）

バガバでからだがきしむと言うとオイルを差す。くたびれて息が上がるとゼイゼイ言って休む。まるで馬か駱駝にそっくりだ。半分自然に溶け込んだような生活のなかで、クルマも動物のように扱われている。目的地に泊まった翌日の朝、この運転手がこのオンボロバスを愛おしそうに拭いている姿は、馬の世話をしている姿そのものであった。その代わり最後に本当に衰弱して死ぬまで使う。

都市も遷移する

前ページの写真は、香港のランタオ島という新空港ができた島のいちばん西のはずれにある大澳（タイオー）という名の漁村である。もともとは船上生活をしていた漁師たちが、浜辺に船を乗り上げて集落をつくっていた場所である。最近不幸にして火事に見舞われ、広い範囲が全焼してしまった。

不法居住であるため増築や建て替えはできない。さすがに今回は人道的な見地から、かつての記録に基づいた面積以内であれば建て直せることになって、いま少しずつ再建が始まっている。

完全に焼け焦げてしまった木が立っているが、なんとその根元からは早くもヒコバエが出てきている。集落も再生しようとしている

右：「海市―もうひとつのユートピア」展。展示作品。プリントされたシールがある日、島になった
左頁：「海市―もうひとつのユートピア」展。イメージCG

右頁：北京。エンジュの並木が快適な木陰をつくる
左：北京。並木を越えて住居は高層化する

し、樹木も再生しようとしている。

高層化する遷移

北京にはいまでも昔の雰囲気を偲ばせるような街角がある。胡同（フートン）と呼ばれる幾筋もの古い路地が走り、古い街路には大きなエンジュの並木がきれいな木陰をつくって、夏の暑い日射しを除けている。

そんな風景もこのところ瞬く間に一変しつつある。二〇〇八年のオリンピック開催が決まり、より一層それに拍車がかかっている。これまで多くは中層のアパートに置き換わってきたが、これは言わば第一世代の高層化で、第二世代はもっと超高層化している。

低層がいつの間にか高層化し、さらに超高層化するプロセスには森の遷移の哲学は生かされているだろうか。

建築にふさわしい素材

遷移の問題は当然時間の問題と深く関連している。

何年か前、カルロ・スカルパのブリオン家の墓地では、コンクリート打放しの塀はすっかりツタに覆われていた。実際スカルパは物質、素材に対して信じられない位に造詣の深かった建築家であるから、その彼がこの墓地に限って、劣化しやす

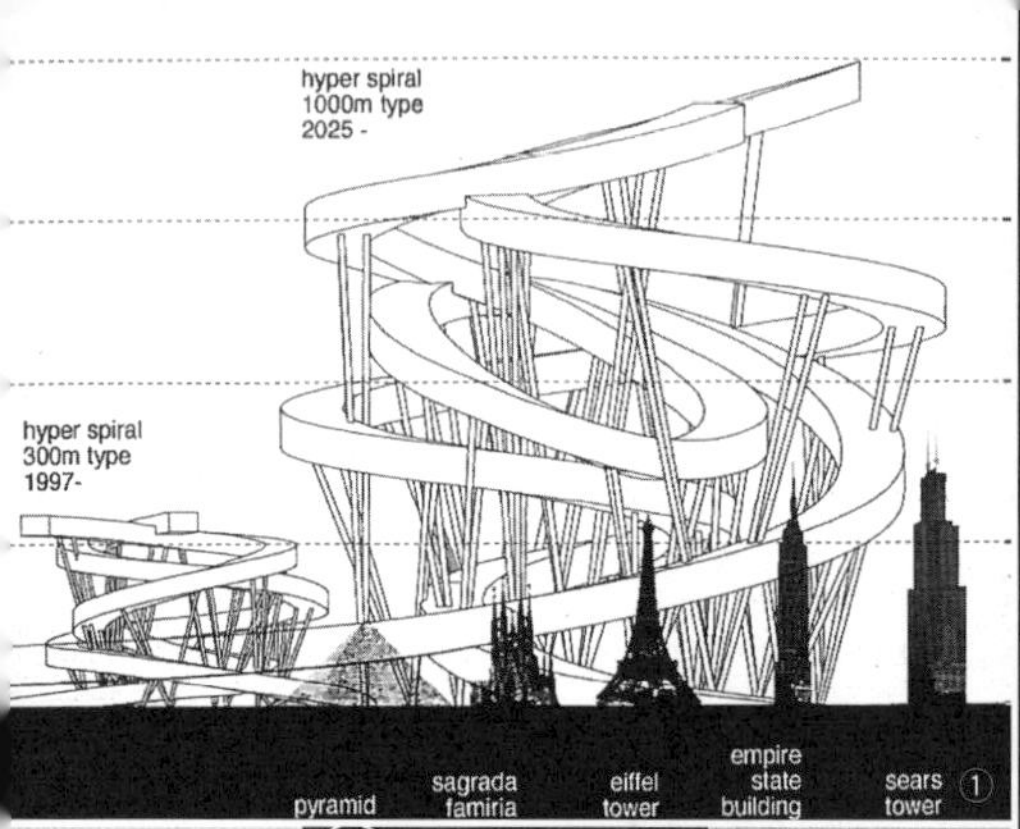

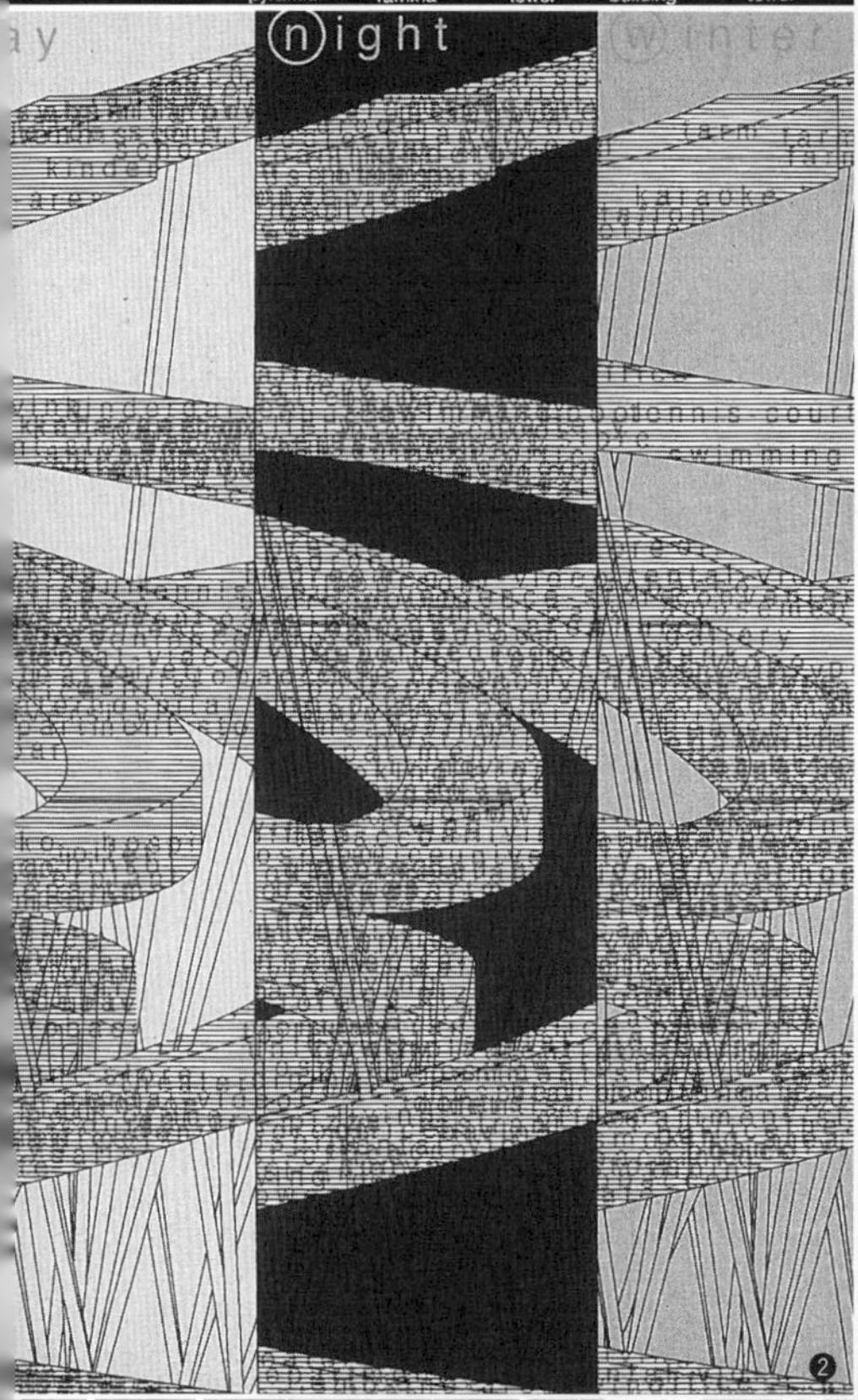

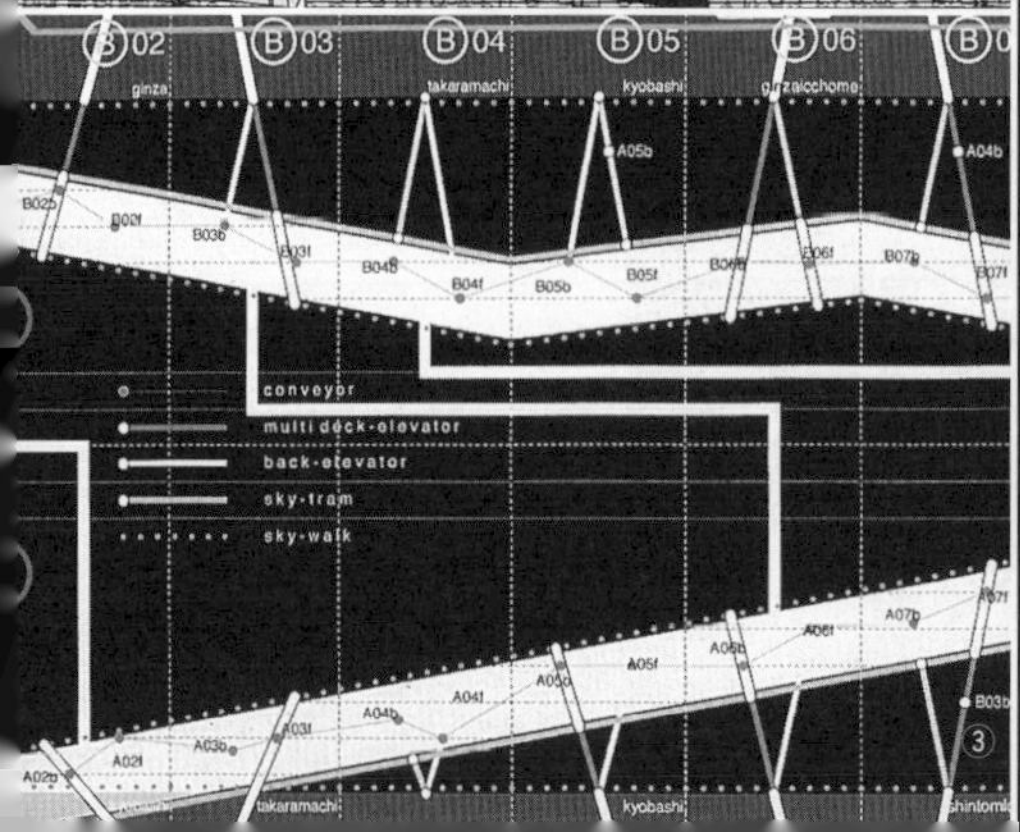

ハイパー・スパイラル・プロジェクト

Hyper Spiral Project
Tokyo, 1996

▶ p.16, 57, 152, 153, 220

著しいアーバンスプロールや過度の集中によるエネルギーバランスの不均衡、都市部での人口空洞化など、深刻な問題を抱える世界都市東京に対し、過密な都市を垂直方向に「ポーラス化」する概念をもって諸問題の解決を促し、同時に多様な価値観の混淆による新しい都市文化の醸成に資する都市構築を企てる。水平に展開する従来のインフラストラクチャー整備に代わり、ダブルスパイラル状の架構によって高さ1000m、延べ1000ha、耐久1000年を目指す超建築空間の構想である。近未来の実現を目標として研究を進めている日本建築センターのハイパービルディング研究会の委託により計画されている。

Tokyo is beset by serious problems such as an unbalanced pattern of energy consumption as a result of urban sprawl and extreme concentration of functions in the Capital Region and the depopulation of central areas. This project is an attempt to solve such problems by making the city, which is characterized by excessive density, more porous in the vertical direction and to promote the creation of a new urban culture in which diverse values coexist. Instead of developing infrastructure horizontally, as we have up to now, the aim is to create a hyper-architectural space a thousand meters in height and a thousand hectares in total area, capable of enduring a thousand years, by means of a double-spiral framework. This project was commissioned by the Hyper Building Research Committee of the Japan Building Center, which is studying ideas realizable in the near future.

1. 地上1,000m、広さ1000ha、寿命1000年を目指す
2. 断面図。ダブルコアで構成される二重のスパイラル
3. 動線計画。ハイパーピラーは既存地下鉄駅に直結する
4. 成長可能なスパイラル構造
5. 螺先端部は首都高速や東京駅に接続される
6. 東京駅直上に計画されたハイパー・スパイラル

4

6

5

右：ブリオン家墓地（C・スカルパ設計）。コンクリートの外壁がツタで覆われる
左頁：ヴィラ・パラチェット（C・スカルパ設計）。古い建物が年月をかけて改装される

いコンクリート打放しのまま屋外にほうり出してあるというのが実は不思議である。事実表面は風化し始めているし、スカルパのことをよく知る人たちは、なんとかこれを元のきれいなコンクリートに戻したいと言っている。しかし、あれだけ材料に見識のあったスカルパが、あえてこのコンクリートをここに使っているのには、何かわけがありそうな気が僕はしている。

　これはこの地域の共同墓地の一画にブリオン夫人によって、主に夫である亡きブリオン氏を悼んで建てられた墓である。もちろん親族の墓なども含まれているとはいえ、夫妻が主人公の墓がいつまでもピカピカと輝いて残るべきなのかどうか。僕の憶測では、ひょっとするとスカルパは、トウモロコシ畑のなかにあるこの墓がだんだんツタに覆われていき、次第にコンクリート自体も風化して、何代か先の子孫の間でブリオン夫妻の記憶もだんだん薄れてきて、ちょうど人びとの記憶から消えかかる頃に、墓本体も草や土に埋もれてもいいと思っていたのではないだろうか。

　スカルパが、「三メートルの廊下をつくれと言われたらコンクリートでつくりましょう。一メートルにするのだったらスタッコの職人を連れてこよう。

三〇センチと言われたら金を探しに行く」と言ったというエピソードがある。そのぐらい素材と空間の関係、建築にとってふさわしい素材とはと考え続けた人であるから、ここには時間が建築を遷移させてゆく思考が働いていると確信している。

ゆっくりした時間が必要

同じくスカルパがつくったモンセリチェにあるアルド・ブジナーロ氏の別邸、ヴィラ・パラツェットにも植物とともに流れる年月がデザインされたところがある。母屋には一六〇〇年代のヴィラに煙突を付け加えただけで、生前には庭にある植物に覆われたバーベキューテラスなど、おもにランドスケープに関わるデザインを行い、実現している。スカルパはこのプロジェクトの間、母屋に寝泊まりしながら設計をしていて、最終的には実現していないが、この家本体の改装の計画もある。

都市や建築が遷移するのには、非常にゆっくりした時間が必要である。そのゆっくりとした時間のなかに、人間がそれに連動するように何か手を加えていくためには、こちらも相当ゆっくりやらないとできない。スカルパは現場に住み込んでデザインしていたからこ

右頁・左：シュプレーボーゲン。模型、地形的建築

高円寺南アパートメント

Koenji-South Apartment

Suginami, Tokyo, 2002

▶ p.116, 117, 120, 121, 133

住宅密集地に計画された2層3棟からなる重層長屋。各住戸は2層分の空間と2方向に開かれた大きな開口部で構成され、できる限り大きながらんどうを用意することでその使い方を住み手に委ねている。また1階部分と2階部分のボリュームをずらすことで上にはバルコニー、下には小さな前庭をつくり出し、各住戸のプライベート性を高めているのも特徴である。種々多様な住まい方の工夫を喚起すべく潜在能力をもち合わせた空箱の提案である。

This is a multilayered rowhouse project made up of three two-level buildings in a crowded residential area. Each unit has two levels of space and large windows in two directions. The occupants are provided with as much empty space as possible, and they are free to use the space as they see fit. A slight displacement of the second-floor volume from the first-floor volume creates a small front garden and increases the privacy of each unit. This empty-box proposal is intended to stimulate the occupants into using their diverse abilities.

1. 東側全景。上下の住戸をずらし、周辺に対する建築のボリュームを低減している
2. 2階室内、メゾネット。南側を見る
3. 1階室内。1階部分と2階部分のボリュームをずらしたことで天井高の違いが生まれる
4. 2階室内。中間階の床は編成材85㎜を型枠鋼で固定している
5. アプローチから見る外観

5

4

3

右：古いウランバートル市街を描いた絵図のスケッチ
左頁：ハイパー・スパイラルのレクチャー準備

そ、建築の上を流れ行くゆっくりとした時間に同調させることができたのだと思う。

寺が記憶装置として固定される

ウランバートルのザナバザール美術館で、モンゴルの古い都市の絵画を見つけた。かつての首都はちょうど太陽と月のように、大小ふたつの中心をもっていたらしい。そのひとつの、現在スフバートル広場となっているほうは、典型的な社会主義国の広場のようになって、もはや中心はなくなった。もうひとつの中心がガンダン寺という寺の周辺に形成されていたもので、これはいまでも古いゲル住区として残っている。

遊牧民であるから本来都市をもたない人たちであるが、そのなかで実は寺だけは例外的に定住、固定化されていく。これは「建築という記憶装置」とも関係するが、寺はそれ自体が記憶装置として働いている。寺にはお経が山のようにあって、教えが全部外部記憶化されてその集積した束がある。これだけはいかに遊牧民といえど持って歩けない物量である。そこで寺だけが人びとの共通の記憶装置としてある場所に固定化される。

しかしいったん寺が土地に固定され始める

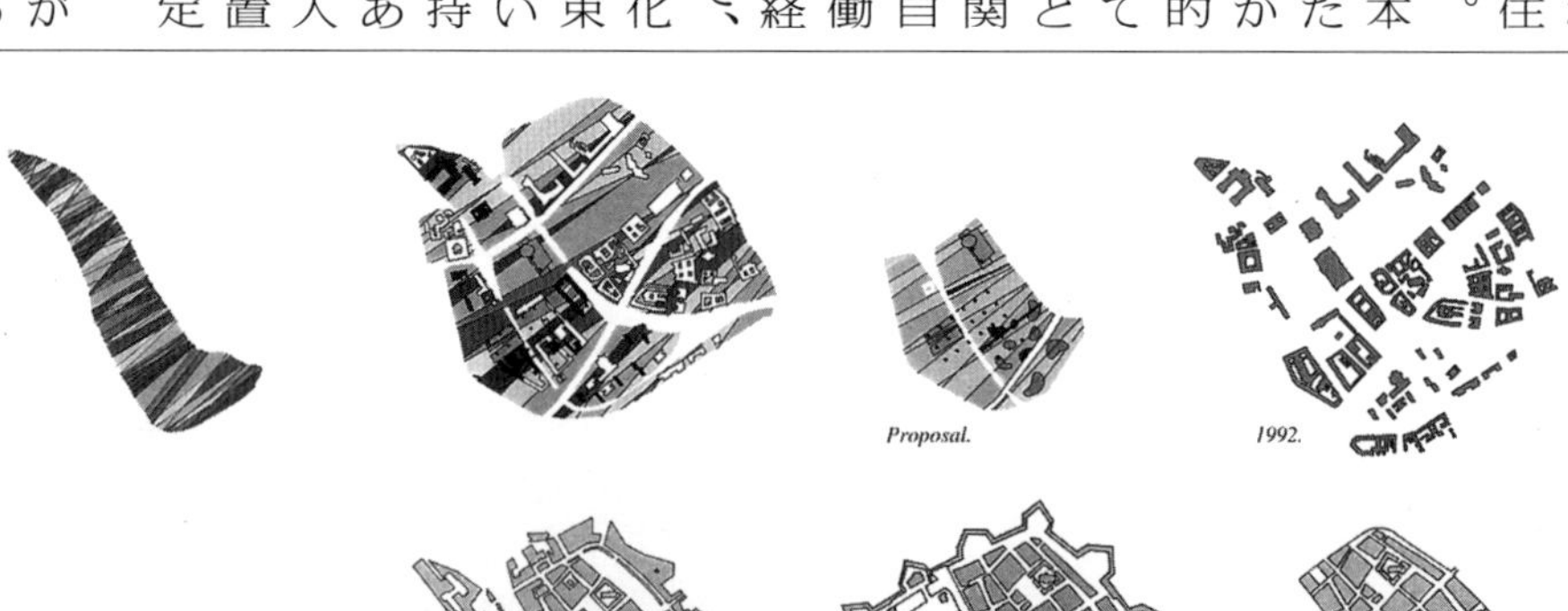

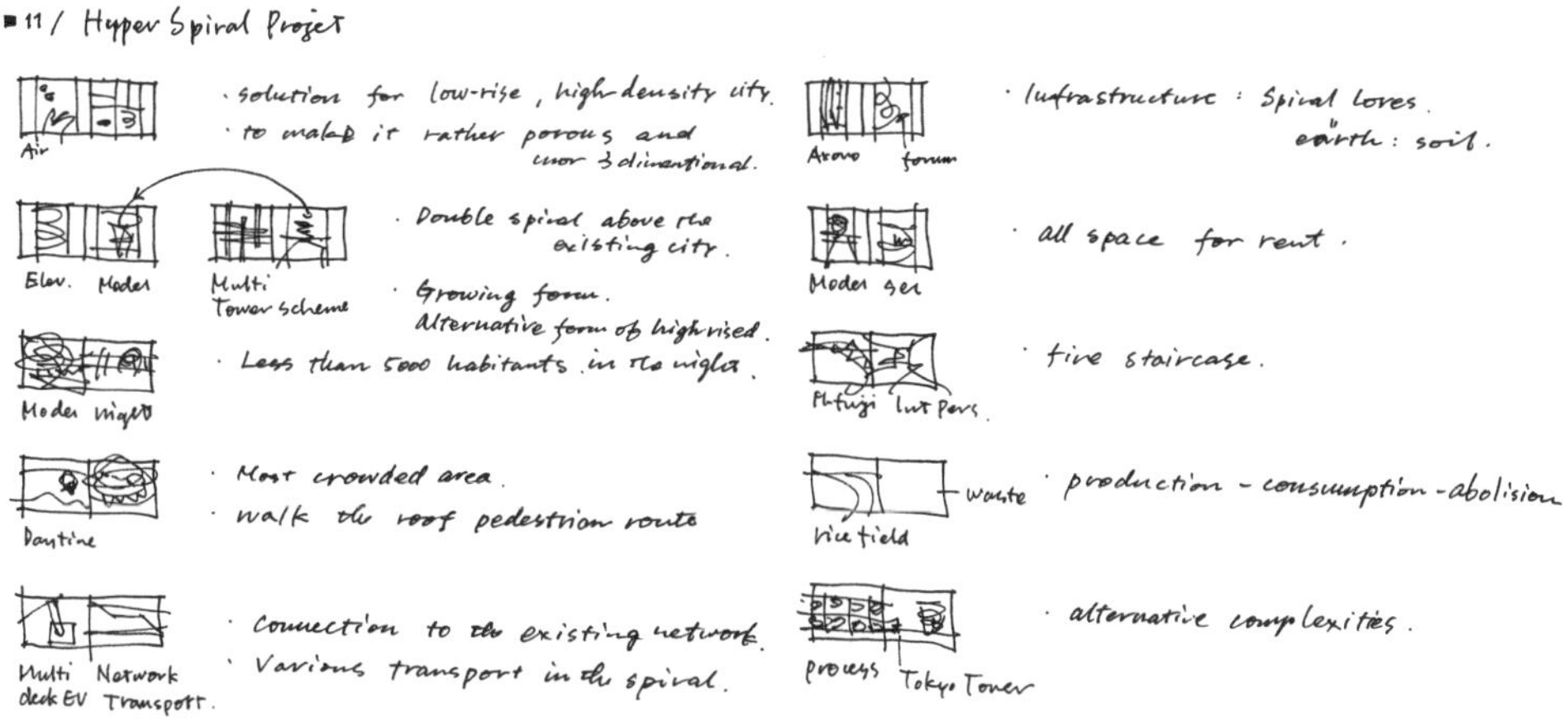

と、その周辺に僧たちの居住用のゲルが建ち並び始め、それに対するサービスをするゲルが建ち並ぶ。そのようにいったん定住しだすと、まったく土地に根っこの生えていない住居であるからいくらでもここに定住することができて、最終的に住区としてロック・インする。

成長する立体都市

同じように、ある場所がプロセスのなかで次第に何らかの固定化された都市機能をもち、それによって周辺の空間が徐々に引き連れられて開発されていく、それを立体化したのが「ハイパー・スパイラル・プロジェクト」である。「不揃いな地形」でも述べたが、地上から一〇〇〇メートルの高さに長い年月をかけて成長していく立体都市のイメージである。

成長できる家の構想

プロセス・ハウジングとは、年代の若いうちに小さな木造の二階建を建てておいて、いずれそれを三階建に増築する、つまり年月を経て成長できる家の構想である。構造設計家播繁が開発した集成材構法でそれぞれの段階で構造計算を行うことができる。

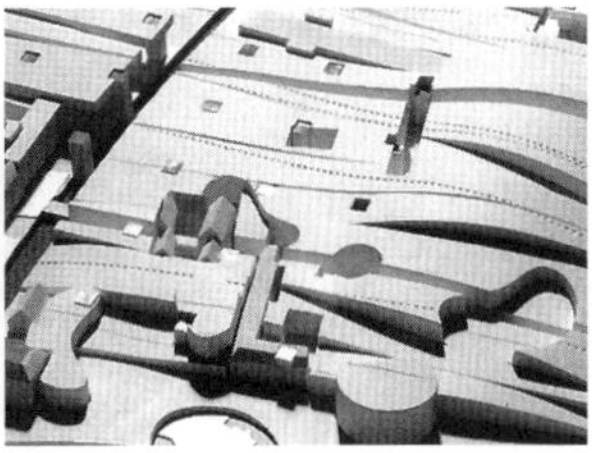

右頁：シュプレーインゼル。都市遷移のダイアグラム
左：シュプレーインゼル。模型

端緒

THE BEGINNING

一人は窓台の上に小椅子をおいて
ちょこんと坐っていたおばさん

ものごとの始まる前の微かなきっかけのようなもの、結果的には大きくうねる渦も、そのようなほんの小さな出来事から生起する。小さな綻びから大きな壁全体が崩壊することもあるし、遺伝子上の僅かなミスコピーから突然新しい種が出現することもある。一見何もないように見える空間に、思ってもいなかった新たなアクティビティが発生し、活性化し、そこに定着していくプロセスにも、かならず何か契機となった出来事があるはずだ。

ジョン・ヘイダックがもっとも大切な言葉として挙げた「端緒」という答は、彼が建築を繰り返し抽象化しながら思考し、モダニズムのもたらした建築空間を「詩的に始動させる」契機を求めていたことの表れではなかっただろうか。一連の壁に見えることを排除するための円柱列、無限に広がる空間から正方形を切り取ったかのようなモンドリアン型のプラン、壁から空中に突出する自由なかたち、どれも全体の均質空間のなかに発生する有意な自律的部分の造形である。

草原のなかに小さな白い点のように見える遊牧民のゲルをめがけて、旅人が遠くから馬を走らせる。砂漠のなかのオアシスにたとえてもいい。広大な空間のなかでぽつんと見える特異点が人を出会わせる。しかしそこにほかの人がいなければ、それはただの通過点になる。そこに他人との接触が起これば、それが新たな展開の導火線となることもある。突き詰めれば建築は、それまで無関係であった人同士を思いがけず遭遇させるための端緒として働いている。

Matters of great import can originate in trivial, chance occurrences. Even great vortices can be traced back to small events. A small fracture can lead eventually to the destruction of an entire wall, and a slight error in copying genes can cause the sudden emergence of a new biological species. When people begin to engage in a new, unanticipated activity in a space that is without any obviously remarkable qualities, and that activity becomes quite popular and closely identified with that space, the chances are that some event provided the initial impetus for that particular development.

The architect John Hejduk used to say that, above all else, he valued "beginnings". His remark reflected a belief in the need "to poetically activate" through continual abstraction the architectural spaces that modernism had created. Features of Hejduk's work such as colonnades designed to eliminate any perception of them as walls, Mondrianesque plans suggestive of squares cut out of an infinitely extended space and free forms projecting from a wall are autonomous elements deliberately generated in an otherwise uniform space.

They might be likened to a nomadic yurt, which appears in the distance as a small white dot in the grassland and toward which travelers from far-off lands ride their horses, or perhaps to an oasis in the desert. Each is a point of singularity existing by itself in a wide open space and permitting chance encounters among people. Yet without the presence of other people each is merely a point of transition. An encounter there with other people, should it occur, may then lead to further developments. Ultimately, architecture serves as a beginning. It provides opportunities for the unexpected meeting of people who were without any previous relationship to one another.

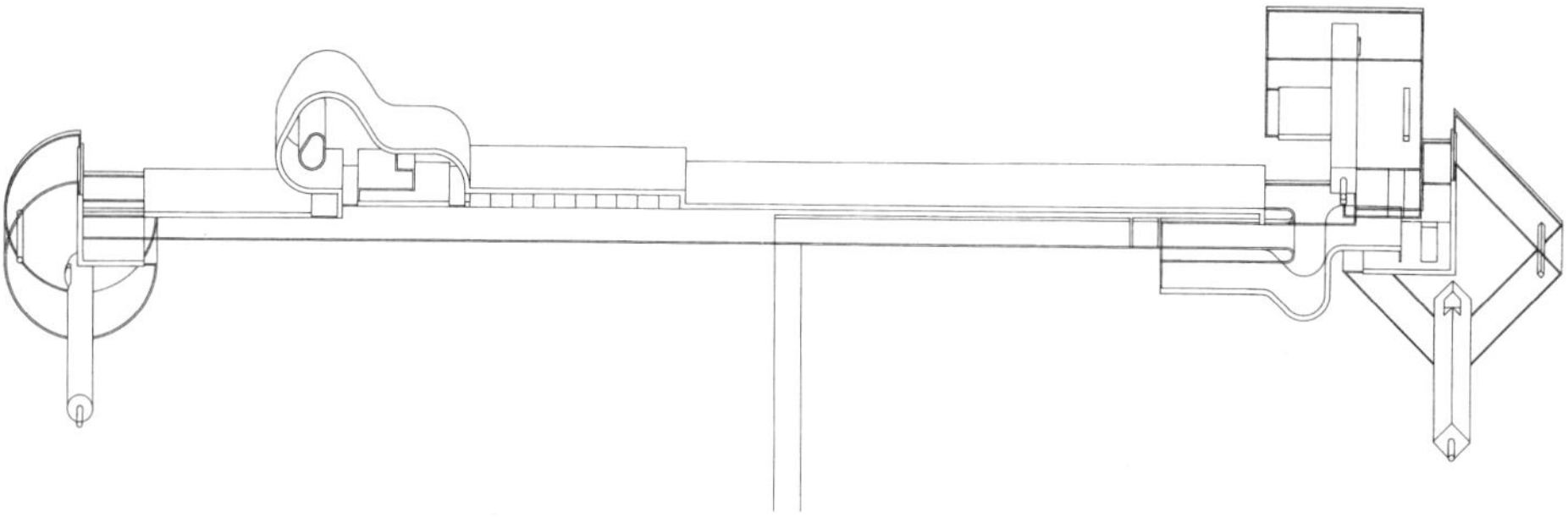

空間のなかに潜む端緒

「端緒」を考えることとの、それこそ端緒になったのは、学生の頃一番好きだった建築家ジョン・ヘイダックである。一九七五年五月の『a+u』に彼の特集があって、それを見たときに、とにかく衝撃を受けた。インタビューで、「あなたにとってもっとも大切な言葉は何ですか」という問いかけがあって、ヘイダックは「それは端緒です」と答えている。

正直それを読んだ当時は、いまほど明確に、物事の契機が大切だとは思っていなかった。プロセスの始まりが大切である、あるいは営々と建築をつくっていくためには、最初が肝心だというぐらいに捉えていた。しかしここ一〇年ぐらい、「空箱」「カオス」「ポジティブ・フィードバック」「半透明な空間」などといろいろなことを考えてきて、もう一度振り返ってみると、非常に重要な概念としての「端緒」が改めて浮かび上がってきた。

一見大きながらんどうで、何もないような、取りつくしまのない空間のなかに、人間がそこに行動を起こし始める微かな手がかりが潜んでいる。その端緒は、物理的、空間的な端緒もあるし、精神的接触のような端緒もあるが、現実にはそれらが

右頁：ジョン・ヘイダックによるHOUSE 15 1967〜1970, 3/4 Series
左：台湾・台北。信号を待ちかねていっせいに走り出すオートバイ

渾然一体となっている。空間的な端緒だけでも人は行動を起こさないし、あるいは人間的な触発だけでもそう簡単にはアクティビティは引き起こさない。それがうまく絡まっていって、ある場所であることが起こった、というふうに結び付いてくると、その端緒は俄然意味をもち始める。

　まったく空白のように見えたところにポツリと何か始まり、さらに人が人を触発し続け、そこにどんどん集まり始めることによって、加速度的に反応が大きくなっていき、最終的には大きなうねりになる。あるいは、まるで小雨がパラパラ降ったりやんだりしているように、よく見ると絶えずプツプツといろんなことが、定常的に起きては消え、起きては消えしてキッカケを待っているような状態。いい建築の実相にはこれが近いのではないか。

　ヘイダックの言う「端緒」は、人を生理的に誘う、あるいは物理的に誘引するだけではなくて、物事を考え始めるキッカケという意味でもある。人間は感覚的に、本能的にだけ行動するわけではなく、思考が始まったときに、より相乗的で複雑な精神的な反応が起こり始める。多くの場合は、元の種をまいた人が必ずしも自覚していなかったようなこと

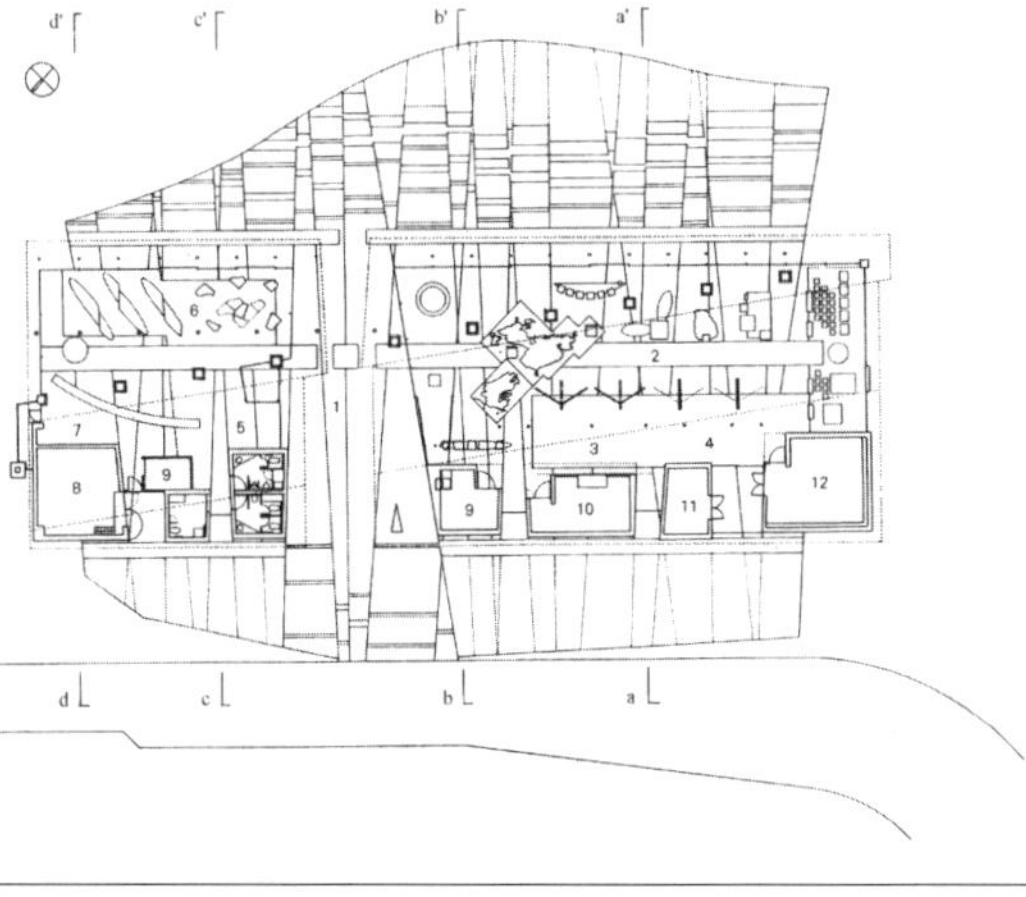

右頁：国立国会図書館関西館設計競技案。模型
左：天草ビジターセンター＋展示休憩所。平面図

①

②

③

④

天草ビジターセンター＋展示休憩所

熊本アートポリス参加プロジェクト

Amakusa Visitor Center+Service House

Matsushima, Kumamoto, 1994

▶ p.173, 176, 177, 191, 205

くまもとアートポリス参加事業であるこの施設は、環境庁の補助により県が設置した天草の自然を紹介するビジターセンターと、地元松島町が併設した無料休憩所からなる。雲仙天草国立公園内にあることから、色彩、平面、形態、屋根形状において、さまざまな建築上の規制がなされた。海側の眺望に展示物としてのプライオリティがおかれ、館内の展示物がその視界を妨げることのないよう配慮されている。また地元産の石を内装・外装として使用している。

This facility, a part of the Kumamoto Artpolis program, consists of a visitor center established by the prefecture with the aid of the Environmental Agency to introduce nature in Amakusa and a free rest house established by the town of Matsushima. Various regulations concerning color, plan, form and roof shape had to be observed because the site was inside Unzen-Amakusa National Park. Priority was given to the view of the sea, and the exhibits in the building were arranged so as not to obstruct that view. Locally quarried stone is used as a finish on both the interior and the exterior.

1. 北側から見る。周辺は天草松島が広がる雲仙天草国立公園。棟線は元の稜線に合わせている
2. 右が熊本県、左が松島町の施設
3. 駐車場越しに見る北側全景
4. 熊本県内産の木造トラス見上げ
5. 北西側外壁。天草中から集めた小石を壁面に「展示」した
6. 主展示室。館内から眺める干潟の景色を第一の展示物とする

5

6

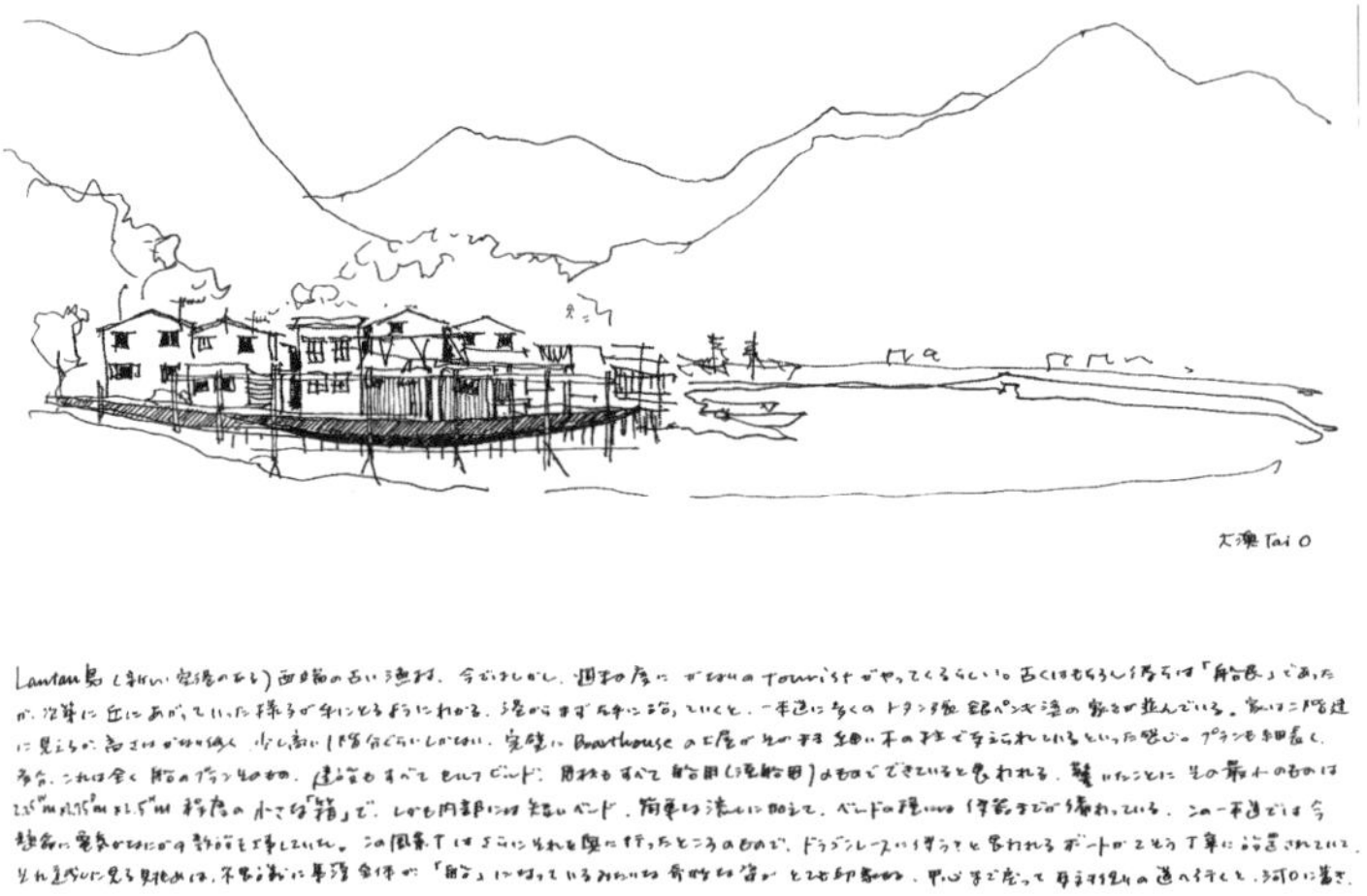

を、拾った人のほうが誤解しながらいろんな相へ発展することもある。そういう意味で、実は種をまく人も大切であるが、それ以上にまかれていた種や、実社会のなかにあるさまざまなものから何か発見したり抽出したり観察したりする受け手の能力のほうにかかっている。

　われわれがあちこちの都市を見てきたのも、そうした観察力、そのようなキッカケを捉えて深く洞察する能力を鍛えたいと思っているからであるし、その観察した対象の奥底から何か本質的なものを抽出したい、あるいは誤解を恐れずに、それを未だかつて見たこともないような新しい建築を生み出すための手がかりにしたいという気持ちがある。

情報収集技術

　モンゴルには夏に二回、冬に二回、学生たちと調査旅行に行った。そのなかでもっとも衝撃的だったのが、パラボラ・ゲルとわれわれが名付けたゲルの存在で、これは僕自身が初めてモンゴルに行き、草原に出た最初の日に見つけたものである。

　広野にまったく孤立して暮らしていて、水や、電気や水道など都市的なインフラを一切もたずに、たった一家族で住んでいる。しか

右：天草ビジターセンター＋展示休憩所。外観夜景
左頁：天草ビジターセンター＋展示休憩所。断面図

右頁：香港・大澳の水上棚屋。水面に浮かんでいるかのように見える（一九九九年十月十九日）
左二点：香港・大澳の水上棚屋。家屋がすべてシルバーペイント

し、傍らには発電用のプロペラが気持ちいい音を立てて回っており、室内には小さな蛍光灯が点いていた。さらによく見ると、足元にはパラボラ・アンテナが置いてあって、なんとそれで衛星放送を視聴している。その日に東京の国技館で旭鷲山が今日勝ったか負けたかをモンゴルの草原でライブで見ている。そんな家族に出くわして、心底たまげた。

　四方八方何キロも隣人のいない空間に住んでいながら、日々世界情報に触れている。その組合せがとんでもなく新しく感じられた。発達した情報技術のほうは今日の日本では珍しくないものかもしれないが、マイナス三〇度四〇度のなかでサバイバルできる能力を保持する人たちが、同時に世界情報の収集技術をも手に入れるという、この組合せは前代未聞だ。きっとこれが何か次の考え方の始まりになるような気がして、そういう意味でもこのパラボラ・ゲルは示唆的な「端緒」である。

家のなかには仕切がない

　このゲルには母親と子供たちが、父とともに暮らしている。この一家に限らず、モンゴルのゲルには、その内部空間のどこにも間仕切りはなく、完全なワ

かつて船上に暮らしそのまま漁に出ていたであろう漁民たちが住居を求め次第に陸上に移り住んでできたのが大澳集落である。水際はいわばその端緒、船と家の境目でもある。家々にはいまも多くの船の建材が使われている。（香港・大澳集落）

ンルームである。たいがいベッドが三台ぐらい置いてあるが、互いに仕切りもなければ何もない。まったくプライバシーのない家である。

このプライバシーのない家に、仮に客人が訪ねて行って泊まることになると、その客人もみんなで一緒に雑魚寝してしまう。家族間のプライバシーがないだけではなく、ゲルのなかでは、他人との間にも一切隔てがない。

なぜそうなのか。実は彼らにとっては戸外の空間には膨大な孤独がある。膨大なプライバシーがあって、たとえば羊を連れていったん草原に出かけると、一日中誰とも会わない。そうして夕方帰ってきたときには、家は家族と出会う大切な場所であることがわかる。厳しい草原のなかでは、ゲルだけが人びとに出会うことのできる貴重な場所であるから、もはやプライバシーのための仕切りは必要ない。ゲルは家族が揃う場所でもあるし、たまたまここを通りかかる旅人に出会う場所でもあるし、わざわざ遠くから訪ねてくる遠来の友人と会ったりするための場所でもある。

彼らの間では昔から、草原を通りかかった人がゲルを見つけて立ち寄り、たまたまそのゲルで晩ごはんの支度をしていたとした

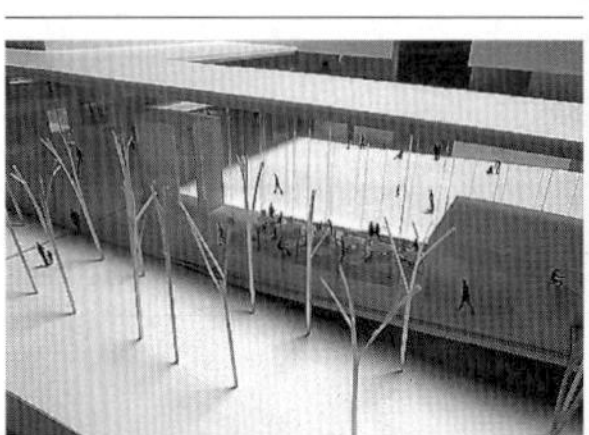

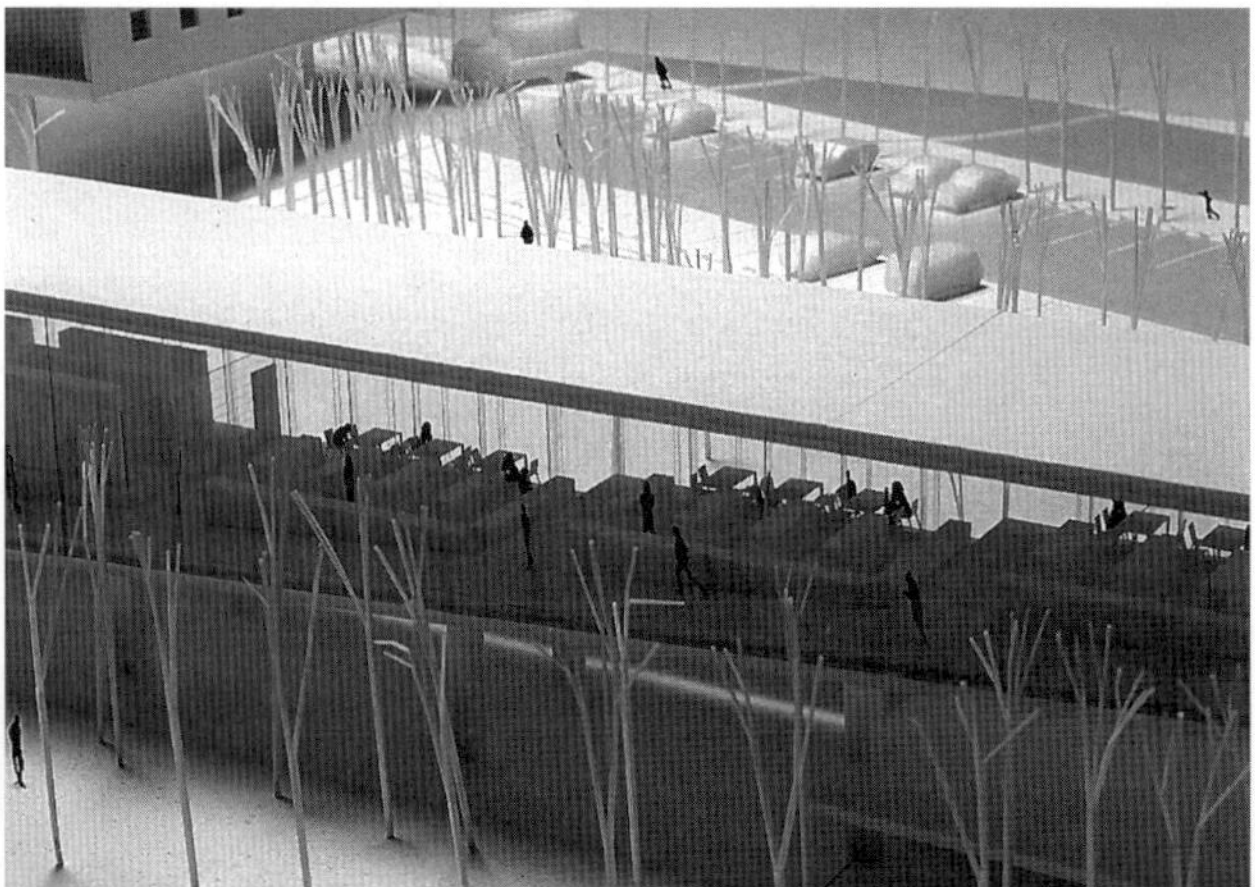

右頁：香港・大澳の水上棚屋。家と家は水上に張り出したデッキでつながり、他人の家でも平気で通り抜けて歩く（二〇〇〇年二月十日）
左：モンゴル・ゲル内部。完全なワンルーム

ら、その客人は馬から降りて夕飯に加わらなくてはならないというルールがあるそうだ。事実彼らの民族衣装には、よく見ると腰の帯に箸とカップ、つまり自分用の食器が括り付けられている。孤独な草原で運よく出くわしたのに、素知らぬ顔をして通り過ぎるような冷たいことをしてはいけない。全然知らない家でも、「サエンバイノー」と言って入っていき、そこで食事の輪に加わる。当然、酒もすすめられるままに飲む。酩酊してくると主人にはかえって喜ばれる。これでこの客人は一晩泊まっていくだろうと。

見知らぬ人は、それ自身が重要な情報交換の端緒となる。遊牧民にとって、離れた都市でいま何が起きているか、干ばつや雪害の様子はどうだとか、旅人からそれらを聞くのは重要な情報収集活動であり、できればその情報源を引き留めたいわけだが、そのときにゲルの空間が必要だ。

緑の草原のなかに白くぽつんと建ってい て、それ自体が大変美しいが、広大な草原のなかでのゲルの白色は、その目標を容易に見出させる。遠くからその家をめがけてやってくる。家をめがけるからこそ、到着すれば一声かける。これは人と人を結び付ける重要な端緒になっている。

右頁：長野県茅野市新市民会館。模型
左：長野県茅野市新市民会館。模型。中庭が野外の劇場となる

広い草原に孤立して暮らす遊牧民。零下四〇度の厳寒のなかを自力で生き延びるすべをもち、発電用プロペラを立てパラボラアンテナを置いてなんと衛星放送を視聴している。（モンゴル・パラボラゲル）

右：スイス・リゴルネットの住宅（M・ボッタ設計）。刳り抜かれた開口が建築の表情をつくる
左頁：スイス・ベリンゾーナのチャペル。右＝外観／左＝ポーチ内から

建築は、本質的にはこのように人と人を同じひとつ屋根の下に引き合わせるためにあるのではないかと思う。学校はいい例だ。学校には校舎がある。建物がなくても、一本の立木があれば学校は始まるという有名な言説もあるが、しかしせめて一本の立木は欲しい。それが生む木陰があって、それがキッカケになって初めてそこが学校という場所になる。これも「端緒」である。

建築は、ある場所に他人同士を引き合わせるためにあって、その引き合わされた人たちが、そこでお互いに違う個性をもち、情報を交換し合ったり、あるいは互いに刺激し合ったり、愛し合ったり、嫌い合ったり、ケンカしたりする。そのなかからまた新しい発見が生まれてくる。そういうすべてのキッカケに建築はなり得るのだ。

人が住み始める場所

香港の大澳集落の人はもともと船に寝起きする漁民たちで、それぞれに大海原の上でバラバラの生活をしてきた。だが台風をよける避難地として格好の場所である、二股に分かれた河口地帯に集まり出したのが、現在の大澳集落の起源である。まさに船が浜に乗り上げたような格好でそのまま自力建設された集

右：函館公立大学設計競技案。模型
左頁：アンパンマン・ミュージアム。のぞき窓のついた床

落である。これら家々の構造は、船の船室そのものである。それが陸地に半分載りかかったようなかたちになっている。水上の棚屋同士は、かつての住まいであった船が互いに接弦して停泊し、その甲板から甲板へ誰でも通り抜けられたように、デッキで一家が夕涼みをしている前を隣人たちが構わず通り抜けて行く。一種の、「人と人を引き合わせる場所」である。

風景のなかに空間を顕在化する

　マリオ・ボッタの住宅も、自然の風景のなかにあって「人と人を引き合わせる場所」に近いものがある。

　彼が住宅と周囲の環境について語る際に引き合いに出すのが、スイスのベリンゾーナにほど近い、谷あいにあるたったひとつの小さなチャペルである。

　切妻の小さいな建物で中央にアーチ開口があり、大きな谷の大きなランドスケープのなかに、とても小さなこの場所が際立たされ、この谷の人たちに共有されている。チャペルとは元来人と神を、そして人と人とを引き合わす場所である。

　マリオ・ボッタの住宅では、自然のなかでの建築のたたずまい、特徴的な開口部と外部空間との対峙など、建

1

2

アンパンマン・ミュージアム
香北町やなせたかし記念館

Anpanman Museum
Kahoku, Kochi, 1996

▶ p.24, 64, 128, 185, 188, 189, 190

高知県香北町出身の漫画家やなせたかし氏を記念する展示施設で、やなせ氏が次々に新しい作品を書き下ろし、展示も時とともに様変わりして行く「進行形」の美術館を標榜している。無窓になりがちな美術館建築を周辺環境に開くために、主要な展示室やシアターを建物の「皮」の部分に配し、中央の「身」の部分はそっくり刳り貫いて、背後の山が見通せるようになっている。また根切り土を活用して前方に築山をつくり、ブリッジによって車と交錯せずに国道側の広場へ行き来可能となっている。

This museum is dedicated to the work of the cartoonist Mr. Takashi Yanase, who is from Kahoku, Kochi Prefecture. The museum is to be "a work in progress". Mr. Yanase continues to produce new work, and the exhibits will change from time to time. Museums tend to be windowless. In order to open this facility to the surrounding environment, the main gallery and theater were arranged within the "skin" of the building, and the core of the building was hollowed out so that people can look through it to the mountain behind the museum. A hill was created in front of the building with excavated soil, and a pedestrian bridge provides access over the street from the plaza on the national road side.

1. エントランスホールの大階段。巨大なヴォイドスペース
2. 北側全景。心がけがいい人は屋上に立つアンパンマンに出会う
3. 東側全景。土佐漆喰の外壁
4. エントランスホールに突き出した3階から4階に向かう階段
5. 北側に自分たちの暮らす街並みを見る
6. エントランスホール側面、大階段と突き出し階段を見る
7. 館長室
8. 4階ギャラリー「しり合いになる椅子」

④

③

⑤

⑥

⑦

⑧

築の造形自体が人を引き寄せている。

一枚の屏風に一枚の絵

カルロ・スカルパは一九四八年にパウル・クレーの展覧会の会場デザインをしている。スカルパがそれ以降、数多くの展示空間を手がけた、言わばその原型と思われるものだ。一つひとつの絵には額縁がなく、その代わり、大きなパネルにほぼ一点ずつ組み込まれていて、互いに独立したかのように立っている。

アンパンマン・ミュージアムでは、床に埋め込まれた展示をみんなが思い思いに覗けるようになっている。別の穴を誰かが覗くと、さらにそれに誘発されて次々に人が覗きに行ったりしている。

しり合いになる椅子

やなせさんのオリジナル絵画を飾るための、四階の展示室には「しり合いになる椅子」をデザインした。この椅子は、こちらから人が座って、向こう側からも人が座ると、誰か座ったということをお尻に感じる椅子である。ここに同時に居合わせた人たちがお互いを意識したり、「ああ、ほかの人と一緒にいる」ということを感じたりするための椅子である。

右：アンパンマン・ミュージアム。しり合いになる椅子
左頁：天草ビジターセンター＋展示休憩所。自然石が陳列された外壁

右頁：右＝一九四九年のヴェネツィア・ビエンナーレ、スカルパによるパウル・クレー展／左＝スイス・ヴェヴェイにある小さな家（ル・コルビュジエ設計）
左：タイ・レールウェイマーケットのワゴン

美術館がただ絵を見るためだけにあるのだったら、絵と本人は一対一で、ほかに邪魔者はいないほうがいいが、実は美術館という空間は、そこに展示されている作品と、さらにそこに居合わせた人びとによってでき上がる空間である。誰もいない美術館は寂しい。

自然の石が引き合わす

天草の国立公園ビジターセンターの外壁には、研究室の学生と一緒に天草中から拾い集めてきた自然石のかけらを、昆虫採集の標本のように「陳列」した。天草は外海、内海、山、川と種々の異なった自然があり、石もさまざまである。土地の人なら、どこの海岸の石かすぐわかる。ひとかけらの石をキッカケにして、天草の自然を詳しく教えてもらえるかもしれない。来訪者と土地の人を知り合わせるキッカケになればと考えている。

こうして思うと世の中には人と人が接触する機会は山のようにある。多くの人が高密度に暮らしているのだから、嫌がおうにも日々見知らぬ他人に出会ってはいるのだが、たんにすれ違っただけでは、何も起こらない。ただの高密度を、積極的な意味で高度に複合した都市につくり変えて行きたい。

ヴェネツィアの水

THE WATER OF VENICE

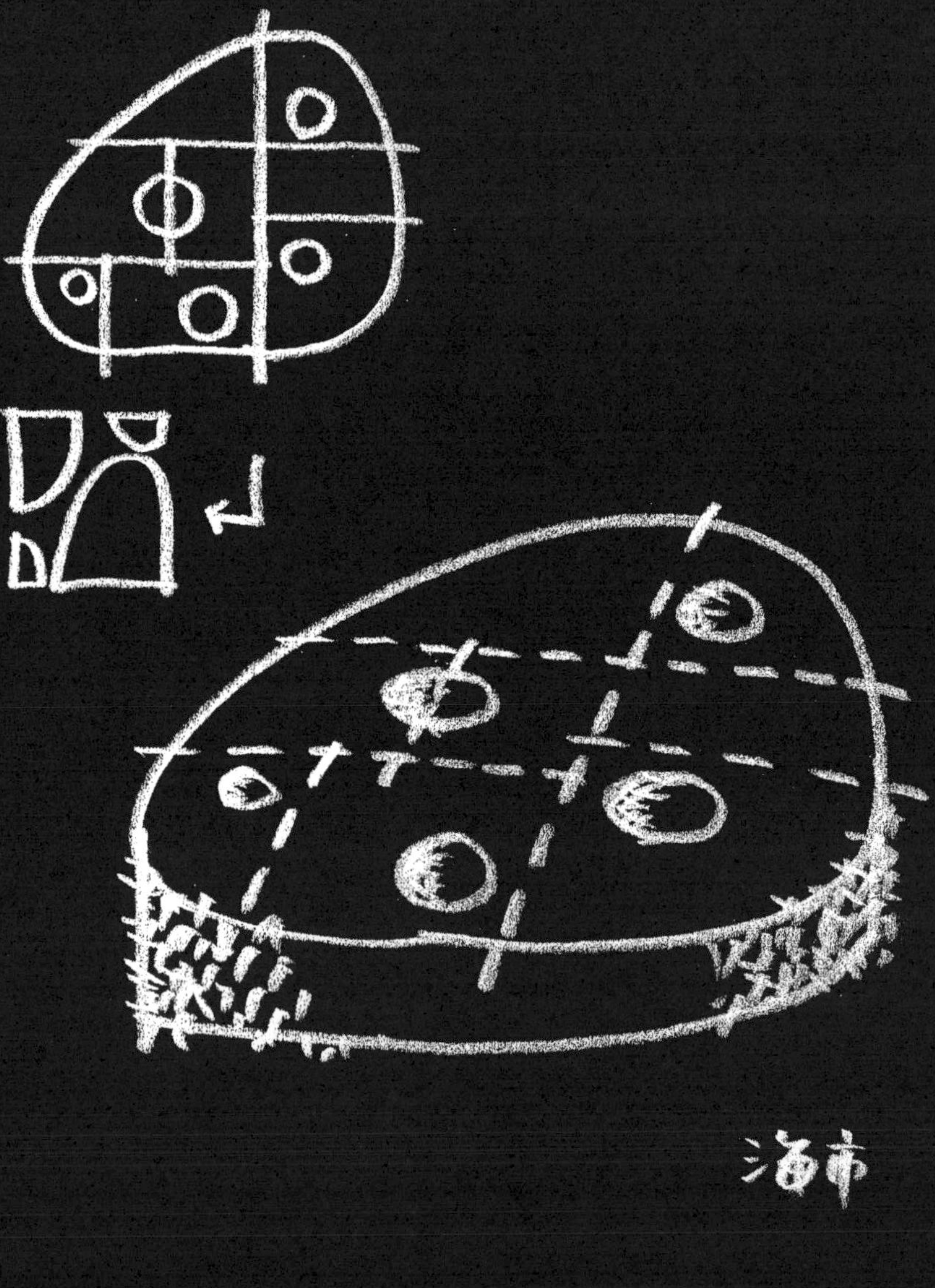

ヴェネツィアはカルロ・スカルパを生んだ都市である。彼の独特な建築観はこの都市の空間性を抜きに理解することはできない。街のいたるところに細運河が入り込み、その水が直接建築に接し、内部に入り込んでくる。ヴェネツィアの地図は、建築と、街路や広場の外部空間と、さらに運河上の空間との、三つの色に塗り分けられる。この三色目が加わった途端に、都市空間は格段に複雑化し、「マッス」と「ヴォイド」、「内」と「外」、「図」と「地」、などといった対比的な理解がまったく役に立たなくなる。

スカルパの建築にある、一目瞭然でない、物語性を帯びた小空間の連鎖も、この都市での網目のような街路の逍遥を彷彿とさせる。しかしここで重要なことは、一つひとつが個性をもつバラバラな要素が、何かに引き寄せられてひとまとまりのものと認識できるような、要素の間に充溢しているものの存在である。ヴェネツィアの街ではそれが運河に満たされ海と同調して干満を繰り返す水の存在であり、建築においてはそれが気配であり、光であり、漂う空気であったりする。

パリの古い図書館に延々と並ぶ閲覧机に身を沈めたときにも、そしてバンコクの蒸し暑い雑踏のなかでセンレックをすすろうというときにも、実はこの感じがする。スカルパは、何世紀も前の古いもの、展示されるべきオブジェの類、自ら付け加えたまったく新しい要素など多様なものを、互いの引力を作用させて、擦れ合う寸前でしかも渾然一体となる状態に引き寄せている。

Venice is the city that gave birth to Carlo Scarpa. To understand his distinctive architectural vision, we must first understand the spatial character of this city. Narrow canals penetrate every corner of the city, and their waters come into direct contact and intermingle with the city's buildings. A map of Venice is usually divided into three colors, representing the buildings, the exterior spaces such as streets and plazas, and the canals. The presence of the third category of space makes the city far more complex. Dichotomous concepts such as mass and void, inside and outside, and figure and ground do little to help us understand Venice.

Walking through the series of small spaces that are a feature of Scarpa's buildings is like strolling through the network of streets of this city. His architecture and Venice both have a narrativelike quality and reveal themselves only gradually. More importantly, however, both possess something that draws together disparate elements so that those elements are perceived as parts of a whole, even as each retains its own distinctive character. In the case of Venice, that something is the canals: the waters that repeatedly rise and fall with the sea. In the case of his architecture, it is ambience, light and drifting air.

About to take a seat at one of a long row of reading desks at an old library in Paris or to slurp noodles in the humid hustle and bustle of Bangkok, we experience virtually the same feeling. Scarpa takes diverse things—items that are centuries old, objects that are worthy of exhibit, and entirely new elements that he has added himself—and, using their powers of mutual attraction, joins them deftly together into a whole.

ヴェネツィアはいたるところ水で満たされている。この都市の地図を塗り分けるには、建物と街路の二色のほかに、もう一色水の色が必要である。そしてこの水は遠く東京湾の水ともひとつながりのものだ。（ヴェネツィア・カナルグランデ）

右：ヴェネツィア・サンマルコ広場の夜景
左頁：ブリオン家墓地（C・スカルパ設計）。繰り返しのないさまざまな要素がひとつの平面に連なっている

お湯に浸るとわく親近感

「ヴェネツィアの水」の概念は、もともとは象設計集団の富田玲子さんから啓示された。早稲田に教えにきてくれたときに、学生に「たとえばこの部屋にお湯が張られていると思ってごらんなさい。人と人の間にお湯が張られていると思うと、お互い急に親近感がわいてくるような気がするでしょう？」と言ったことからきている。

非常に興味深い比喩だった。空間内にバラバラにいた人がお湯の存在によってひと括りにつなぎ合わされたとたんに、お互いの関係が認識される。関係だけではなく、その間に充填されているものが思考の対象になった瞬間に、その距離とか向きに加えて、両者の間に充満する空気にも色が付いてくる。その現象をたった一言で表現する言葉が「腰のへんまでお湯があると思ってください」という富田さんの説明だった。

建築のいわばハードな部分である壁や柱や天井をつくることによって、われわれは空間の「型」をつくっている。内部に流し込まれる空間を型抜きするための仮枠のようなものを、目に見える壁とか床を使ってつくっているが、ほんとうにつくりたいものは、実はそれらによって型どられ

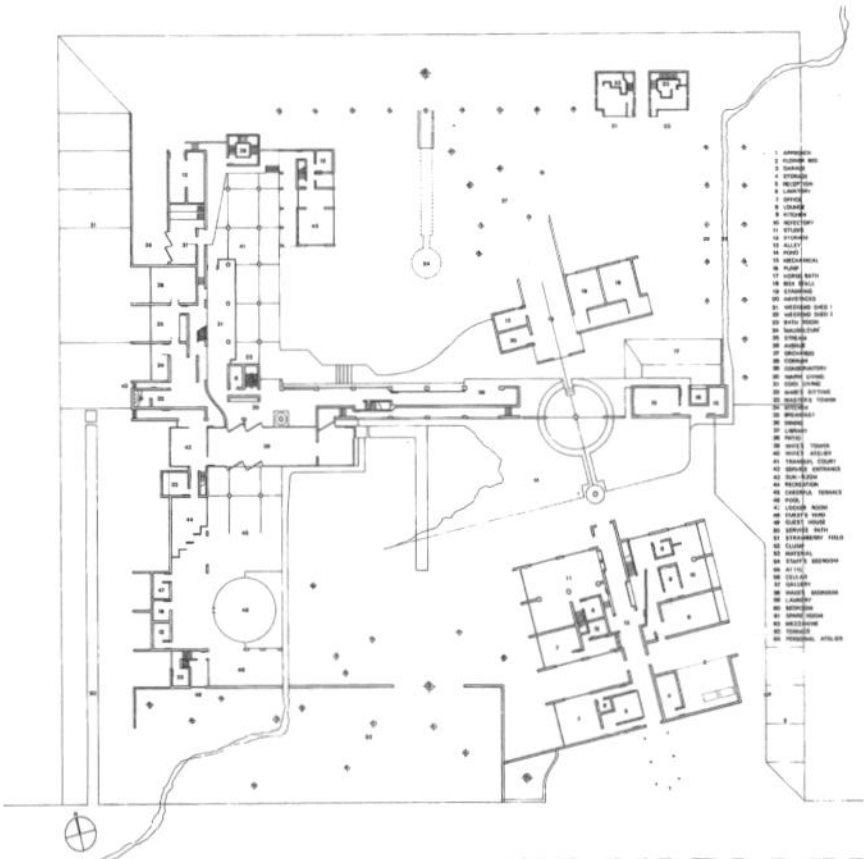

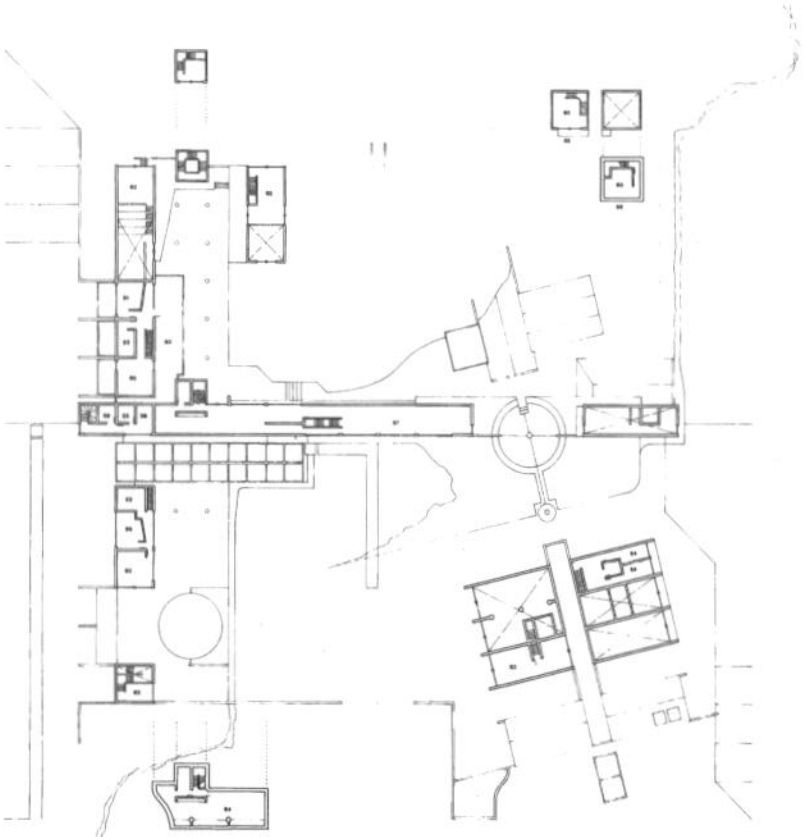

た空気のほうだと思うのである。

ジェームズ・スターリングが審査員だった「K・F・シンケルの家」のコンペ案、そのプランを僕は水彩絵の具で描いた。壁を白抜きにして、室内の部分にきれいに色が塗ってあるという平面図だった。これは壁とか躯体のほうを表現しているのではなく、躯体によって切り取られた空気のほうに色を塗っているのだと答えていた。

学生のとき以来考えていた、われわれはソリッドな躯体をつくりながら、それによって刳り抜かれた空気のほうをつくっているという概念が、富田さんの「お湯」という話を聞いた瞬間に、それでいいんじゃないかと得心した。つまり、その事象を意識化するための手だてがあればいいことで、それを媒介するファクターは何なのかということが、目下のテーマである。

充満するお湯の感覚は「海市」展を構想したときに考えた、あるときには離散し、あるときには集合する、小魚の群れのような人工島計画にも通じる。

複雑な地図ができ上がる

実は「ヴェネツィアの水」にはもうひとつ意味があって、タイトルをあえて「ヴェネツィアの」と言っている

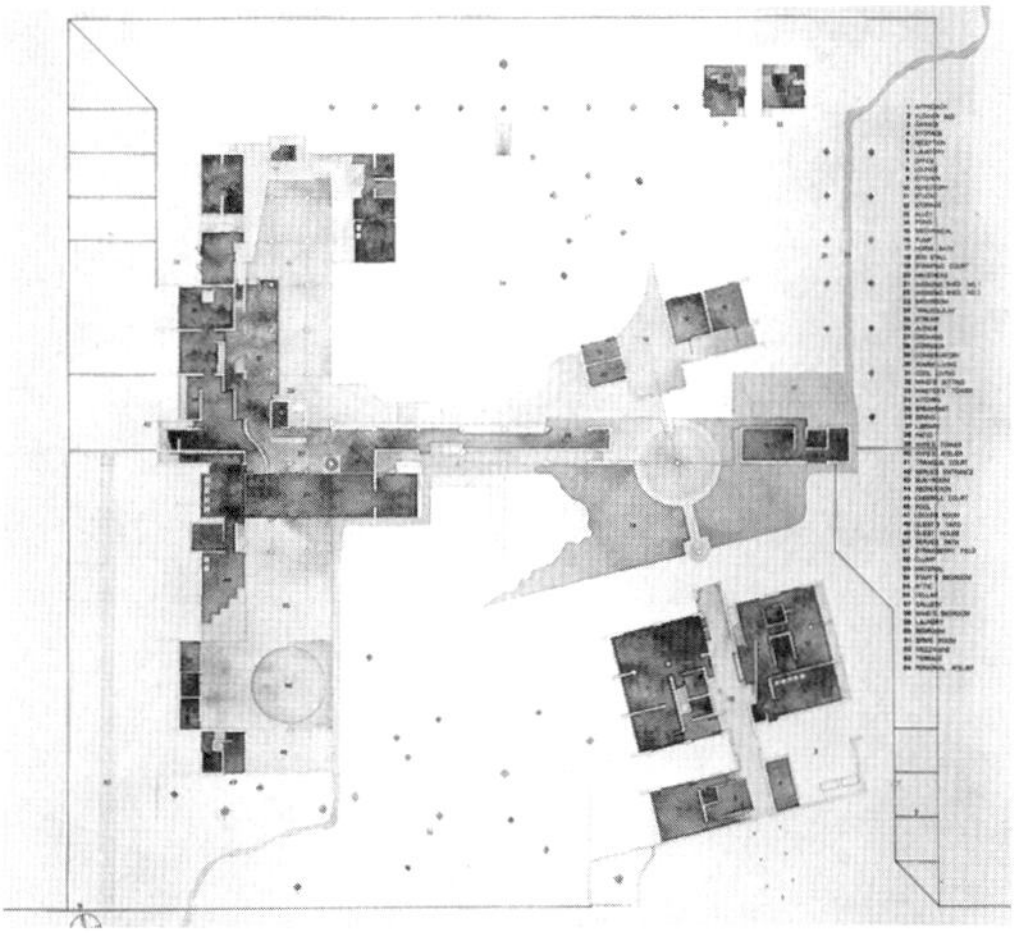

右頁：シンケルの家。平面図
左：シンケルの家。水彩絵の具で壁を白抜きにした平面図

のは、ヴェネツィアという、複雑な一種の巨大ラビリンスのような都市をひと続きのものとして認識できるための大きな要素が、そこかしこの運河という運河を満たしている水であるからで、その意味では「お湯」と同じである。だがヴェネツィアの場合にはもうひとつ別の意味がある。

　次の章の「混沌」というテーマとも関係してくるが、都市の地図を色で塗り分けようとすると、建物が建っているところと建ってないところと、それ以外の道や広場になっている部分とに塗り分けられる。普通ならばその二色であり、ただの白黒の地図になるが、ヴェネツィアの場合はさらにそこに水色の部分が必要だ。つまり建物が建っているところ、それ以外の道や広場のところ、そして水の満たされているところという三色になる。

　この三色目が加わったとたんに非常に複雑な都市の地図ができ上がる。というのは、白と黒の対比で言っているときは、ソリッドとヴォイド、建物が詰まっているところと開いているところという関係、その開き方に、広場が求心的だとか路地状であるとか、いろいろなパターンはあるにしても、しかしパブリック・アクセスが可能な部分と、壁によって囲まれていて、一般に

右：上海市青浦区朱家角鎮都市景観計画案。全体模型
左頁：上海市青浦区朱家角鎮都市景観計画案。全体平面図

右頁：タイ・バンコク、チャイナタウンの街路
左：タイ・バンコク、チャオプラヤ川

は入れない部分とに分かれる。普通ならこういう単純明快な構図でいけるが、さらに水面という三色目が出てきた途端に複雑化する。街路網も水路網も同じように交通のインフラともなっているし、同じようにパブリックな共有空間でありながら、しかし水面上の空間へは、船にでも乗らない限り立ち入ることができない。そういう不思議な空間地図になっている。

天体の運行もふたつの天体間ならニュートンの万有引力で解くことができるが、三個目の天体が加わったとたんに方程式は解けなくなってしまう。有名な三体問題である。

地図も塗り分けが二色の地図から三色になっただけで、全然複雑な様相を帯びる。この二重の意味が「ヴェネツィアの水」にはある。

不思議な連続感で結ばれる

一九七ページのブリオン家の墓地の写真では、まず入り口の双子の円の壁があって、共同墓地との境界の塀の出隅の角が見えて、その先に親族のお墓が見え、さらに正面にブリオン夫妻のアーチ状の墓が見える。そして塀があって、塀の向こうのサン・ビート・ダルティヴォレの街に建つ教会の尖塔が見えてい

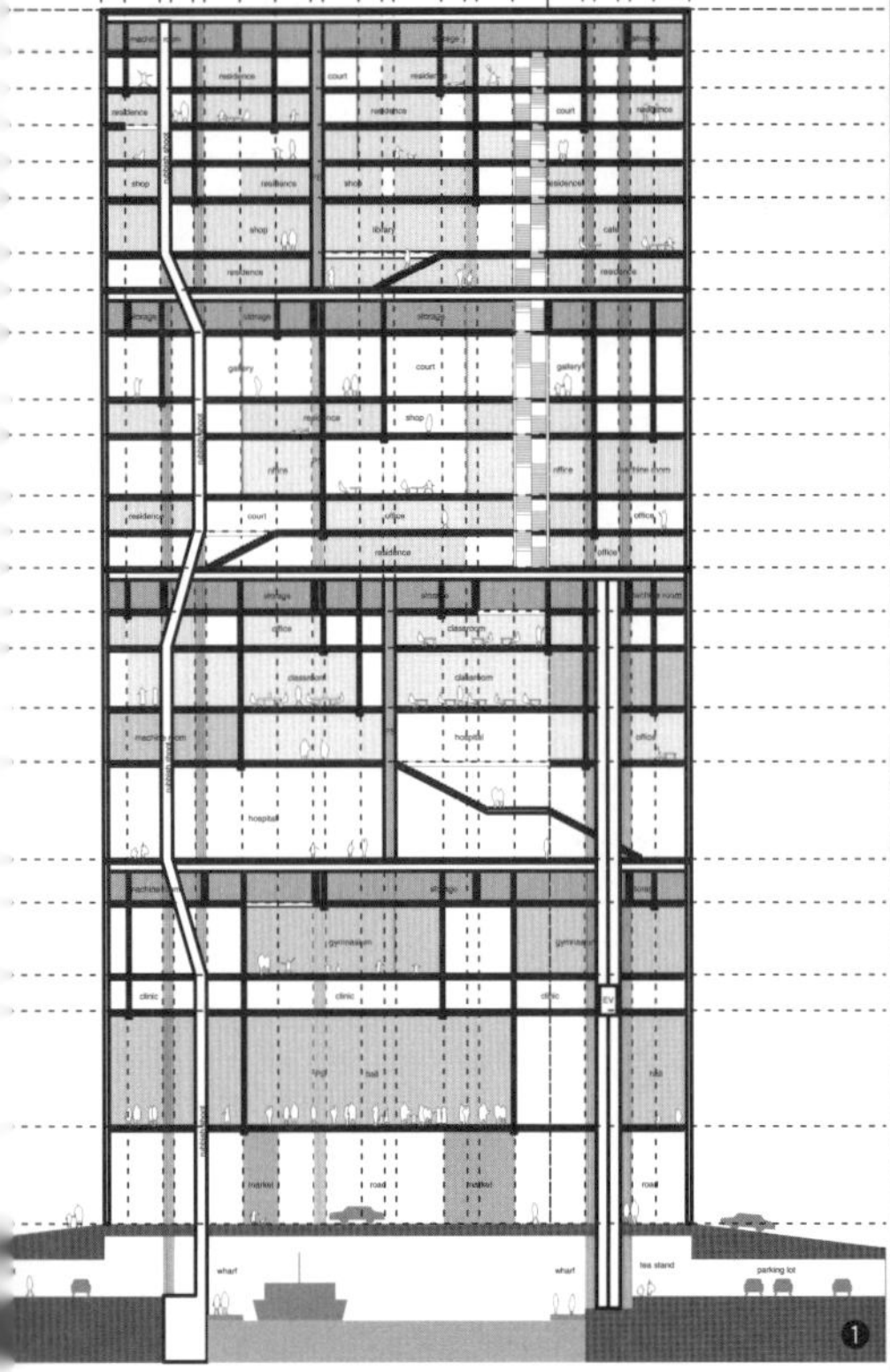

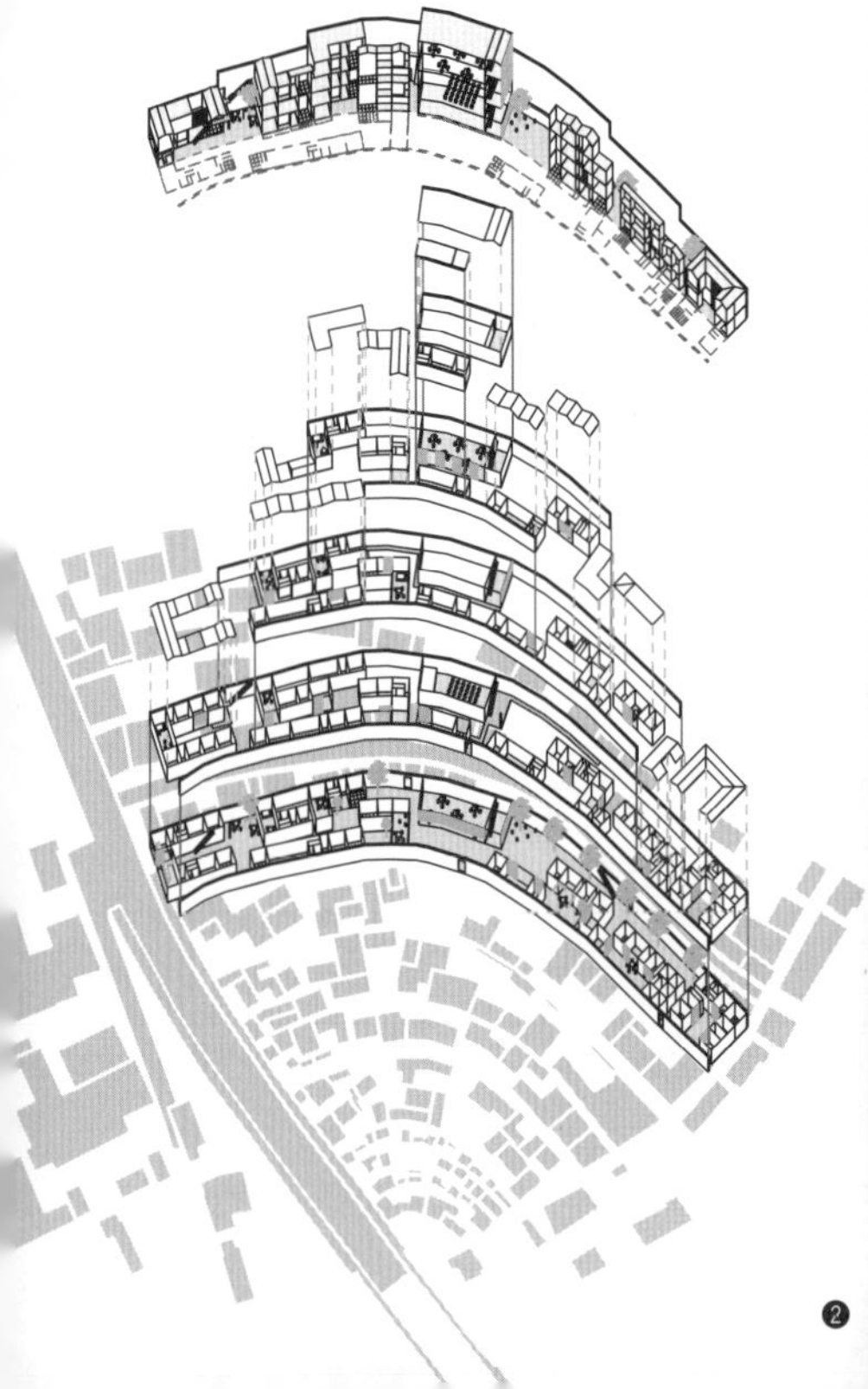

上海市青浦区朱家角鎮都市景観計画

上海近郊水郷地帯再開発計画
デザインコンペティション応募案

Zhu Jia Jiao Urban Project

Shanghai, China, 2001

▶ p.43, 46, 198, 199, 202

上海近郊の水郷地帯青浦区朱家角地区の都市再開発プロジェクトである。計画エリアは4地区に分けられており、歴史的なものを生かしていく第1地区、湖周辺の環境を生かしていく第2地区、いまは何もない湿地帯にまったく新しい都市を形成していく第3地区、その3つを統合しつつ全体の入り口をつくる第4地区という内容である。水郷地帯であるということ、それから蛇行した水路という独特の景観的特徴を生かして、全体を水路網で切り取られた郡島によって成り立つような都市計画が提案されている。

This is an urban redevelopment project for the Zhu Jia Jiao waterside district in Qing Pu County, a suburb of Shanghai. The project area is divided into four districts. The theme in district 1 is to make use of historical objects; in district 2 it is to make use of the lakeside environment; in district 3 it is to form an entirely new city in undeveloped marshland; in district 4 it is to integrate the other three districts and to provide an overall entrance to the project. Advantage has been taken of the lakeside environment and the scenic canals distinctive to the region to create a city plan made up of islands separated by a network of canals.

1. ハイパー・ブリッジ断面。8層ごとに吊られた構造
2. 第1地区／街区の構成。蛇行する街並みが奥行きを生む
3. 全体／鳥瞰模型。群島を道路と水路がネットワークする
4. 第1地区／鳥瞰模型。伝統的ゾーン
5. 第3地区／模型。道と水路の交点に立つ建築

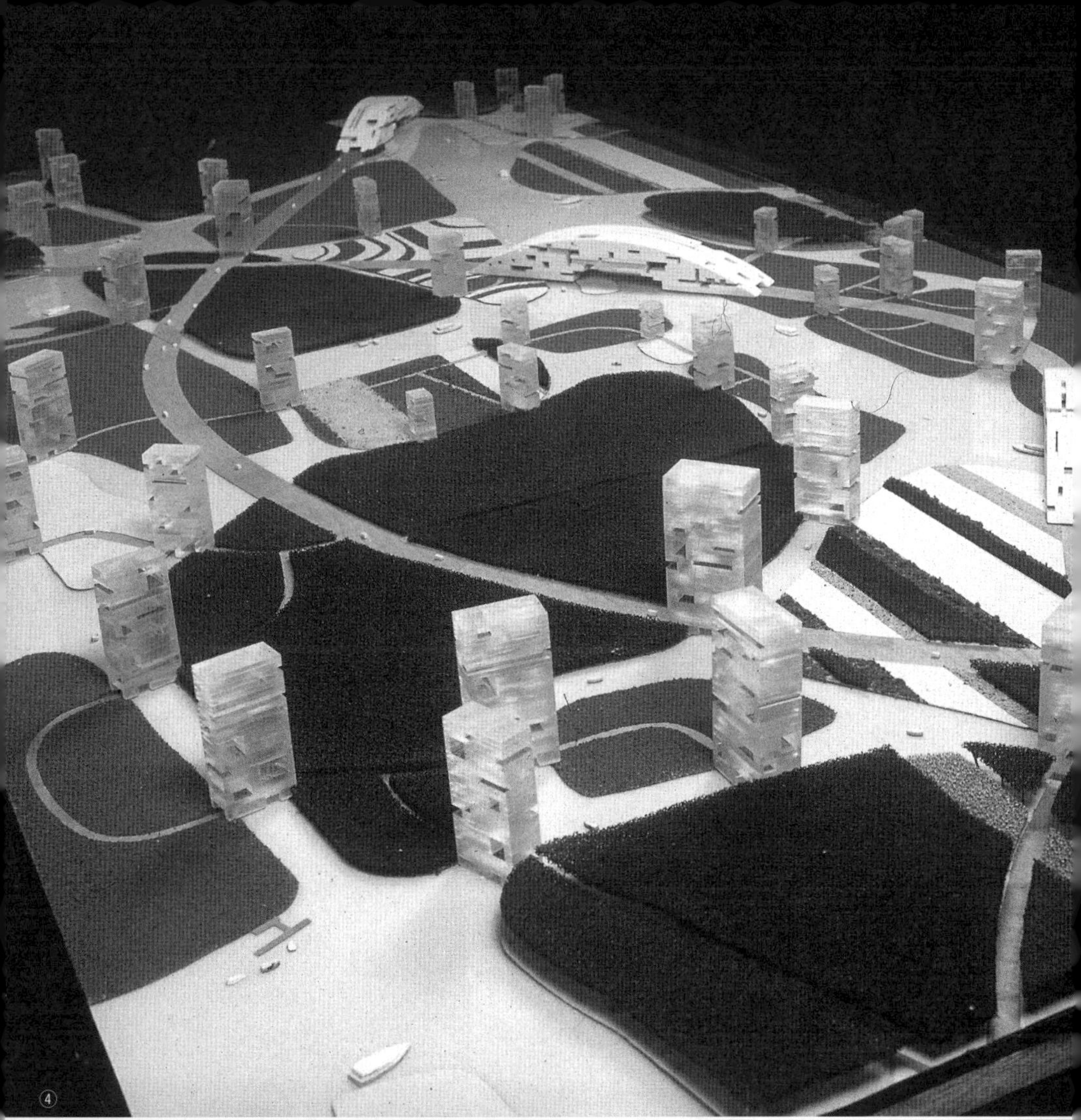

④

❻

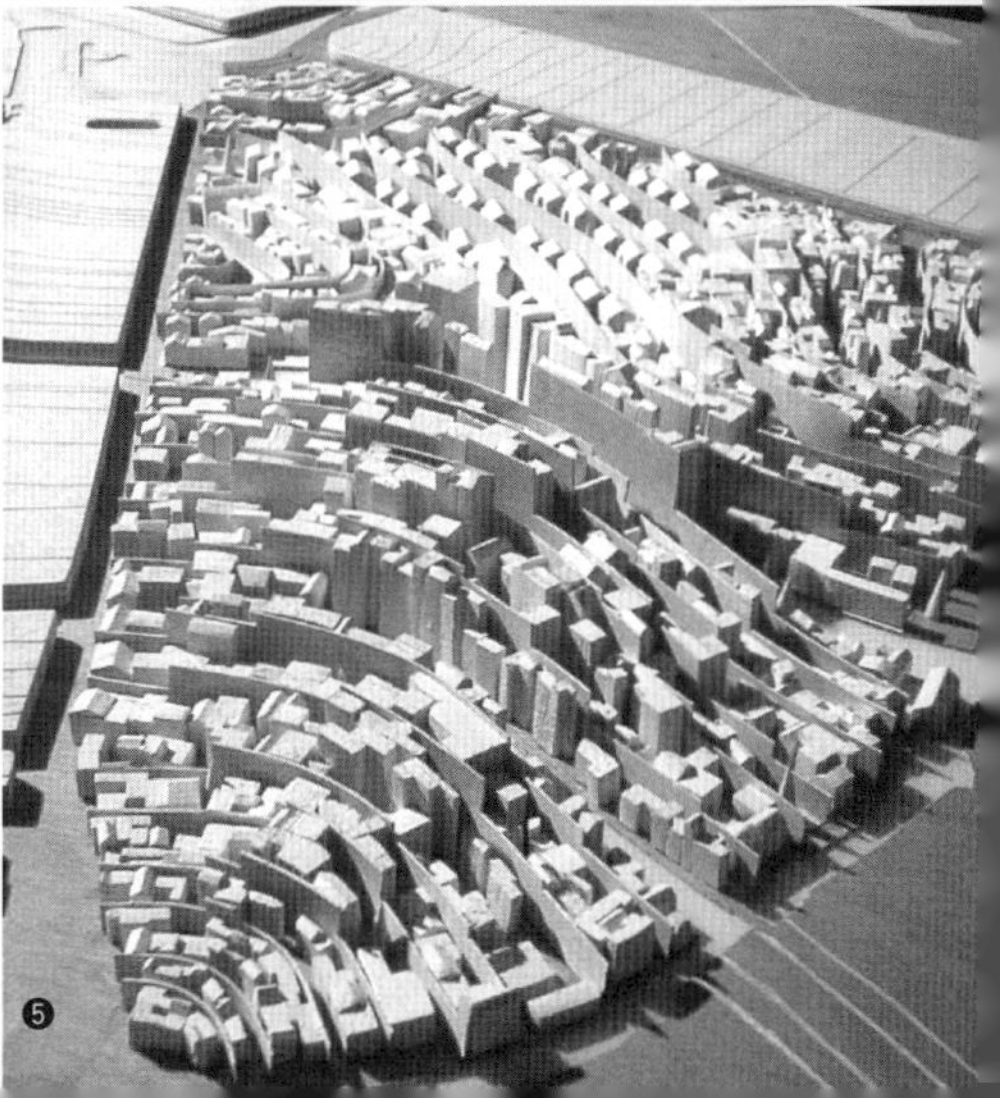

❺

右：カステルヴェキオ美術館（C・スカルパ設計）の内観
左頁：ポッサーニョ・カノーヴァ石膏彫刻美術館（C・スカルパ設計）内観。光によって空間が変化する

る。そして立木が見え、空が見える。一つひとつの要素はてんでにバラバラである。コンクリートの打放し、白セメントで固められた塀、勾配屋根をもった親族の墓、アーチ型の夫婦の墓、教会の塔、まったくひとつとして同じものが並んでいない。その意味でこれも「不揃い」であるが、不思議な統一感がここにでき上がっている。

　スカルパがここに呼び集めてきた、古いもの、新しいもの、昔からあったもの、自分が新しくつけ加えたもの、植物、その他いろんなものが集合することで、ここに不思議な新旧の空間のアンサンブルができている。これを直接構成しているのは立ち並ぶ建築要素であるが、互いに結び付けられていると感じさせるのが、敷地外周を取り巻く、ちょうど目の高さで回っている塀である。

　スカルパのスケッチには、目の高さのところでちょうど塀が鋭角的に終わるようになっている。人の目の高さにある塀とは、透視図の水平線の位置を意味する。塀をその高さにしたということは、その水平線から下にあるものは視界からカットして、水平線から上にあるものだけを、敷地の外にあるものも含めて、敷地内部の空間に飛び込んで入ってくるように、巧みに操作さ

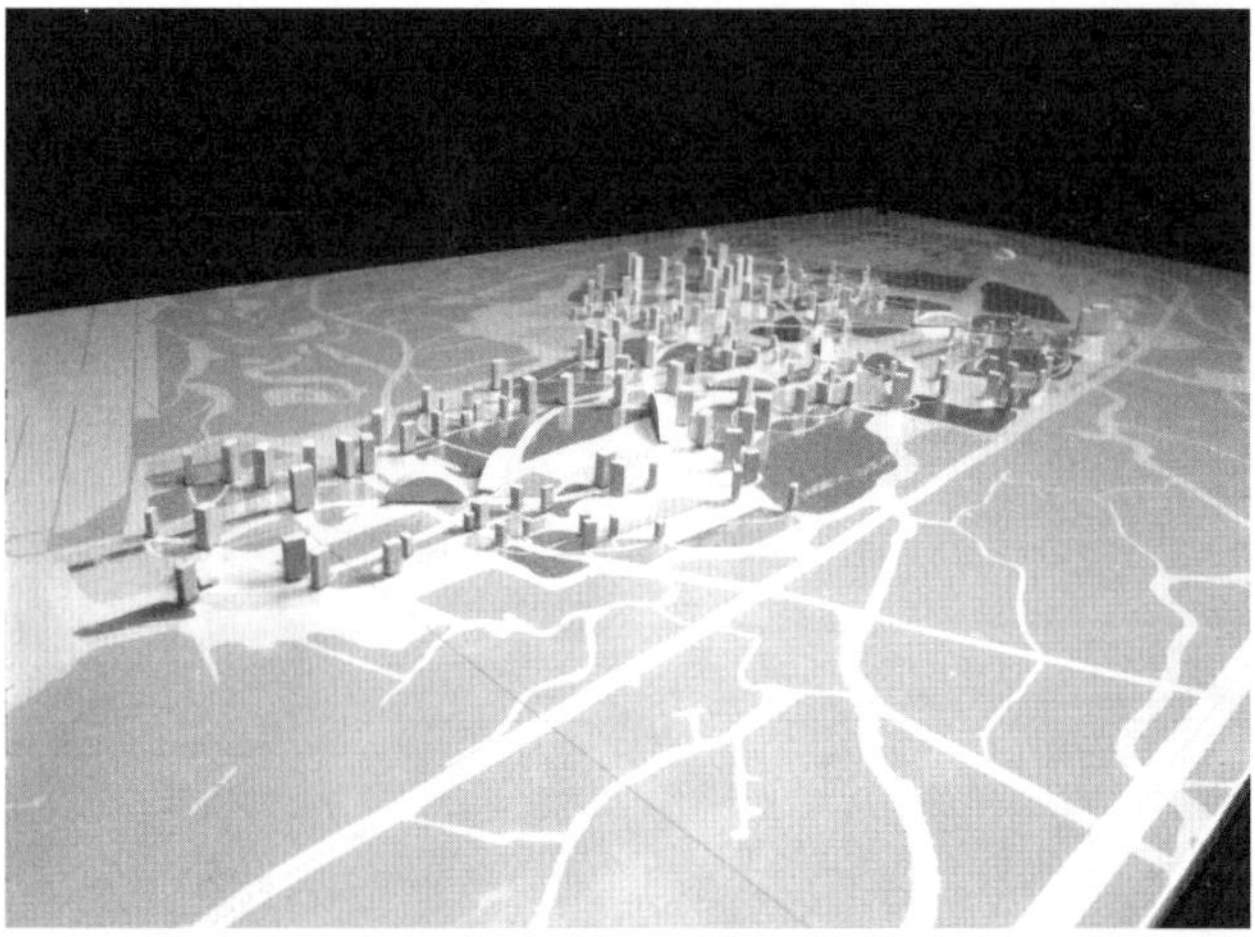

れている。

　スカルパは目の高さで塀を切って、そこにあたかも富田さんのお湯のように、全体を満たす敷地内の水平線をつくり出している。目の高さが同じなら、敷地内の水平線は、自動的に外部の水平線とも重なっている。

　そこにあたかもお湯が張られたような、そういう集合体をつくって、その「お湯」の存在によって、それぞれ違った建築要素を結び合わせている。

全体をつなぎとめる

　北イタリアのポッサーニョにあるカノーヴァの石膏彫刻美術館でも、一見まったく違う要素をてんでばらばらに並べたように見えるが、空間に満たされる光によって全体につなぎとめられている。

　ヴェネツィアの三色目の運河ではないけれども、そういう意味からすると、まったく共通性のない間柄が、水に浸されて統合されることで、それを関係が可視化される感じがする。そう思えばスカルパの空間には、ほかにもまるで床に水が張られているかのように感じられるものが多い。

網目状の都市を水が満たす

　同じようなことをバンコクでも感じる。も

右頁：上海市青浦区朱家角鎮都市景観計画案。全体模型鳥瞰
左：「海市—もうひとつのユートピア」展。展示作品

ちろんバンコクも水の街であるから、ヴェネツィアとその意味での類似性はあるが、タイの街のなかには、ヴェネツィアよりもっと錯綜して、到底人が並んで歩けるとは思えないような街路のなかをオートバイと荷車がすれ違うようなことが起こっていて、格段に複雑な網目状の都市ができているが、そこにも文字どおり水が満たされている。しかしそれはチャオプラヤ河のほんものの水のことではなくて、この辺一帯に充満する、バンコク市街に漂うお湯のような空気を僕は感じる。

この界隈に充満する何かが介在することで、メディアテークのような異種錯綜のデザインは効果を現す。

その存在が意識できないと、全体が非常に散漫に感じられ、互いに触発されないものとなる。そんなときその全体を満たす水の存在、つまり「間」の感覚を、いかにつくれるかというのがこのテーマである。

早稲田の會津八一記念博物館では、何十年も閲覧室として使われてきた空間を展示室に改修した。閲覧室の机の面の連なりを彷彿とさせられただろうか。

すべてをシャッフルされた状態にする

青浦区朱家角鎮とい

右：早稲田大学會津八一記念博物館。展示室内観
左頁：天草ビジターセンター＋展示休憩所。内観

右頁：右＝タイ・バンコク、運河の交差点に建つ雑貨屋／左＝タイ・バンコク、中華街の路地
左：上海・朱家角の旧い運河のある景観

う上海市郊外の、まさに東洋のベニスと呼ばれる歴史的な街には、ゆるく弧を描いて蛇行する水路網がある。新しく五万人ぐらいの人の住む新都市を、この歴史的地区近くの湿地帯に開発するために、住宅地デザインの提案を青浦区の都市計画局から求められた。

そこでわれわれが考えたのは、湿地の水路網を全部丁寧に切り開いて、都市全体をアイランド状の群島で構成すること。全域が群島化されたところで、その上に幹線道路計画を行い、そして枝の部分に当たる小さな道路計画を網目状に立てて、これらと水路網を重ね合わせ、網目状の水路と網目状の道路という二重のウェブ・インフラを敷設する。

建築は建てる場所を絞って高層化し、建物は水路と道路との交点にしか建てないというルールによる、新しい市街地形成の提案をしている。

すべての建築は、道路網と水路網という二重のインフラを基盤に抱えていて、目的や必要に応じてこれを使い分ける。ある種の交通は道路からやってくるし、たとえばゴミは重力を利用して足下に集め、早朝に船で音をたてずに静かに回収していく。

あるいは水路の水を空調の冷却水に使って、空中に噴霧して、

浄化して返すとか、水路系と道路系を通じてあたかも呼吸するような都市にしたいと思って提案している。

建物を高層集約化することによってできる空き地は生産緑地化する。

いままでの都市は都市としてまとまり、そこから離れた郊外があって農地があるという分別された状態だが、ここでは初めてそれが完全にシャッフルされた状態になる。つまり農地もあるし、市街もあるし、水路もあるし、道路もある。そのすべてが同じ場所にあるような、それが重なり合うような、新しい水郷都市の提案をしている。

お湯に浸かるように本を読む

パリにある古いサン・ジュヌヴィエーブ図書館に入ると、書架が中二階にぐるりと並び、メインフロアに閲覧机が整然と並んでいて、そこに緑色の丸い傘のランプが列をなして点いている。そのなかに沈み込んで本を読んでいるという感じは、まさに気持ちのよいお湯に浸かって読んでいるような気がした。

実際、閲覧室の机上面のつらなりはフラットで、あたかも擬似的な水面があるようにも見えてくる。書物の海に浸っているような幸福な感覚に満ちている。

右：沖縄SSタワー・プロジェクト。イメージCG
左頁：沖縄SSタワー・プロジェクト。右＝構成ダイアグラム／左＝公園とオフィスが重層するポーラスなタワー

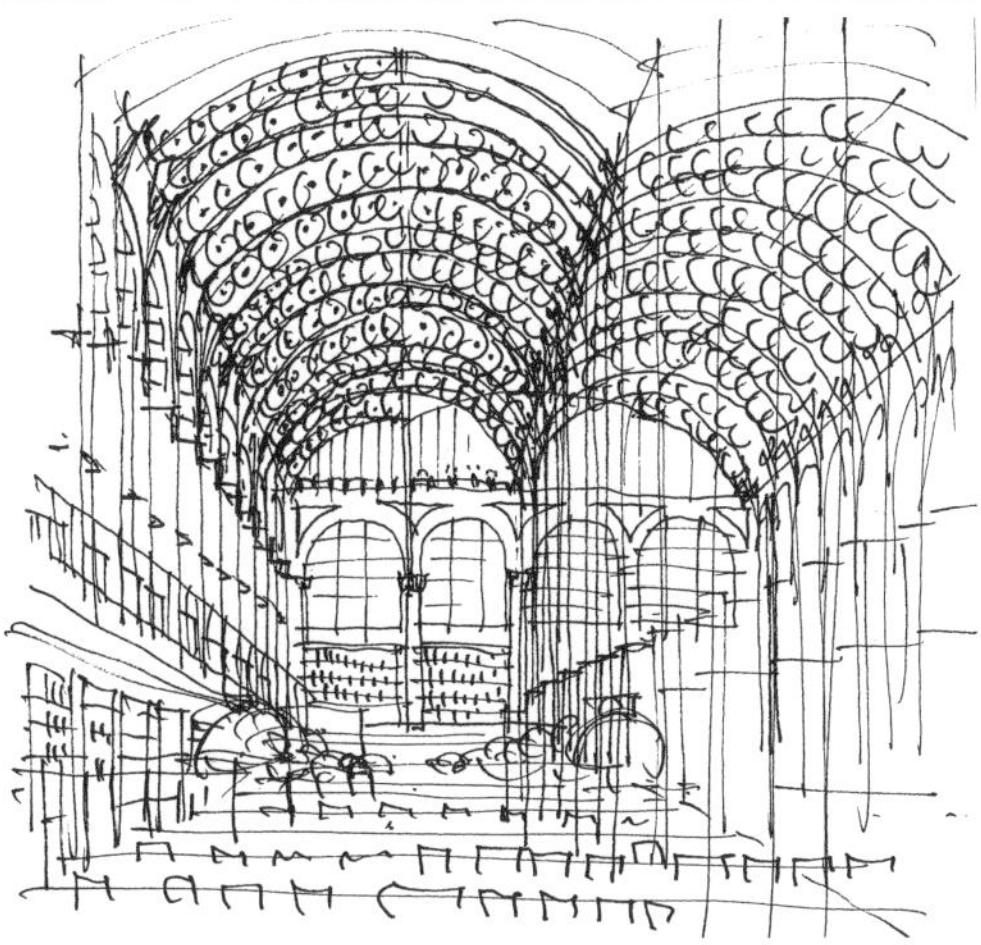

右頁：上海、緩やかに蛇行する朱家角の運河。人びとの暮らしはこの水に沿って広がる（二〇〇一年六月十六日）
左：フランス、サン・ジュヌヴィエーヴ図書館。キャレルに身を沈めて読書に耽る（一九九七年十月一日）

大海原に浮かぶ太陽の道

南北軸を重視する広大な大陸民族の方位観にくらべて、古来わが国では、どちらかといえば東西軸に重きをおいてきた。まわりに何の地形的な手がかりもなく、自己の位置を測るためにはつねに不動の北極星が必要だった大陸の民に対し、周囲の地形が細やかで道しるべに事欠かなかったと思われる。むしろ東から西へと回転する日々の太陽の運行に関心を払い、東西軸に、人の死生観や過去、現在、未来の時間軸を重ね合わせて、関心を寄せてきたためだろう。なかでも群島からなる沖縄では古くから船で人びとが行き交い、東から昇る太陽をあがめ、西に沈む太陽を悼んできた。海上の東西軸を太陽の道と呼んでいる。

観光地として賑わう現在の沖縄では、リゾートホテルの大多数は沖縄本島の西海岸、つまり夕陽の眺められる場所に集中している。そのような沖縄で、島の両側から日の出と日の入りの両方を眺望できるのが沖縄SSタワーのプロジェクトである。ハイパー・スパイラルの立体的にポーラスなビルの延長にある。地上から頂部までらせん状に連続する半屋外空間がビルの四周を駆け登る。

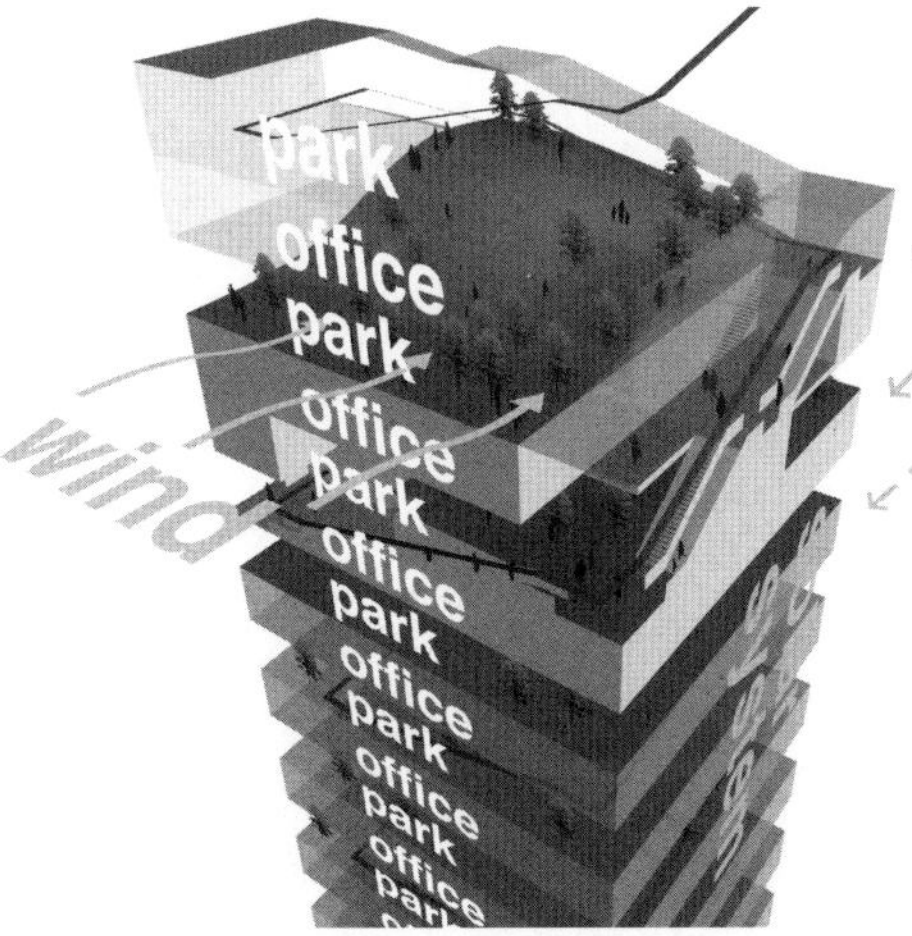

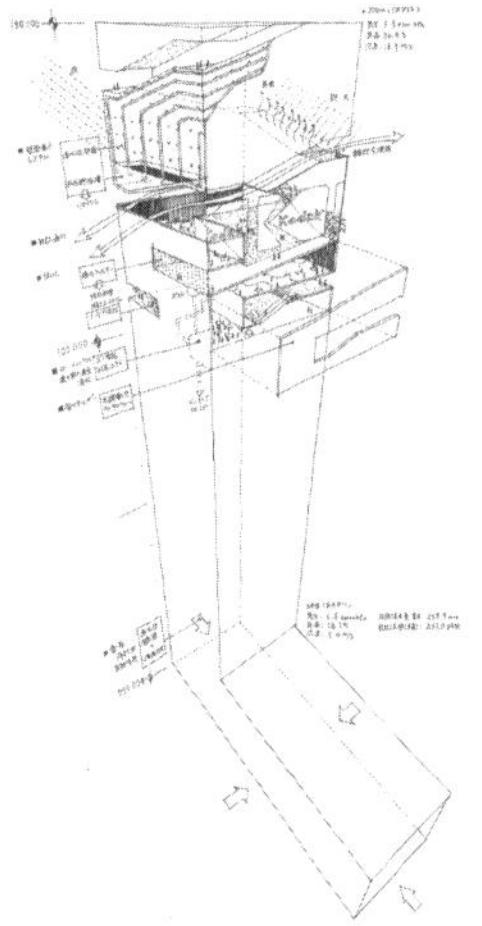

混沌

CHAOS

紀元前四世紀の中国の荘子の『応帝王編』に混沌という名の王が出てくる。ある時南の国と北の国の王を招いてご馳走をした。混沌の顔には実は目鼻耳口がなかった。ふたりの王は返礼のつもりで毎日ひとつずつの穴を開けていったが、七つ目の穴を開け終わった途端に混沌は死んでしまう。これが日本語の混沌の語源となった。

西欧でのカオス研究の源流には三つあると言われ、ポアンカレによる天体の運行に関する三体問題、レイノルズによる流体問題、ボルツマンの気体運動に関するエルゴード仮説、いずれも十九世紀後半から末にかけての研究である。二〇世紀に入ると量子論や相対性理論が舞台の主役となり、カオスの存在が再び脚光を浴びるのは、六三年のローレンツの熱対流運動に関する論文を待つ。奇しくもこの年に、磯崎新は建築の変移に関する「プロセス・プランニング論」を著わした。

われわれは現代の都市という名のとても変化の激しい集合体のなかで生き、現代の建築というきわめて複雑なその「部分」を扱おうとしている。二〇世紀を通じてわれわれは、建築が無色透明な更地の上に、自立的に建つかのように考えてきた。だが実際の敷地には周囲の環境があり、気候的、社会的、文化的風土があり、そしてその場所の過去からの来歴がある。建築とは仮にそれが新築であったとしても、少し範囲を広げれば、そのコンテクストに対する「増築」である。これから私が考えようとしているのは、都市のカオスに対して、そのなかの点的部分としてある建築が果たす、鍼治療的な作用にほかならない。

In his writings, Chuang-tzu, the Chinese mystic and philosopher of fourth century B.C., describes a king named Chaos, who had no eyes or a nose. One day, he invited the king of the south and the king of the north to a meal. In return for the meal, the two kings opened one orifice each day in Chaos, but he died the moment the seventh orifice was opened. The Japanese word for "chaos" (*konton*) comes from his name.

There are said to be three sources for research into chaos in the West: Poincarés problem of the motion of three or more astronomical bodies, Reynold's problem of fluids, and the ergodic hypothesis of Boltzmann. All date from the second half to the end of the nineteenth century. In the twentieth century, quantum theory and the theory of relativity took center stage, and chaos began to attract attention again only in 1963 when Lorenz published his work on heat convection currents. Interestingly, it was in that year that Arata Isozaki published "The Theory of Process Planning" on transformations in architecture.

We live in the extremely volatile aggregate called the contemporary city and attempt to deal with an extremely complex part of that aggregate called contemporary architecture. Modern architecture in the twentieth century taught us to think of buildings as things standing in isolation in a characterless, transparent open space. An actual site, however, has a surrounding environment, its own seasonal, social and cultural climate and its own historical background. Any building, even one that is newly constructed, is an addition, if we look at it in a sufficiently broad context. Buildings are points in the chaos of the city. What I have in mind is using those points to perform on the city an acupuncture-like procedure.

香港の高密度居住はすでに物理的限界を超えているように見えるが、内部は意外にポーラスで、すし詰めの感覚とは違う。個体の斥力が働く限界を超えて集密すると不思議な秩序が生まれてくる。（香港・油麻池のアパート）

洪記起卸運輸公司
康陸公司

すべては混沌から生れてくる

日本語で「混沌とした」というとむしろマイナスのイメージがある。しかし実は混沌のなかからこそ新しいものが生まれてくると考えられる。エマージェンス（創発）と呼ばれるが、混沌の縁に何かのキッカケが生まれ、そこからアブクが出るように新しいものが生まれてくる。

カオスの研究は一九世紀の末から起こり始めている。「ヴェネツィアの水」で、白黒の二色から三色になった途端に急に複雑になると述べたが、ニュートンの万有引力の計算も、ふたつの天体の間ではみごとに論理的に解けるが、そこに三つ目の天体が加わった途端に計算不能に陥ってしまう。これが有名な三体問題といわれているものであるが、これを解いてみせたのがポアンカレで、彼がこの問題を解いたのがまさに一九世紀が終わろうとしている頃であった。しかし、これも制限三体問題と言われるように、三つ目の天体は質量をゼロにするという条件付けをしないと解けなかった。これがカオス研究のひとつの源流とされている。

そのほかにふたつほどカオス研究の源流と言われるものがあり、ひとつは乱流などの流

右頁：香港のレストラン東寶小館のスケッチ。混沌としたエネルギーに溢れている（二〇〇一年八月二日）
左：タイ・レールウェイ・マーケット。人びとはテントをたたんで列車をやり過ごす

体研究から出てくるレイノルズによるもの、もうひとつは気体研究のボルツマンによるものであるが、カオスの研究は二〇世紀にはしばらく影をひそめてしまった。アインシュタインが表舞台に登場して、相対性理論全盛の世の中になっていく。

カオスが再び脚光を浴びるのは一九六〇年代である。そのキッカケが気象学者のローレンツが書いた論文である。気象予測のための計算で、計算の初期値にほんの小さな誤差があっただけで極端に結果が違ってしまうという論文が脚光を浴びた。北京でチョウが羽ばたくとニューヨークで大風が吹くという「バタフライ効果」である。その後、カオスの研究が盛り返し、コンピュータが発達して、どんどん複雑な現象が扱われるようになって今日に至る。

カオスや複雑系という言葉も、ここ一〇年ぐらいの間に急激に一般の間でも知られるようになった。市場経済のシステムであれ、都市のデザインのシステムであれ、生命体の組織ができ上がっていくシステムであれ、カオスを読み解くことによって掌握可能になってきている。

しかし建築に関わるわれわれは、未だに人が住み着く都市の動態をきちんと検証できない。それほどに、人間

右頁：ジグハウス／ザグハウス。外観夜景
左：ジグハウス。内観

人びとの行き交う市場の通路は本来は列車の線路であった。あったのではなく、いまもなお線路であり、日に四往復の列車が通過するが、しかしそれ以外の一日のほとんどの時間は市場である。(タイ・アンパワのレールウェイ・マーケット)

右：タイ・レールウェイ・マーケット。列車の通り過ぎた後はたちまち元の市場に戻る
左頁：閉園された長崎水族館の池

の生活、社会は、経済原則以上にさらに複雑な状況を呈している。しかし、これは間違いなく今後の重要なテーマであり、複雑なシステムの読解のなかにこそ、これからの都市空間や居住空間や人びとのコミュニティが生成消滅を理解する鍵が含まれている。高密度なアジアの諸都市がわれわれの関心を引いて止まないのも、その沸き立つ混沌のなかに未来が垣間見えるからだ。

市場に列車がやってくる

普通に考えるとどうしても理解できない事実、というものが現実にはある。

タイ・バンコク郊外に、われわれがレールウェイ・マーケットと呼んでいる市場があり、一見なんでもないマーケットに見える。

線路の両側で肉を売ったり野菜を売ったり、活況を呈したアジアならではの典型的な市場の風景であるが、そこに突如としてディーゼル車がやってくる。その車両をやり過ごす僅かな間だけ、テントを畳んでみんな線路の脇にへばりつく。

そしてまた、列車が野菜や果実の山の横を通り過ぎてしまうと、瞬く間にまたもや市場に戻ってしまう。

計画論的にはこれは絶対解決できない空間の解である。定期的に

列車の走っている線路上を、それ以外の時間は市場として使って、日除けまで架けている。こんな不可能をあっさりと可能にしているのは、ここが市場を開設すべき場所として、あらかじめ用意されたのではなく、人びとによって新しく発見され、なおかつ長い時間をかけて両者の関係が成立したからである。その間も列車は同じようにやってきたが、最初は店も少なかったから、ほんの僅かな対応で列車と共存することができた。いまでは延々何十メートルを電車は徐行しながら市場を通過するというシステムができ上がっている。

机上でプランニングされたものでは絶対に解決できないことが使い慣らされ、カスタマイズされていく間に当然のものとなってしまう。われわれはいまのところこれを最初から計画することはできないし、デザインに首尾よく盛り込むことも不可能だが、こういうものが成立するメカニズム自体を応用できないかを考えたい。

　中国の紀元前四世紀頃の「応帝王篇」には、中央に混沌という王様がいて、南北ふたりの王様を招いて饗応した。実はこの混沌という王様の顔には目鼻耳口がない。そこで南北ふたりの王様は、返礼として、混沌王の顔に

右頁二点：ジグハウス／ザグハウス。工事の様子。集成材の架構と編成材の小屋
右：ジグハウス／ザグハウス。工事中の内観

ジグハウス／ザグハウス

Zig House／Zag House

Setagaya, Tokyo, 2001

▶ p.42, 96, 97, 129, 212, 213, 216, 217

設計者の住む自邸でもある。住宅は建築のなかでも、もっともその使われ方が年とともに変化するものであるため、ここでは内部空間の柔軟性を重要視している。そのため屋内はがらんどうのワンルームのようなもので、寝室や子供たちの部屋も、間仕切りや収納家具などすべて取り払うことが可能である。架構は集成材の柱梁と、床や壁には奥多摩の杉や桧の間伐材で作る編成材の厚板を、構造と下地との兼用材として使っており、耐震的にも、断熱的にも、また遮音的にもメリットがある。

This is the architect's own house. Importance has been placed on making the interior space flexible, because, of all buildings, houses are most subject to changes in the way they are used. Thus, the interior is like a single, bare room. Partitions and storage furniture, even in the bedroom and the children's rooms, can be all removed. The framing is made up of laminated columns and beams, and thick planks made from cedar and cypress trees culled in Okutama are used as both structure and backing on floors and walls. They are good from the point of view of seismic design, heat insulation and sound insulation.

1. ザグハウス居間から庭を見る
2. ザグハウス風呂場からジグハウス方向を見る
3. ザグハウス1階居間。正面奥はジグハウスの居間。1階天井高は、ザグハウスは約3,290㎜、ジグハウスは約2,590㎜。右側の収納家具の裏側に下屋の水回りが配されている
4. ジグハウスの2階からザグハウス方向を見る

③

4

右：タイ・バンコク、人びとの行き交うMBKセンターの吹き抜け
左頁：パレルモ、パラッツォ・アバテリス博物館（C・スカルパ設計）。断片化された空間

一日ひとつずつ穴を開けることにした。目を開け、鼻を開け、口を開け、七つ目の穴を開け終わった途端に、混沌は死ぬ。

これはどう解釈したらいいかわからないが、少なくとも余人には想像も及ばないものがあることは事実で、このエピソードが「混沌」の語源らしい。われわれは、普通の常識では理解不能なもののなかに何かまったく新しい問題解決の可能性があることを、熟考しなければならない。

空間・建築のメカニズム

香港は俗に「混沌の街」と言われている。グラビアは油麻池（ヤオマテイ）に建っている高密度に人が住むアパートである。このアパートも、かつての九龍城も、ぼんやりした人の価値基準ではとうてい成立し得ない。しかし九龍城は治安も比較的安定して、凶悪な犯罪も起こらなかったし、火事その他の災害も少なかったと聞く。なぜだろうか。

いま僕の頭のなかで掌握できる「混沌」は、われわれが香港の猥雑な空間のなかにある種の心地よさを発見したり、タイのマーケットのように、普通には解決できないはずの空間がみごとに使いこなされている事例を見ると、そこには建築計画

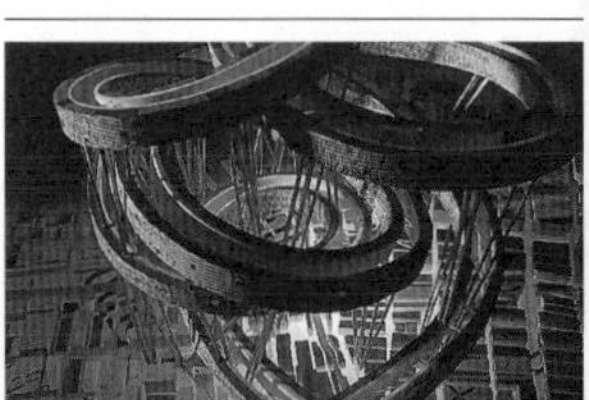

学的に成立するものとは違う空間のメカニズムがあり。あるいは建築のソフトウェアがある。それを活用するというか、むしろそれを意識的に仕掛けていくことで、そこに流れ込んでくる人、そこに立ち現れてくる人同士が自由に刺激し合ったり、刺激が嫌いな人は自然にそこから離れていったり、集合離散を繰り返しながら、非常に活発に動的に使いこなされていく、そんな街や建築や都市ができるのではないかという期待がある。

物理学者の津田一郎が唱えている「動的脳観」という概念がある。動的な脳というのは、脳そのものはもともと機能が決められたパーツに分かれていたわけではなく、脳という組織が全体として機能している間に次第に役割分担ができ上がっていくことをいう。

脳のような複合した組織の場合は、いったんどこかがうまくいかなくなる、あるいは損傷を受けると、別のパートがそれをバックアップするという、柔軟なシステムになっていると考えられる。

津田は、「動的な脳」の概念を用いて、ある種の複雑なもののシステムを科学的に解き明かすカギにしようとしているが、同じことは、日々変容を繰り返す複雑な都市の実態を解き明かし、未来に対する

右頁：ハイパー・スパイラル。模型
左：せんだいメディアテーク設計競技案。模型

右：ジグハウス／ザグハウスのエスキース（一九九八年 十月三日）
左頁：「カオス」の執筆メモ（一九九八年 十月十八日）

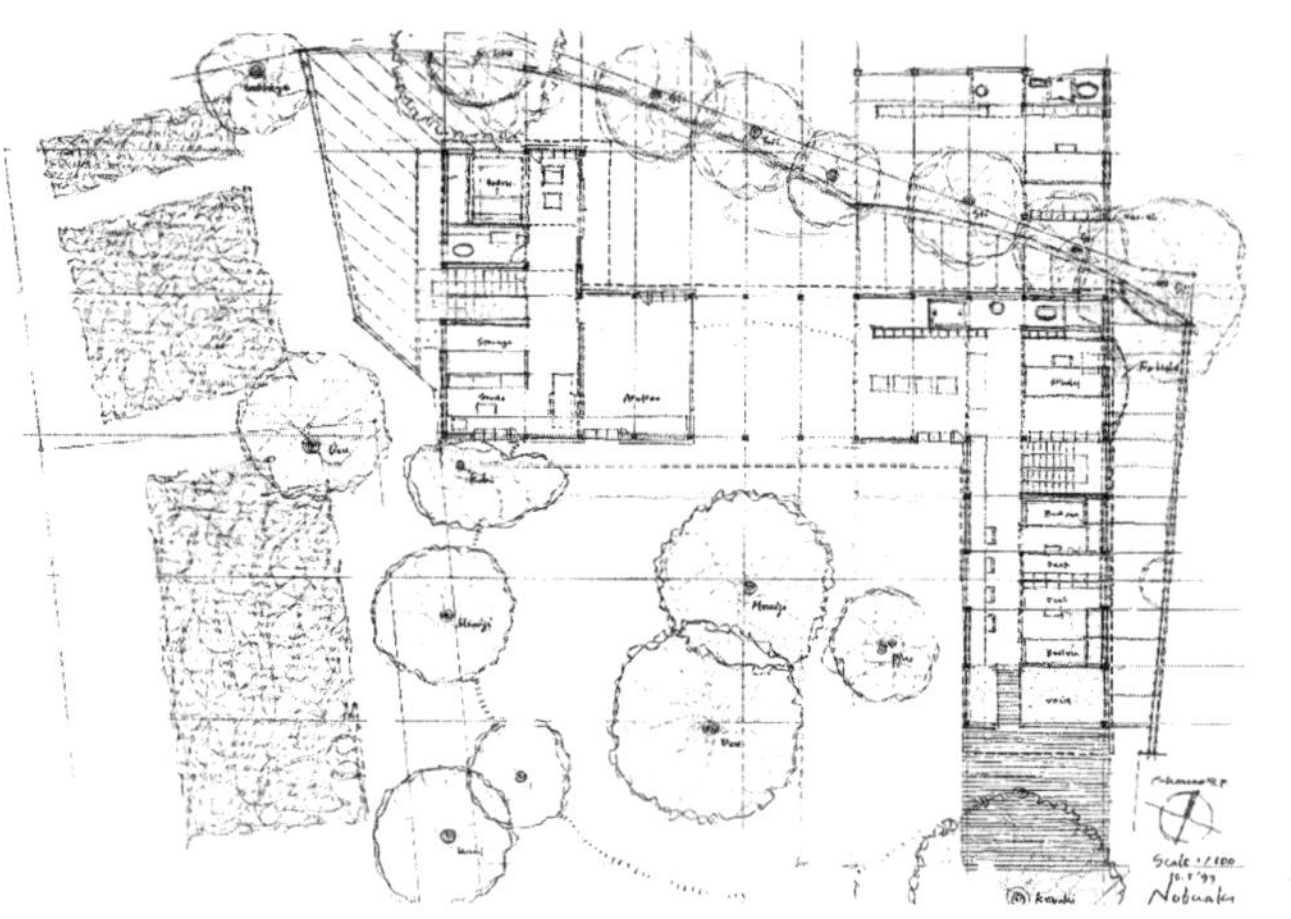

適切な処方箋を書く上でも言えることだろう。

都市のなかに用途地域のようなかたちで機能を割り振っていくやり方ではなく、都市が動的に絶えず遷移しながら動いていて、そのなかを無数の意思をもつ人びとが流れていて、ある場所が動脈硬化を起こすと別のところがバイパスになり、あるところが欠損する、あるいは何か問題が起こると、違うところがそれをバックアップするということを繰り返しながら、一番目のキーワード「いつも工事中」のような状態を続けていく。絶えず工事中ということは、血液が流れていて、酸素が供給されていて、老廃物が排出されている、つまり生きていることの証ではないかと思う。

生命

第一章の「いつも工事中」に始まり、それに続く「建築という記憶装置」「不揃いな地形」「ポジティブ・フィードバック」「半透明空間」「重ね着する家」「空箱」「遷移する都市」「端緒」そして「ヴェネツィアの水」に至るまで、これらすべてのキーワードはこの最終章の「混沌」に実は結び付いている。いずれも空間に偏りがあり、不均質化されていることを指摘しよう

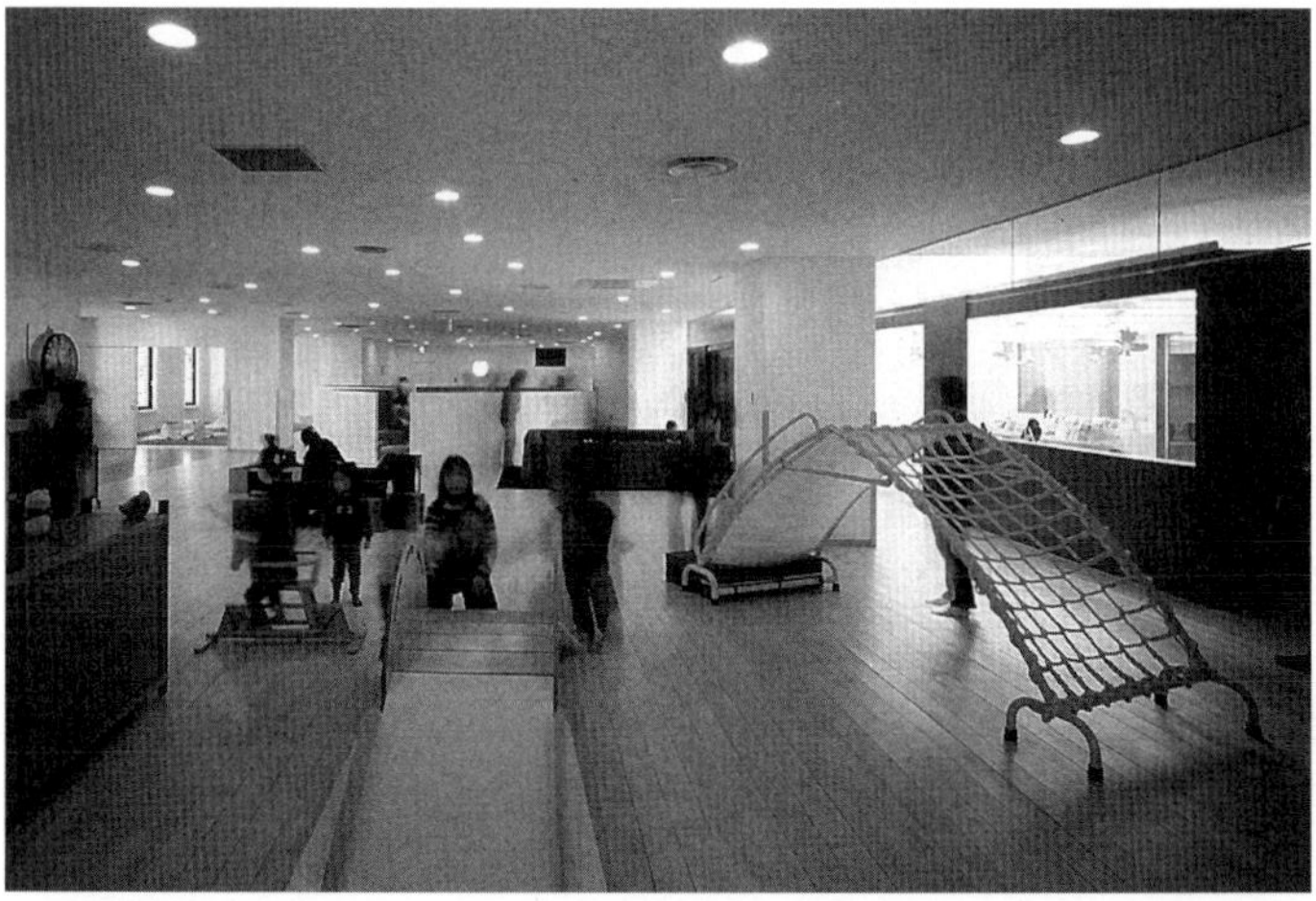

右：長野県茅野市駅前ビル改装
左頁：右＝「茅野市子供館０１２３」。内観／左＝長野県茅野市駅前ビル改装「茅野市子供館０１２３」。模型

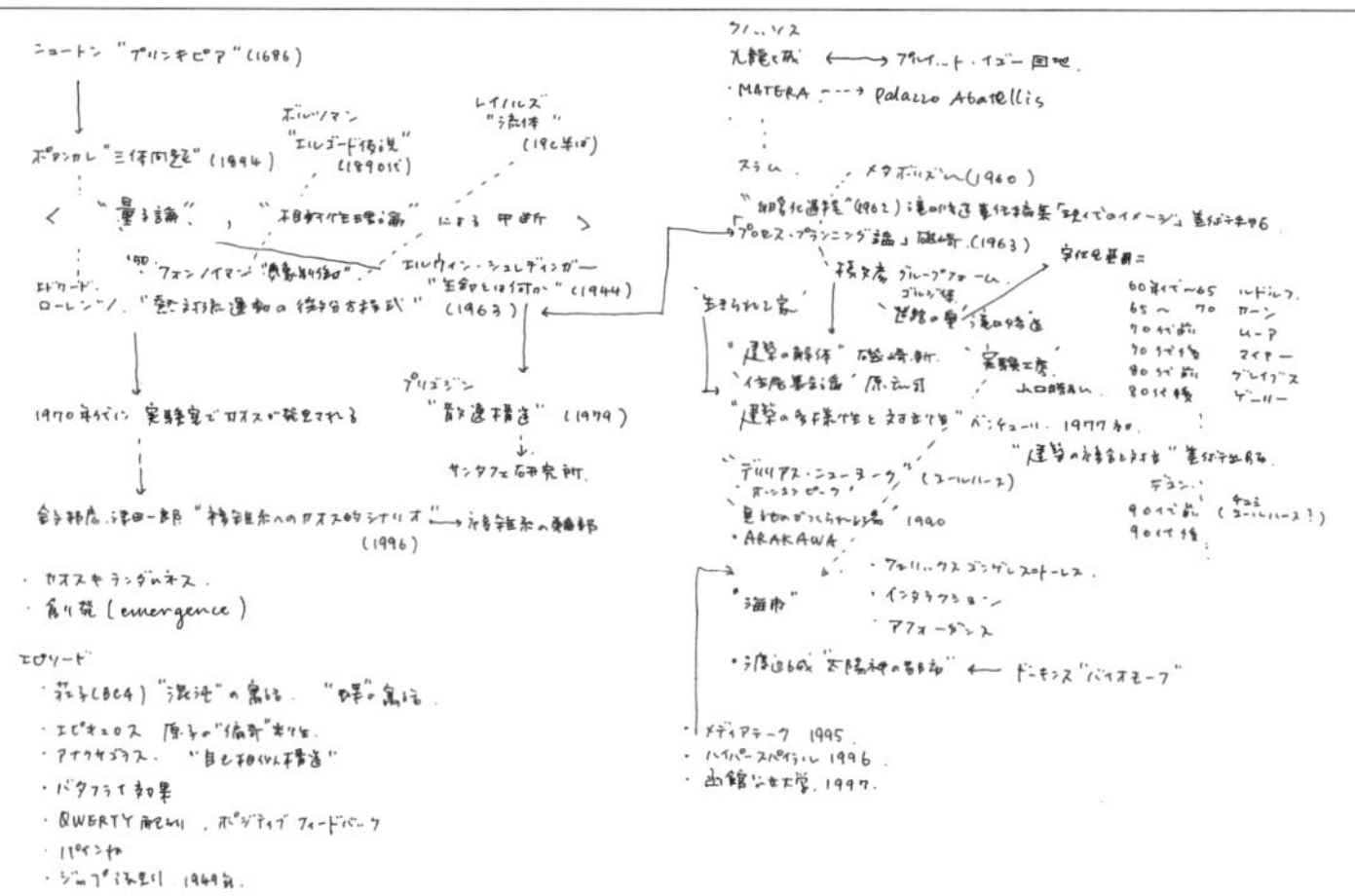

とするものだ。これを通読するための一段階上位のキーワードを探すとしたら、それは「生命」というものになるかもしれない。なぜなら人類が営々と生を営み、厳しい外部環境の下で生存し、自ら観察し判断する心をもって生き、人から人へ記憶を継承していること自体が、広く建築や都市の質の高い空間の存在を必要としているからだ。

　ジグハウス／ザグハウスは、建築家である僕の自邸でもあるから、建築としての完成度はとりあえず度外視して、いままで挙げたようなさまざまな関心事の実験主題の集積であって、言わば刺青師が試し彫りをした自分の腕みたいなものだ。

　庭には僕の父が小さかった頃からの樹木が何本も残っていたから、言わばその間を縫うように、ジグザグ型の平面を考案した。両親の住む棟と、僕の家族の住む棟との間には幅三間ほどの、通称「板門店」があり、そのヴォイド空間を通して、いままでに開通したことのなかった表裏の空間がつなげられている。

　建築各部はことごとく半透明化され、断片化され、「空箱」化されている。おそらく決して完成されることのないままに、これからも絶えず変形されていくだろう。

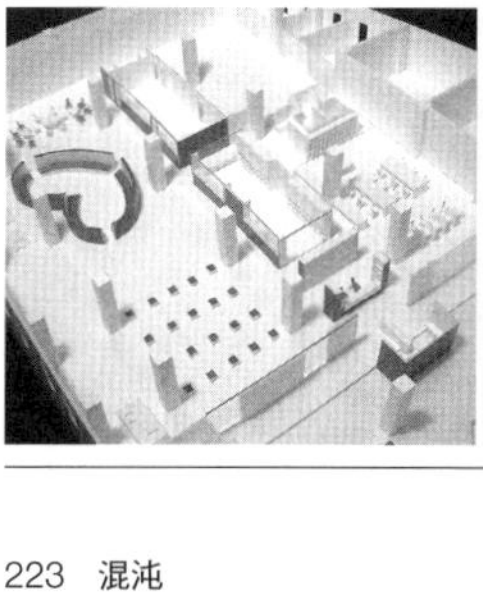

ハイパー・コンプレックス・シティにおける都心居住の研究

本研究は、東京を始めとするアジア諸都市の混沌を、ただの無用な混乱とは見なさず、次世代の社会的な価値を生み出す土壌と考え、意図的に多様なものが錯綜するアジアン・マーケットのような新しい世代の都市像、及びそれに対応する新世代の都市施設像を模索するものである。

研究成果　東アジア3都市（台北・クアラルンプール・バンコク）における高密度居住の解析研究／高密度都市居住における棲み分けの研究／多様な交通手段と居住空間の関連についての研究／台湾屋上建築研究／香港・シンガポールにおける高密度居住の比較研究／現代韓国の集合住宅における居住空間研究

カルロ・スカルパ研究

ひとつの建築のための建築計画及び、設計の行為は、何百回、何千回にもおよぶ無数の取捨選択の繰り返しと見ることができる。その場合の設計者の選択の基準は、自身の設計思想である。本研究では、建築家カルロ・スカルパを通して、建築を設計する際に設計者が複雑な情報をいかに自身のなかに把握して、またいかにその意図を実際の建物に反映していくかを探るものであり、「意図→反映」という図式を軸に論を展開するものである。

療養環境・ホスピス研究

本研究は、緩和ケア病棟（ホスピス）の現状を調査・分析し、緩和ケア病棟を患者にとっての最善のQuality of Lifeを実現するための住環境として捉え、医療施設が全体として大きな住居ないしは都市空間となり得るような新しい施設計画理念を模索するものであり、また急性期患者の多床室療養環境にかかわるしつらいについて考察し、これからの病室空間を提案するものである。

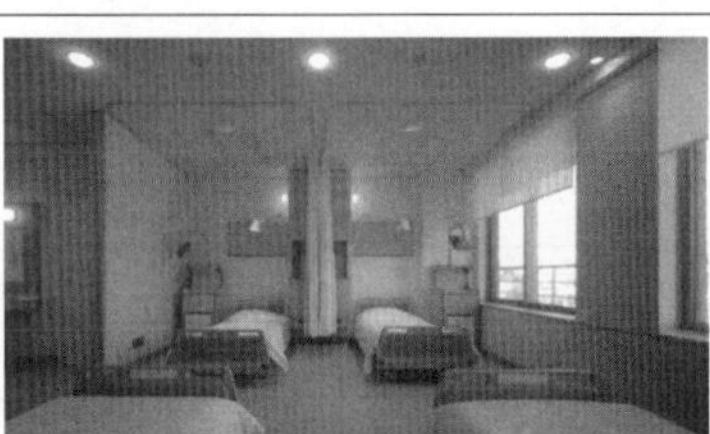

研究成果　急性期病棟における多床室の研究-サンデッキ型病床配置の提案／緩和ケア病棟の建築計画の現状と分析。

モンゴル・ゲル研究

まったく土地に拘束されないモンゴル遊牧民の生活は、夏場の太陽エネルギーを生きた

家畜の体内に蓄積して厳しい冬乗り越え、風力発電をしながら移動する先々で衛星放送からの世界情報を受信するという、土壌的にもエネルギー的にもその時期の最適地を求めた、完全自立型の生活習慣をもっている。本研究は、このような我々が未だ手にしたことのない生活環境を獲得している、モンゴル遊牧民の現代性を手がかりとしながら、二十一世紀の住宅の姿を模索するものである。

半透明空間の研究

「壁に穿った穴」を意味する〝window(窓)〟が何かを通すための穴であることに対して、「間(スペース)に建て込まれた戸」という性格の〝間戸〟は光や風や視線など、取り入れたいものを微調整するフィルターとしての機能をもっている。このような装置によって環境を微妙に調整することで成立する空間を、〝半透明空間〟と定義することとする。本研究は現代の建築では急速に失われつつある身体と建築の関係、あたかも身体と衣服の関係のような、親密な関

係を再構築するべく、主として住宅の〝半透明空間〟の可能性を調査・研究するものである。

研究成果　タイ事例調査による設計手法に関する考察／韓国南沙村の事例調査による分析と考察／台湾蘭嶼島のヤミ族に関する考察と分析。

都市型キャンパス研究

ヨーロッパ諸都市には、若年活力層が都市に棲むためのさまざまな制度的あるいはハードウェア的工夫が見られ、学ぶべき点も多い。今後、東京において都市型大学キャンパス空間は、そうした若年都心居住者の重要な核として機能することが予想される。本研究は、

モデルケースとして新宿に立地する早稲田大学を想定し、都心部に若者が住むための提案の根幹として新しい都市型キャンパスの在り方を模索するとともに、大学を中心とした実践的かつ学際的な地域のまちづくり提案を行うものである。

展示デザイン研究

六〇年代以降、インスタレーション・アートはニュートラルな「箱」としての美術館ブームの一方で、無菌室のように白々と塗り込められた空間を嫌い、自らの「展示」に見合った空間を他に求めていった。本研究は、美術と建築と鑑賞者の間にある芸術表現としてのすべての「展示デザイン」を収集・分類し、それをデータ化・系譜化してゆくことにより、制度としての美術館という建築への行き詰まりを、「展示デザイン」という視点から考察してゆく研究である。

作品データ
Data

01 K・F・シンケルの家

新建築住宅設計競技１９７９ １等
A House for K.F.Shinkel
Shinkenchiku Housing Competition 1979 First prize
設計：古谷誠章
主要用途：住宅
設計年月：１９７９年
掲載誌：新建築７９１２

02 狐ヶ城の家

新建築吉岡賞受賞
House at Kogajo
Shinkenchiku Yoshioka prize
Kurose, Hiroshima, 1990
設計：古谷誠章／近畿大学工学部建築意匠研究室
計画地：広島県黒瀬町
主要用途：住宅
構造規模：木造 地上2階
敷地面積：７３７㎡
延床面積：１３４.２２㎡
竣工年月：１９９０年5月
掲載誌：住宅特集９００８、建築文化９００８他

03 Panetteria 1-6

Ashiya, Okayama, Himeji, Kakogawa, Kobe, Tokyo, 1988-1990
設計：古谷誠章
計画地：芦屋、岡山、姫路、加古川、神戸、東京
主要用途：店舗
延床面積：４０〜１４０㎡
竣工年月：１９８８年5月〜１９９０年3月
掲載誌：建築文化９００８

04 田野畑民俗資料館

東北建築賞受賞
１９９２年日本建築学会作品選集
TanohataMemorial Museum
Tohoku architectural prize
Architectural Designs of the Architectural Institute of Japan, 1992
Tanohata, Iwate, 1990
設計：早稲田大学穂積研究室＋古谷誠章／近畿大学建築意匠研究室
計画地：岩手県田野畑村
主要用途：資料館
構造規模：鉄骨造 一部鉄筋コンクリート造(収蔵室) 地上2階
敷地面積：５８００㎡
延床面積：９４０㎡
竣工年月：１９９０年８月
掲載誌：新建築９１０１、建築文化９１０１、作品選集１９９２

05 ささき別荘

Bessō Sasaki
Hiroshima, Hiroshima, 1992
設計：古谷誠章／近畿大学建築意匠研究室
計画地：広島県広島市
主要用途：旅館
構造規模：鉄筋コンクリート壁式構造 一部鉄骨造 地下1階／地上3階
敷地面積：３８３５㎡
延床面積：８９９㎡
竣工年月：１９９２年1月
掲載誌：新建築９２０９

06 シュプレーボーゲン・アーバンデザイン計画

Spreebogen Urban Design Project
International Competition Berlin 1992
設計：古谷誠章／近畿大学建築意匠研究室
計画地：ドイツ ベルリン
主要用途：連邦議会施設
敷地面積：５７９３００㎡
延床面積：２４３２８５㎡
計画年月：１９９２年
掲載誌：ＪＡ１９-９５０９

07 シュプレーインゼル・アーバンデザイン計画

Spreeinsel Urban Design Project
International competition Berlin, 1993
設計：古谷誠章／近畿大学建築意匠研究室
計画地：ドイツ ベルリン
主要用途：連邦省庁施設
敷地面積：４１００００㎡
延床面積：２７１００㎡
計画年月：１９９３年1月
掲載誌：ＪＡ１９-９５０９

08 天草ビジターセンター＋展示休憩所

熊本アートポリス参加プロジェクト

1995年日本建築学会作品選集

Amakusa Visitor Center + Service House

Kumamoto Artpolis project

Architectural Designs of the Architectural Institute of Japan, 1995

Matsushima, Kumamoto1994

設計：古谷誠章＋中川建築設計事務所
計画地：熊本県松島町
主要用途：博物館　無料休憩所
構造規模：木造　鉄筋コンクリート造　鉄骨造（混構造）地上1階
敷地面積：11410㎡
延床面積：427㎡（ビジターセンター）、227㎡（展望休憩所）、60㎡（屋外便所）
竣工年月：1994年6月
掲載誌：新建築9411、GA JAPAN11-9411、作品選集1996、JA17-9503他

09 せんだいメディアテーク設計競技案

デザインコンペティション応募案

Sendai Médiathèque Design Competition

Sendai, Miyagi, 1995

設計：古谷誠章／スタジオナスカ・早稲田大学古谷研究室＋杉浦久子・昭和女子大学杉浦研究室
計画地：宮城県仙台市
主用途：図書室、展示スペース、情報メディアコンプレックス
構造規模：鉄骨鉄筋コンクリート造　地下2階／地上10階
敷地面積：4002㎡
延床面積：19800㎡＋2500㎡（駐車場）
計画年月：1995年
掲載誌：GA JAPAN15-9507、JA19-9509他

10 アンパンマン・ミュージアム

香北町やなせたかし記念館
2000年日本建築学会作品選奨受賞

Anpanman Museum

Architectural Designs of the Architectural Institute of Japan, 2000

Kahoku, Kochi,1996

設計：古谷誠章／スタジオナスカ
計画地：高知県香北町
主要用途：美術館
構造規模：鉄筋コンクリート造　地下1階／地上4階
敷地面積：3767㎡
延床面積：1813㎡
竣工年月：1996年6月
掲載誌：新建築9611、GA JAPAN23-9611、作品選集2000、JA24-9612他

11 ハイパー・スパイラル・プロジェクト

Hyper Spiral Project

Tokyo,1996

設計：古谷誠章／スタジオナスカ＋早稲田大学古谷研究室
計画地：東京都
主要用途：立体都市
構造規模：鉄骨造
敷地面積：60ha
延床面積：100ha
計画年月：1996年2月10月
掲載誌：新建築9612、GA JAPAN24-9701他

12 国立国会図書館関西館設計競技案

デザインコンペティション応募案

National Diet Library, Japan Design Competition

Seika, Kyoto, 1996

設計：古谷誠章／早稲田大学古谷研究室
計画地：京都府精華町
主要用途：図書館
計画年月：1996年8月

13 早稲田大学大久保キャンパス新研究棟ハイテク・リサーチ・センター

High-Tech Research Center, Waseda University

Shinjuku, Tokyo,1997-1999

設計：鈴木恂・古谷誠章＋早稲田大学新研究棟設計室
計画地：東京都新宿区
主要用途：大学（実験室・研究室他）
構造規模：鉄筋コンクリート壁式ラーメン構造
敷地面積：44333㎡
延床面積：一期／2144㎡　地下2階／地上2階／塔屋1階、二期／2393㎡　地下2階／地上3階
竣工年月：一期／1997年10月、二期／1999年9月
掲載誌：新建築9808、新建築0001

14 「海市―もうひとつのユートピア」展

"Kaishi-The Mirage City : Another Utopia", Exhibition

Tokyo,1997

会期：1997年4月19日～7月13日（担当期間：5月24日～5月30日）
会場：NTTインターコミュニケーションセンター（ICC）ギャラリーA
新宿区西新宿／東京オペラシティタワー4階
掲載誌：建築家磯崎新による展覧会《海市―もうひとつのユートピア》の全ドキュメント

15
函館公立大学設計競技案
デザインコンペティション応募案
Hakodate University Competition
Hakodate, Hokkaido1997
設計：古谷誠章／スタジオナスカ＋日本技術開発共同体
計画地：北海道函館市
主要用途：大学
規模：30000㎡
掲載誌：COMPE&CONTEST53-9707

16
詩とメルヘン絵本館
香北町やなせたかし記念館
2000年日本建築家協会新人賞受賞
2000年日本建築学会作品選奨受賞
Poem & Märchen Gallery
The Japan Institute of Architects Award, 2000
Architectural Designs of the Architectural Institute of Japan, 2000
Kahoku, Kochi,1998
設計：古谷誠章＋八木佐千子／スタジオナスカ
計画地：高知県香北町
主要用途：美術館
構造規模：木造 一部鉄筋コンクリート造 地下1階／地上2階
敷地面積：835㎡
延床面積：458㎡
竣工年月：1998年7月
掲載誌：新建築9811、GA JAPAN35-9811、作品選集2000他

17
早稲田大学會津八一記念博物館
旧早稲田大学図書館改修
2001年日本建築学会作品選奨受賞
Aizu Museum, Waseda University
Renovation of the Old Library
Architectural Designs of the Architectural Institute of Japan , 2001
Shinjuku, Tokyo, 1998
設計：古谷誠章／早稲田大学古谷研究室
計画地：東京都新宿区
主要用途：博物館
構造規模：鉄筋コンクリート造 地下1階／地上7階／塔屋1階
敷地面積：73660㎡
延床面積：6886㎡
竣工年月：1998年5月
掲載誌：新建築9807 作品選集2002他

18
国際技能工芸大学設計競技案
デザインコンペティション応募案
International Technological University Competition
Gyoda, Saitama,1998
設計：古谷誠章／早稲田大学古谷研究室
計画地：埼玉県行田市
主要用途：大学
計画年月：1998年6月

19
プロセス・ハウジング
構造設計家と7人の建築家による木骨住宅展1999
Process Housing
Timber-framing house exhibition 1999 by those who design structure and 7 architect
Tokyo, 1999
設計：古谷誠章／スタジオナスカ
主要用途：住宅
計画年月：1998年
会期：1998年11月4日〜8日
会場：東京代官山「ヒルサイドフォーラム」
掲載誌 住宅特集9901

20
バウムハウス
Baumhaus
Setagaya, Tokyo, 1998
設計：古谷誠章／スタジオナスカ
計画地：東京都世田谷区
主要用途：集合住宅
構造規模：木造 地上2階
敷地面積：153㎡
延床面積：105㎡
竣工年月：1998年5月
掲載誌：住宅特集9902

21
沖縄SSタワー・プロジェクト
Okinawa SS-Tower Project
Naha, Okinawa, 1999-
設計：古谷誠章／早稲田大学古谷研究室
計画地：沖縄県那覇市
主要用途：商業施設
規模：地下3階／地上39階
敷地面積：5610㎡
延床面積：33660㎡
計画年月：1999年1月〜

22
ジグハウス ザグハウス
Zig House／Zag House
Setagaya, Tokyo,2001
設計：古谷誠章／スタジオナスカ
計画地：東京都世田谷区
主要用途：住宅
構造規模：木造／編成材による耐力板工法 地上2階
敷地面積：597㎡
延床面積：360㎡
竣工年月：2001年1月
掲載誌：新建築0103、GA JAPAN49-0104他

23
上海市青浦区 朱家角鎮都市景観計画

上海近郊水郷地帯再開発計画デザインコンペティション応募案
Zhu Jia Jiao Urban Project
Shanghai, China, 2001
設計：古谷誠章／早稲田大学古谷研究室
計画地：中国上海市
計画年月：2001年5〜7月
掲載誌：GA JAPAN 54-0202他

24
群馬県中里村新庁舎

群馬県中里村新庁舎設計公開プロポーザル応募案最優秀案
Nakasato Town Hall
Nakasato, Gunma, 2001-
設計：古谷誠章／スタジオナスカ＋早稲田大学古谷研究室
計画地：群馬県中里村
主要用途：庁舎
構造規模：鉄骨造　地下1階／地上4階
敷地面積：1040㎡
延床面積：1554㎡
竣工年月：2003年3月予定
掲載誌：GA JAPAN 53-0111、JA 45-0204

25
長野県茅野市 新市民会館

茅野市新市民会館設計指名プロポーザル最優秀案
Chino Civic Hall
Chino, Nagano, 2001〜
設計：古谷誠章／スタジオナスカ
計画地：長野県茅野市
主要用途：ホール、美術館、コミュニティ施設
規模：地下1階／地上3階
敷地面積：13300㎡
延床面積：8500㎡
竣工年月：2005年3月予定
掲載誌：JA 45-0204

26
水関の家

Commune by the Great Wall project
Weekend House at Shui-Guan
Beijing, China, 2002
設計：古谷誠章／スタジオナスカ
計画地：中国北京市郊外
主要用途：住宅
構造規模：SRC造　地下1階／地上2階
敷地面積：1514㎡
延床面積：407㎡
竣工年月：2002年4月予定
掲載誌：GA HOUSES 66-0001

27
イル・カセット

Il Cassetto
Fukuoka, Fukuoka, 2002
設計：古谷誠章＋八木佐千子／スタジオナスカ
計画地：福岡県福岡市
主要用途：オフィス、店舗
構造規模：鉄筋コンクリート造　地上8階
敷地面積：441㎡
延床面積：1729㎡
竣工年月：2002年2月
掲載誌：新建築0205

28
高円寺南アパート

Koenji-South Apartments
Suginami, Tokyo, 2002
設計：古谷誠章／スタジオナスカ
計画地：東京都杉並区
主要用途：集合住宅
構造規模：RC造　地上2階
敷地面積：196㎡
延床面積：213㎡
竣工年月：2002年2月
掲載誌：新建築0205

29
代田の切り通しプロジェクト

Daita Kiritoshi Apartments
Setagaya, Tokyo, 2001〜
設計：古谷誠章／スタジオナスカ
計画地：東京都世田谷区
主要用途：集合住宅
構造規模：鉄骨造　地上3階
敷地面積：435㎡
延床面積：529㎡
竣工年月：2003年3月予定

30
近藤内科病院

Kondo Naika Hospital
Tokushima, Tokushima, 2002
設計：古谷誠章＋八木佐千子／スタジオナスカ
計画地：徳島県徳島市
主要用途：内科＋緩和ケア病棟
構造規模：鉄筋コンクリート造　一部鉄骨造　地下1階／地上3階／塔屋1階
敷地面積：6040㎡
延床面積：4285㎡
竣工年月：2002年4月予定
掲載誌：GA JAPAN 35-9811

■著者略歴

古谷誠章（ふるやのぶあき）

1955年東京都生まれ／1978年早稲田大学理工学部建築学科卒業／1980年　同大学大学院修了

1980年　同大学院穂積研究室助手／

1983年　同大学理工学部建築学科助手／

1986年　近畿大学工学部講師、文化庁芸術家在外研修員としてマリオ・ボッタ事務所在籍／1990年　近畿大学工学部助教授／

1994年　早稲田大学理工学部助教授、八木佐千子と共同してスタジオナスカ設立／

1997年　早稲田大学理工学部教授

■主な受賞

1991年　第8回吉岡賞「狐ヶ城の家」

1999年　JIA新人賞「詩とメルヘン絵本館」／2000年「群馬県中里村新庁舎設計プロポーザル」最優秀案／2001年「茅野市市民会館建設および周辺整備設計プロポーザル」最優秀案

■主な著書・翻訳

『マリオ・ボッタ――構想と構築』（翻訳1999年　鹿島出版会）／『建築を見る　谷口吉生「丸亀市猪熊弦一郎現代美術館・図書館」』（2001年　彰国社）

PROFILE

FURUYA, Nobuaki

1955
Born in Tokyo

1978
Graduated from the Waseda University, Department of Architecture

1980
Completed the master course, the same university and became assistant at Hozumi Lab.

1983
Assistant at Waseda University

1986
lecturer at Kinki University; worked at Studio Mario Botta as a Japanese Government Oversea Study Program for Artists

1990
Associate professor at Kinki University

■スタジオナスカ
古谷誠章／八木佐千子／武井裕弘／田中智之／津野恵美子／安田綾香／小池啓介／三浦丈典／平瀬有人／山添奈織
元所員＝俵 博紀／神田雅信／藤本寿徳／木坂伊久／田中 麦／眞柴一樹／藤井由理

■協力
平野耕治／鹿野安司／井上繁美／岩瀬英志／菅原大輔／鈴木雅史／原 裕介／原口 剛／原田光子／茂木一樹／山本卓郎
歴代古谷研究室メンバー

■写真
淺川 敏 18～19、57下左上、61左2点、77下、80下、152下右、163下右、220下2点、221下
高瀬良夫 100下、101下
原田鎮郎 230
藤塚光政 26～29、66～71、106～109、146～149
古館克明 59 2点、64下右、122下2点、128上下、172下、174上から二つめ、184下、186～189
松岡満男 37下2点、42下2点、44～45、96下、117下、120下、121下、138～139、166～167、174上から二つめ以外の3点、175 2点、205下2点、212下、218 2点、219下
新建築写真部 13下、21下2点、32下2点、40～41下3点、64下左、88下2点、89下、92下、97下、98～99、126下2点、127下左、129下、136下2点、142～143、144下2点、156下2点、185下左、190下、204下、213下、219上、222下、223下2点
古谷研究室 43下、144上、133下3点、225下から二つめ
右記以外はすべて古谷誠章

1994
Associate professor at Waseda University; established Studio NASCA with YAGI Sachiko
1997
Professor at Waseda University

WORKS and PROJECTS

1991
"A Single Family House at Kogajo"; won the 8th YOSHIOKA Award
1999
Won the Japan Institute of Architects Award "YANASE Takashi Museum-Poem and Märchen gallery"
2000
"Nakasato Town Hall Design Competition"; won First Prize
2001
"Chino Civic Hall Design Competition"; won First Prize

Shuffled
古谷誠章の建築ノート
2002年5月20日初版第1刷発行
2017年3月30日初版第6刷発行

企画・編集
TOTOギャラリー・間

著者
古谷誠章

発行者
加藤 徹

発行所
TOTO出版(TOTO株式会社)
〒107-0062
東京都港区南青山1-24-3
TOTO乃木坂ビル2階
[営業]電話:03-3402-7138
FAX:03-3402-7187
[編集]電話:03-3497-1010
URL:http://www.toto.co.jp/publishing/

アートディレクション
秋田 寛

デザイン
秋田 寛+森田恭行
(アキタ・デザイン・カン)

印刷・製本
日本写真印刷株式会社

Printed in Japan
ISBN978-4-88706-213-9